走在会计发展和银行改革的前沿

（第二版）

吴卫军 著

Walking in the Forefront of
Accounting Development and Bank Reform

中国金融出版社

责任编辑：李　　融
责任校对：李俊英
责任印制：陈晓川

图书在版编目（CIP）数据

走在会计发展和银行改革的前沿（Zouzai Kuaiji Fazhan he Yinhang Gaige de
Qianyan）（第二版）/吴卫军著. —北京：中国金融出版社，2017.8
ISBN 978-7-5049-9085-3

Ⅰ.①走… Ⅱ.①吴… Ⅲ.①会计—工作—中国—文集②银行改革—中
国—文集 Ⅳ.①F23-53②F832.1-53

中国版本图书馆CIP数据核字（2017）第155805号

出版
发行 中国金融出版社

社址　北京市丰台区益泽路2号
市场开发部　　（010）63266347，63805472，63439533（传真）
网 上 书 店　http://www.chinafph.com
　　　　　　　（010）63286832，63365686（传真）
读者服务部　　（010）66070833，62568380
邮编　100071
经销　新华书店
印刷　北京市松源印刷有限公司
尺寸　169毫米×239毫米
印张　27.5
字数　380千
版次　2009年12月第1版　2017年8月第2版
印次　2017年8月第1次印刷
定价　58.00元
ISBN 978-7-5049-9085-3
如出现印装错误本社负责调换　联系电话（010）63263947

目录

1

国有商业银行改革篇

金融企业风险管理篇

提要

会计的明天会怎样(一)

会计必须要公允地反映经济事实。这正是新会计准则的规范意图所在，也是"不做假账"的最终落脚点。健全的会计制度对提升中国未来经济制度的效率意义重大。会计准则需要与时俱进。

会计的明天会怎样(二)

在金融危机给会计准则带来的压力测试中得到的有关教训将会使中国下阶段会计准则的发展受益。当中国的经济体变得更加复杂，资本市场更加深厚时，因为坚持高标准的会计准则以及提升透明度，中国经济体系的效率将得到促进。

金融工具核算的重要准则——国际会计准则39号

39号要求对金融工具进行严格分类，不允许金融企业可以"挑樱桃"般地在金融资产的分类中换仓划转，它现在是，将来也是影响金融机构会计核算的最重要的准则。金融企业的会计核算问题看透了都不是会计问题，而是业务管理和风险管理的问题。这正是我们必须加深理解39号和支持金融企业会计工作独立性的原因。

贷款会计核算——贷款的确认、计量及减值准备

贷款是商业银行会计报表中最重要的会计科目，计提贷款减值损失涉及管理层的判断，利用信贷判断的经验和合理估计是一门艺术。银行董事会和高级管理层必须监督信贷风险评估和计提准备金的流程，保障贷款减值准备金维持在一个恰当的水平。

贷款会计核算——贷款信息披露

银行对贷款的信息披露包含定性和定量两个部分。定性信息披露的核心就是要突出银行管理的特色，当处于特殊的宏观经济环境中时，银行还需要考虑披露有针对性的内容。而定量部分中，银行应披露信贷风险敞口及资产质量的风险分类结果。银行需要结合自身经营范围、资产规模、地理分布等多方面的因素，突出重点，去芜存菁，而不是把一堆数据简单地抛给报表阅读者。

证券投资的会计处理——香港会计准则第24号简介

企业投资的全部证券均需按其报表日的市值入账或披露。金融资产的价值瞬息万变，隐藏负资产的机会大，唯一客观并且相关的可参照价值是非关联买卖双方愿意接受的价格。在历史成本和公允价值混合计量模型共存的时代，管理者的意图成为会计核算的重要标准。

衍生产品的会计处理
——美国财务会计准则第133号简介

对衍生金融工具和风险对冲行为的会计处理，制定会计准则，规划它们的呈报要求，是保障财务信息使用者获得公正客观信息的前提。有关衍生金融产品会计准则的设定和完善有助于健全我国的资本市场及经济体制。

金融资产的终止确认

终止确认的分析是一个复杂的课题。从整体来看，金融资产的终止确认，归根结底是对会计中"资产"定义的延伸讨论。

合并表外实体

表外实体曾经是许多企业隐藏不良资产、操纵利润、进行关联方交易的首选工具。国际会计准则解释公告12号的出台，对是否合并以及如何合并特殊目的实体进行了明确规范和指导，并且杜绝了让各种特殊目的实体游离于表外的做法。

改进公允价值信息披露

公允价值会计揭露了当前金融企业资产负债表上的问题，让金融企业有问题的金融资产无法在资产负债表上隐藏。为了满足财务报表使用者对透明会计信息的需求，企业应当从公司治理、风险管理、人力资源等各个方面进行配套跟进，向着公允价值会计的国际先进目标迈进。

改革中国国有商业银行—— 一份改革路线图

我们必须努力寻找一个平台，通过这个平台来帮助四大国有商业银行转变成为真正的商业银行。这个平台就是银行上市。上市可以推动银行摆脱政府的干预、加快加深对资本充足问题的认识、朝向真正的商业化机构发展并借此来发掘和留住中国最好的银行业人才以及加强市场对银行业务活动的监督。

经历国有商业银行改革——中国银行篇

以四大国有商业银行为核心的金融企业改革的重要性不言而喻，如果没有一个健康的金融体系，国家经济的长远发展是不可能的。也是中国经济实现第二次增长和飞跃的经济体制基础。本轮银行改革体现了我国领导层推进改革的决心，这些上市国有商业银行已被推上了深化改革的不归之路。今后的改革重点应是加强营运重组，达到良好公司治理的目标。

经历国有商业银行改革——中国农业银行篇

国家为四大国有商业银行改革所承担的成本是巨大的。这表明国家对银行改革是负责到底的，但财政部作为"股东"的角色和作为"金融体系最后拯救者"的角色要分开，银行监管需要将股东纳入其监管范围。农业银行在战略定位上面临着挑战，但银行管理的重点在加强内控，防范案件。要获得长远的成功，农业银行必须注重建设有利于银行家成长的激励机制和企业文化。对如此庞大规模的农业银行，改革和发展的重点需要简单明了，深入人心。

国有商业银行改革的艰巨性——会计师的视角

国有商业银行庞大的资产负债表上，累积了很多与中国经济改革和转型相关的不良资产，直接承继了国有企业改革的一部分经济成本。银行改革因此面对着巨大的困难。审计师最大的挑战不是审查企业账内的资产负债，而是账外的资产负债。

国有商业银行改革方案设计的智慧

成立汇金公司是在国有商业银行这一实体上面把股东监管的职能做实，以汇金作为中间控股公司对所投资的国有商业银行进行管理，落实所有者的权利。因此，成立汇金公司的决策是十分英明的。

国有商业银行引进战略投资者的意义

中国国有商业银行改革需要的是先进的银行管理经验，而不是资金。中国需要提供技术和管理经验的战略投资者，而不是财务投机者。战略投资者的参与，可以帮助国有商业银行为国际市场所认知，为进入国际资本市场提供信心。用人民银行领导的话语来说，是嫁女儿"抬轿子"的作用。

国有商业银行股份制改革中若干重大事项的会计处理

国有商业银行股份制改革涉及财务重组等对信息使用者产生重大影响的会计事项。对这些重大事项进行准确、如实、妥善的会计处理和信息披露，是监管当局、投资者、社会公众对银行信息披露真实准确的信心所在，是国有商业银行进入资本市场的前提条件。

战略投资者对国有商业银行投资的会计处理

在执行会计准则、选择会计政策方面，金融企业是有空间的。因为企业文化和会计报告文化的不同，金融企业可以对其投资采用不同的金融资产分类、会计计量基础、估值方法和确认时间。

衡量商业银行业绩的关键指标

资本收益率能够反映出股东利用杠杆所获取的盈利水平。银行为了应对风险，必须保持充分的资本基础和流动性，降低杠杆率，那么股东必须降低其资本回报率期望。净息差反映了资本金的财富效应，而不能纯粹地反映市场利率及其变化对经营成果的影响，这使得更多的分析师倾向于重点使用净利差作为考核银行管理业绩的指标。

金融企业审计委员会的职能与运作

审计委员会是公司治理结构的重要组成部分。金融机构具有内在的脆弱性，需要全面高效的内部控制体系。审计委员会应拿出更多的时间及注意力与管理层及内外部审计就内部控制进行讨论，约见管理层及外部审计师，对财务报告以及审计结果进行审阅。

银行要成为有效的组织机构

银行改革还要深入，银行上市绝对不是银行改革的完成。一定要奖励、支持和培养新一代银行家，把银行改造成为与战略相匹配的有效组织。如何把以地域分布为主的分散型的架构改造成以客户为中心的、以战略业务体为依托的架构，这是很困难的问题。

看透明天——金融企业的风险管理

风险在金融体系中是一个中性词汇，它给企业带来盈利的机会，也可能会给企业造成损失。因而，风险管理是要避免风险所带来的最坏后果，在一定的风险忍受度/风险偏好的水平上，为企业创造价值。

战略风险——中国金融企业生存第一关

战略是寻找必胜之道和方向。战略是一个具有预见性的总体目标，是企业未来走势的规定性方向。一旦确定，三年、五年或更长的路就按照既定战略走下去。因此，它不属于日常风险管理范畴。然而它是企业发展的根本基调。战略也是选择，选择最有吸引力的市场范围，以独特的手段竞争，提供与众不同的价值主张。

构筑信贷风险管理的基本框架

信贷风险战略和政策必须有效地传达到银行的整个组织机构中。银行建立系统的信贷审阅流程是为了及时发现出现问题的贷款。对问题贷款，银行必须要按照信贷管理政策采取及时、严肃的补救措施。银行还需要培养一大批有经验，恰当技术背景和知识的信贷风险官，他们能在评估、审批和管理信贷风险中作出稳健的判断。

巩固稳健的信贷流程

稳健的信贷流程是银行抵御信用风险的屏障，是银行贯彻和落实董事会和高级管理层制定的风险管理战略目标的通道。对相关的政策和流程进行持续的回顾和监督，可以帮助银行巩固信贷流程，并及时根据所处的经济环境进行相应调整，这样的信贷流程才是长期和健康的。

建设合适的信贷风险文化

健康的信贷风险文化需要鼓励持续性的沟通。各个层次的业务单元、信贷业务每个环节的参与人员对有关信贷程序、职责分工以及控制手段等必须有着清晰明了的认知，推行管理问责制，做到所有业务单元和工作人员都认识到风险管理"人人有责"。

重大信贷问题的共同成因

因为银行对"热点"行业和发展迅速行业的未来采用非常乐观的假设，集中度风险因而产生。放弃尽职调查或传统的对杠杆率的要求等做法时，银行就有可能产生重大的信贷问题。引起市场风险和流动性风险工具价值变化的原因也同样影响了借款人的财务健康状况和未来前景。银行必须对市场风险和流动性风险的敞口与借款人的违约风险关系进行认真的分析。

资金业务的内部控制和市场风险管理

当谈到优化市场风险控制时，我们首先想到的是用最先进的风险计量模型来预测未来各种可能发生事件的影响。"黑天鹅事件"的不时出现，对于西方金融界所一直信奉的以量化模型分析为主的风险管理方式提出了质疑：我们是否真的了解市场风险的形成和机制，以及量化模型对于市场风险预测和分析能力的边界。

金融企业流动性风险管理

有能力保持充分的流动性对金融企业是至关重要的。特别是在自身经营状况或宏观经济环境恶劣的情况下，保持流动性就如同维持企业的生命线。

金融企业操作风险的管理

操作风险的涉及面非常广泛，有时会令许多业务人士觉得无从下手。针对如此复杂的风险要素，对刚刚起步，重视业务管理及流程管理的中国金融企业来说，当前的工作重点是建设适合中国金融企业实际情况的操作风险管理。

反思金融监管——我们学到了什么？

当前应重新审阅和制定中国金融行业的发展战略和规划，金融体系的改革需从继续进行金融企业改革，延伸到金融基础设施建设上。必须考虑中国国情，保守地去做简单的有信用基础的金融生意。

银行业资本监管建议

银行的资本是保障存款人利益的基石。一级监管资本的目的是避免银行破产；二级监管资本的目的是在银行破产的情况下，保障存款人的利益。中国银行监管者应该吸取金融危机的教训，保持和借鉴有效的经验，以确保银行资本基础的质量。

加强公民的财务教育

因为我们仍然是贫穷的国家，我们要强调勤俭节约的公民奋斗理念。在社会转型走向富裕时，我们一定要抓住这个机会，由国家推动，提供公民的财务教育，帮助民众认识到公民应对自己的财务状况负责，为自己的家庭和未来生活建设一定的财富基础，提升公民的财务能力。

诚信是资本市场的根基

资本是有眼睛的。资本寻求回报，回报的高低是由风险的大小决定的。如果会计信息是真实的，把投资的故事和中国的机会讲清楚了，风险得以解剖，资本要求的回报率就会变得更加合理。这样，更多的资本就会流入中国，中国可用资本的成本就会降低，我们国家的下一轮经济发展的动力就不会减弱。

披露关键管理人员薪酬

关键管理人员是企业的关联方。全面披露与关键管理人员及其关联方的业务交易和余额是股东获得信息的权利，也是公司治理信息披露的义务。

上市金融企业风险信息的披露

落实披露风险信息不仅要求金融企业建立有效的风险管理架构，而且更需要完善的信息系统的支持。风险信息的披露应该实事求是，而不是用于粉饰门面的空泛论断。在当今信息过剩的时代，披露信息的质量是关键。

如何提高上市公司的公司治理水平

有远见的上市公司的董事会和管理层必然可以坦然地、彻底地接受并且落实公司治理，以企业家的气魄去履行资本市场参与者的责任。

创业板：打造大中国概念

中国未来20年的成功将在绝大程度上依赖中国企业"获取金融资本"的能力，即如何有效地以低成本获取企业再创业、再发展的资本，在中国形成有效的资本市场，让投资者也得到与其投资风险相匹配的回报。至于基础设施，在今天以科技为主要运作手段的股票交易机制前提下，将创业板设在云南的西双版纳和设在香港交易广场是一样的。

　　我撰写的《资本的眼睛：实现独立审计的价值》业已出版，借此机会我对《走在会计发展和银行改革的前沿》这本个人文集进行了修订并重新出版，希望读者能从不同的角度了解我的专业思想。前者主要阐述了我对注册会计师行业及其作用的认识；后者则主要反映了我对会计和金融两个领域的相关思考及观点，特别是记叙了我参与中国国有商业银行改革的专业经历和贡献。

　　《走在会计发展和银行改革的前沿》收录的文章基本是我在1999年至2010年之间完成的。从2010年至今，会计准则发生了重大变化，但在此次修订中，我并没有对相关准则内容进行更新，读者若是需要在实务操作中对具体会计问题进行专业判断，请以最新的会计准则为依据或咨询专业会计师。虽然此次修订在文章内容上没有反映会计准则的更新，但是我对会计概念的理解和解读方式仍然可以成为读者掌握会计原理和方法的有效途径。同时，文集反映了我国会计准则发展的一个历史阶段，这也可以作为读者学习新准则的基础。

　　此次修订在国有商业银行改革篇中增加了《经历国有商业银行改革——中国农业银行篇》，完整反映了我对中国四大国有商业银行改革历程的观察。《经历国有商业银行改革——中国银行篇》的主要内容在《财经》2006（7）上发表，题目被编辑改为"给银行改革打60分"。虽然这一题目在中国银行上市的时候出现在当时最重要的财经杂志上显得不够积极，但它确实反映了银行改革的艰巨性。《经历国有商业银行改革——中国农业银行篇》的主要内容在《新世纪》2010（7）上发表，题目为"算算农行的改革大账"，第一次综合测算、披露在历史上国家为农行改革投入的资金额约为13 842亿元，平均每个中国人1 000元。笔者是四大国有商业银行改革的亲历者，参与清理了银行的资产负债表，把这些文章重新推向市场是希望银行能珍惜得之不易的改革成果，保持资产负债表的干净度。

有效的风险管理是金融企业生存的前提。此次修订，我对《金融企业风险管理》、《银行监管》和《资本市场发展》这三篇未作重大改动。我总结的金融企业风险管理、银行监管和资本市场发展的一些基本原理和金融企业的流程及文化建设、机构监管及资本市场发展方面的价值取向是一致的，仍然具有很大的实践意义。

在第二版中，我删除了第一版中深受大学生读者喜欢的专业会计师成长篇和社会责任篇，这两部分内容将体现在我准备创作的另一本关于注册会计师职业发展的新书中，敬请期待。

吴衡军

2017年8月于北京

汇丰银行的变与不变

汇丰银行前主席 大卫·艾尔敦 (David Eldon)

在走上演讲台的时候，大卫·艾尔敦先生手里拿着一条泳裤，他说："我希望大家不要介意。我此时是真的找不到其他合适的地方来挂这条泳裤了。但我很快要用上它的，等一会儿，就在今晚。"说完，大卫·艾尔敦先生就把泳裤挂在了演讲台上并开始了他的演讲……

开场白

尽管现在只是四月初，但这个夜晚还真有些查尔斯·狄更斯笔下的作品《圣诞颂歌》的味道。

无论如何，我们是在伦敦。在座的各位中有汇丰银行的现任领导人，也有汇丰银行的未来领导人，当然还有我。很显然，我在这里代表的是汇丰的"前世幽灵"，我是说汇丰过去时代的领导人。

作为汇丰银行过往时代的代表，能与各位分享汇丰的历史沿革，让大家从一个不同的视角看问题是我的荣幸，也是我的责任、义务。谈汇丰，我们自然要立足过去，同时要审视现在、展望未来。

因此，今晚我将着重讲一讲汇丰银行多年来发生的变化，但同时，我也要讲一讲那些没有改变的东西，以及非常非常重要的一点，就是那些绝对不能改变的东西。

汇丰银行的变

首先，也是最显而易见的一点是，汇丰银行的运营环境已经发生了变化。与以前相比，汇丰银行的运营环境变得越来越复杂，甚至是达到了相互矛盾的程度。

今天，市场参与者掌握的信息量比以往任何时候都多得多，但同时不确定性在增加，反而会使得有时候对市场信息的理解越来越少。金融领域面临不断加重的监管负担，同时，各地区监管政策的不一致性日益加剧。监管机构要求各家银行提高资本充足率，但同时又批评各家银行信贷量减少了。我们的工作可以获得相对较高的报酬，但是员工对企业的忠诚度却往往较低。与过去相比，个人主义和短期主义更多，信任却是肯定减少了。在我们的行业中，进行违法、违规活动的银行家相对来说是一小部分人，但是，这少数人的行为却损害了行业的声誉。

除了外部因素，从过去到现在，我们的银行也发生了很大变化，不仅仅是名称从香港上海汇丰银行（简称香港银行，Hong Kong Bank）变更为了汇丰银行。

事实上，在很长、很长一段时期内，汇丰银行在其注册成立的香港市场拥有一个特殊地位。过去有种说法，香港的权力掌握在三个人的手中，他们是：英国政府委派的香港总督、英皇御准香港赛马会的负责人和香港银行的主席，但他们权力的大小并不一定按这个顺序排列。顺道可以提一句，那个时候，英皇御准香港赛马会的负责人和香港银行的主席通常是同一个人。

回想我在20世纪60年代加入汇丰银行时，它仅仅是一家立足亚洲和中东的规模相对较小的地区性银行，在其他地区的发展十分有限。在那个年代，我们银行的管理风格从理念和操作上讲更接近军事化的模式，在结构上集中管理的程度并不高。

在那个时候，即使是集团总部中一位非常资深的人士想到某个国家的分支机构考察工作，他们首先也必须获得该机构的首席执行官的书面同意。

即便是信函书写的风格，也是要按规定来的。斯图尔特·格利佛（Stuart Gulliver，汇丰银行执行董事，中文名字是欧智华）在他三四年前的一篇文章中讲述到斯蒂芬·葛霖（Stephen Green）在担任财务主管期间曾向一家分行的主管发出请求，希望欧智华到当地交易部考察工作。对于这一请求，对方回复是："我亲爱的葛霖先生，我们认为此行没有必要。"

就获取批准而言，这件事也发生了改变。在我担任国际业务主任（International Officer）的时候，我在两位人士点头同意之前是不能结婚的。一位当然是我的未婚妻，另一位则是我们银行的主席。同样地，点头同意的顺序可不一定是这样的。

我们银行的人员结构也发生了变化。20世纪80年代之前的很长一段时期内，在我们银行担任国际业务主任职务的都是男性，而且大多为英国籍员工。我们当中有许多人从高中毕业后直接加入了汇丰银行。事实上，在20世纪90年代中期，我们银行没有一位高层管理人员曾在加入汇丰银行之前接受过大学教育，这一点还曾是银行当时颇感骄傲的一大特色。

另外一个显而易见的变化是我们在全球的认知度，以及随之而来的汇丰银行应承担的国际责任。我要指出，我们汇丰从来都是立足国际的。汇丰银行的第一届董事会中的成员有六个不同的国籍。

今天，根据Inter brand公司发布的品牌排行榜，汇丰银行是全球最具影响力的35大品牌之一。在金融机构品牌排行方面，根据《银行家》杂志发布的最新排名结果，我们仅仅位居富国银行集团之后。与此形成鲜明对比的是，在我担任亚洲区主席时，情况实在是有些尴尬，那时候我们的品牌知名度明显不那么高。事实上，在过去某段时间，我记得是在2002年的一次调查中，在亚洲消费者眼中，汇丰银行的名气还不如Hello Kitty大。

汇丰银行的不变

很显然，汇丰银行已经发生了很大变化。但同时，我们也很清楚，有一些东西一直没有改变。

我接下来要说的话可能会出乎一些人的意料，但是有些事情大家应该知道。在我说之前，大家最好在座位上坐稳了。

大家需要认识到一点，而这一点是一直没有改变的东西，那就是汇丰银行并不完美。实事求是地讲，汇丰是个犯过错误的银行。

例如，在座的各位中也许有人听说过一个市场出现剧烈动荡的时期，那个时候，我们的一些竞争对手扩张过度，汇丰也不能免受艰难环境的影响，我们银行部分员工参与违规交易，但纸包不住火。

我们的银行不得不拨出巨款来弥补错误，随之而来的是我们成为了众矢之的，不但要面临股东的质问，还要承受媒体负面报道的压力。作为一项补救措施，我们银行随后设立了一个类似督察的新职位，并为防止此类事件的再次发生建立了新的内部控制制度。

这件事对于在座的很多人可能都耳熟能详，但实际上，我所指的这件事情发生在汇丰银行刚刚成立不久的19世纪70年代末期。

在那个久远的时代，在经济发展面临各种困境、企业倒闭、银价下跌的大环境下，伦敦分行的一名经理被发现进行了未授权的债券和证券交易。

庆幸的是，在召开1880年度银行股东大会之前，这个问题已经得到了基本解决。我们的总经理在公众心目中成功地树立了银行员工"诚实、能干"的形象，帮助银行挽回了声誉。引用当时的原话，即汇丰恢复了"让每个人感到骄傲和快乐的源泉"的美名。

我与大家分享这个在汇丰银行成立初期发生的故事，主要是出于以下两个原因：

第一，要打破任何可能存在的关于汇丰银行过去的发展道路是一帆风顺的认知误区。请大家相信我，我对我们现在面临之艰难局面以及承受的巨大压力不会抱有任何不切实际的幼稚幻想。但是，每一代人最大的自欺欺人就是认为他们经历的是最艰难的时期，而过去时代面临的困难都要相对容易。确实，当我们的银行在149年36天前成立时，香港市场仅有11家银行，但在我们银行成立后的1年内，其中的6家银行相继倒闭。相形之下，今天的市场环境看起来或许更有利于银行的生存发展。

第二，要强调从过去到现在一直存在的一个事实，那就是，虽然我们的银行并不完美，但是我们拥有勇于承认和改正错误的优良传统和文化，并且我们努力从中汲取经验和教训。

事实上，可能正是由于我们曾经经历过多个市场动荡不安的时期，每每历经艰难而变得更强大。我们仍然是市场中屹立不倒的一家稳健、能有效控制经营成本和资本充足的银行。换言之，过去的苦难经历帮助汇丰银行塑造了今天的性格。如果能很好地加以利用，过去的经历会帮助汇丰银行变得更强、做得更好。

大家想一想我们为进一步完善合规系统而做出的巨大努力。转述前段时间《经济学家》杂志中的一句话：拥有足够的资源和能力去建立有效系统，以满足当前不断变化的监管环境提出的各种要求和挑战，这样的银行机构是"凤毛麟角"的。我们就是"凤毛麟角"银行中的一家。而且，正如《经济学家》中所提到的，在业务合规领域中取得的成绩和优势很有可能转化为汇丰银行的"重大发展机会"。

在汇丰银行，另一个没有改变的事实是：从心底里，我们仍然是一家以人本关系为依托的银行，我们喜欢和认识的客户群体打交道。

这是我们一贯坚持的做法。汇丰重视建设良好的人本关系，以信而贷，不拘泥于抵押资产，是这一领域的一个先行者。即使是六七十年代，很多贷款几乎完全依靠信用关系。而那个年代，在我曾经长时间工作过的中东地区，任何一个想在我们银行开户的人都必须证明其拥有良好的人品和信誉。

在那个年代，是否贷款给客户的判断标准非常简单明确。基本原则是，如果你不会考虑把自己腰包中的钱借给某个人，那么也不能把银行的钱借给他。

除了从客户角度，我们是一家以人本关系为依托的银行，我认为我们银行长期保持的一项竞争优势是集团内部也是以人的关系为本的。例如，从刚刚欧智华对我的介绍，你们就会知道我和他相识多年了。事实上，虽然没有多少人听说过，但欧智华和我曾经确实被指控为来自同一个秘密宗教组织的教徒。我在这里不是指我们都曾担任过国际业务主任一职。不过，我承认担任过这一职务的部分人士确实在那些年参加过一些有意思的仪式和活动。这是下一次要讲的故事了。

这项关于我们两人的指控出现在汇丰银行收购美国最大的消费融资公司Household International的过程中。正如我刚刚所说，汇丰银行曾经犯过错误。

作为收购程序的一部分，我们银行按要求向美国监管机构提交有关集团运营及管理人员的各类文件和信息。可想而知，交易的反对方在这些材料中仔细查找对这桩交易不利的蛛丝马迹。他们挖出的一个"金块"就是欧智华和我，还有当时担任汇丰银行亚洲区首席执行官的麦雅文（AmanMetha）在不同时间都曾在香港毗邻的地方居住过。更准确地说，我们都曾在香港山顶普乐道居住过。

一位美国人基于此表示，汇丰银行就"像"是一个信奉"世界末日"说的教派，"所有教徒"都购置和居住在"相邻的房子里"，一起等待"世界末日"的来临。当然，这位批评家没有理解，我们之所以在香港毗邻而居实际上是因为所有住所都是由银行提供的。尽管如此，我还是要对欧智华说，如果我是在等待世界末日，那么找不到比你更好的邻居了。

我想说明的一点是，我们银行的企业文化是人与人之间齐心协力、紧密合作，不仅仅是几年，而是几十年。事实上，有人说这是汇丰银行在过去持续取得成功的关键因素之一。但如今，一个很明显的事实是，企业规模越大，就越难很好地去认识你身边的每一位同事，即使是管理高层，情况也是如此。也正因为这样，我们举办像今天这样的活动才具有更重要的意义。这些活动有助于未来领导人相互认识、增进了解，同时有助于他们同现在的领导人增进理解和默契。我认为这一点对我们银行不断取得成功绝对是至关重要的。

汇丰银行还有一个保持不变的事实是，它一直是一家很不一样的金融机构，一家很有特点的银行机构，多年来做了很多不平常的事情，它的原则是坚持做正确的事情。

下面我给大家举个例子，你们就知道我在说什么了。

第二次世界大战结束后，我们银行迎来了有史以来最严峻的一个时期。那个时候，亚洲大部分地区的经济彻底崩溃，多地方通货膨胀疯狂肆虐。我们银行的资产负债表实际上已经变得毫无意义。而在香港，我们还承担着一份重大的责任。

在那个时候，整个地区流通着由汇丰银行发行的但没有相应储备金支持的大量钞票。在战争期间，占领香港的日军利用高压手段，逼迫我们银行的其中有些最后死在战俘营的高层管理人员亲手签署这些非法钞票。对于这个问题，我们最省力的做法就是不承认这些所谓的"逼签钞票"的效力，因为对这些纸币的发行我们没有任何话语权，是日本人逼迫的。而费钱费力的做法，是承认这些钞票有效，这样做，我们的股东要去承担代价，然后将相应金额的英镑缴入政府的发钞基金。

正确的做法——这也是我们银行的坚定选择——就是承认这批钞票有效。我们这样做了，我们的银行在帮助香港及其民众在战后恢复经济的过程中发挥了关键作用。

马特·泽伦的泳裤

我之前所讲的内容都是在为最后一个重要话题作铺垫，这个重要话题就是挂在演讲台上的这条泳裤……

我之前使用过这条泳裤，我用过好几次，那还是我在汇丰全职工作的时候，但仅仅是在做演讲的时候，我把它作为讲故事的一个小道具来使用的。

如果在座的各位中有人听我讲过这个故事，我也没什么好说抱歉的。我得说，老生常谈是年长一辈人的权利，即使是在汇丰银行也不例外。

这条泳裤的背后有一个真实的故事。这个故事发生在多年前，主人公是一名叫马特·泽伦（Matt Zelen）的美国大学生。当时，泽伦先生正在明尼苏达州参加大学生游泳比赛，他参加的项目是100米蝶泳。泽伦先生是美国排名前列的游泳选手，也是进入美国奥运会代表队的有力竞争者。

在正式比赛当天，泽伦先生一跳入游泳池就很快发现了一个问题……他发现自己忘记系好泳裤了。

更糟糕的是，他的泳裤开始滑落。泽伦先生必须赶紧做决定。他可以停下来，把游泳裤的带子系好。但因为比赛只有100米，这么做的话，输掉比赛可以说是一定的。或者他可以继续游下去，希望不会出现状况。

在激烈的比赛当中，啦啦队的呐喊声一阵高过一阵，背负着队友的期望，泽伦先生选择了后者。他继续游，而泳裤也继续滑落。最后，泳裤被他完全踢掉。泽伦先生不仅赤身裸体地完成比赛，而且以大幅领先第二名的优势获得第一，超出近两秒。

比赛结束后，略显尴尬的泽伦先生坦承，如果是参加仰泳项目的话，他就不得不停止比赛了。这个，你们懂得。但是后来，裁判取消了泽伦先生的比赛成绩，理由是他们认为泽伦先生"违反了有关比赛设备的相关规定"。换句话说，他被脱掉的不仅是泳裤，他也被"脱掉"了胜利的桂冠。

今天，我重点给大家讲这个故事有两个原因。首先，这是我最喜欢的趣闻之一，因为这样的故事会让人们浮想联翩，而更重要的是，从发生在马特·泽伦身上的往事，在座的所有人都可以学到非常宝贵的教训。

结束语

这个故事给我们的启示很简单，就是……

尽管在我们所处的环境中，短期行为越来越多，竞争日益激烈，法规日渐繁琐，期望值不断提升，竞争对手对标准的要求不断下降，但是，有些东西我们绝不能丢弃，有些东西我们绝对不能改变。

其中，有三点尤其重要。

第一，我们所做的一切，我们所追求的一切全都以信任为基石。我们银行从成立之初到今天所取得的所有成功都建立在信任的基础之上。信任包括消费者和客户的信任、股东的信任、员工的信任、监管机构的信任、业务合作伙伴的信任、其他金融机构的信任以及各方彼此之间的信任。因此，弃小利而存大义永远是我们应坚守的原则。

第二，汇丰银行绝对不能改变的是我们着眼长远发展的经营之道。刚才，我为大家讲述了汇丰银行在第二次世界大战后可以不做但坚持承兑"逼签钞票"的例子。尽管我们的股东为此付出了数以百万计英镑的代价，但这是让我充满自豪感的故事，也是一个能够充分证明我们银行总是能顶住诱惑，不计较眼前得失，能做出明智抉择的典型例证。

第三，汇丰银行绝对不能改变的，在我看来，是在座每个人都该懂得的简单道理，那就是银行的利益高于每个人的个人利益。我是想说，大家需要认识到你们只是汇丰银行的临时守护者，也就是说，作为现在的守护者，你们有责任把我们不凡的银行传到下一代人的手中，当然，最好是在把汇丰建设得更好之后。

最后，如果我今晚代表汇丰老一代人的演讲没有给您留下任何其他印象，我希望大家能至少记住这条泳裤……

记住它的寓意。

记住马特·泽伦的故事和他的结局。

记住，如果我们希望汇丰银行继续不凡的历程，使它永远让在座每一个人感到荣耀和喜悦，那么有些东西，如信用、诚实及继往开来的认知和理念是我们永远不能丢弃的。

吴卫军　翻译

作者注：这篇文章根据汇丰银行前主席大卫·艾尔敦（David Eldon）先生在汇丰集团于2014年4月8日举办的"汇丰集团人才队伍建设"主题晚宴上的演讲摘译，载于《中国银行业》杂志2014年第8期。征得大卫·艾尔敦先生本人同意，作为《走在会计发展和银行改革的前沿》第二版的主题序言。

金融危机触发的公允价值论战

厦门国家会计学院　教授
中国银行股份有限公司　董事、审计委员会主席　黄世忠

　　由2007年美国次贷危机所引发的全球金融危机不仅撼动了华尔街金融巨头的生存根基，也在国际范围内点燃了针对公允价值会计准则存废的激烈论战。

争论的焦点

　　这场论战大致始于2008年3月。最先对会计界发难的是在危机中遭受重创的跨国金融巨头。它们认为，在金融危机的市场环境下，按公允价值对资产支持证券（ABS）、抵押贷款支持证券（MBS）、抵押债务权证（CDO）和信用违约互换（CDS）等金融衍生产品进行计量，导致金融机构在账面上确认未实现且未涉及现金流量的巨额损失。这些天文数字般的账面损失，误导了投资者，诱使他们恐慌性地抛售相关金融机构的股票。这种非理性的投机行为，反过来又迫使金融机构的高管层不惜代价降低次债和其他金融产品的风险暴露头寸，结果导致本已脆弱不堪的次债和其他金融产品市场濒临崩溃，金融机构不得不在账上进一步确认资产减值损失或公允价值变动损失，最终引发金融产品螺旋式的价格下跌浪潮。它们声称，公允价值会计这种独特的反馈效应和顺周期效应在金融危机中推波助澜，造成了极具破坏性的恶性循环。为此，以花旗、美林、瑞银、百仕通为代表的金融机构，纷纷将矛头直指公允价值会计，声称公允价值计量模式夸大了次债和其他金融产品的实际损失，放大了金融危机的广度和深度，要求完全废除或暂时停止采用公允价值会计。

　　以美国财务会计准则委员会 (FASB) 和国际会计准则理事会 (IASB) 为代表的会计准则制定机构则认为，金融巨头抨击公允价值会计准则无非是为了转移公众的视线，为自己的过度投机和失败的风险管理寻找替罪羊。会计界认为，是金融机构放松信贷标准、毫无节制地发放住房按揭贷款制造了房地产泡沫，并通过不受监管、不透明、容易滋生道德风险的资产证券化等金融创新手法放大金融资产泡沫，才最终酿成这场灾难深重的金融危机。而会计界借助公允价值计量模式，及时、透明、公开地揭示出这些资产泡沫，促使金融界、投资者和金融监管当局正视和化解金融风险。

公允价值准则存在的缺陷

　　诚然，此次金融危机也暴露出公允价值准则的一些缺陷。我们不妨以FASB在2006年9月颁布、2007年11月起实施的《美国财务会计准则第157号公告：公允价值计量》（简称FAS157）为例加以分析。FAS157将公允价值定义为"市场参与者在计量日的有序交易中，假设将一项资产出售可收到或将一项负债转让应支付的价格"，并按客观性和可观察性将公允价值分为三个层次——按公开报价计量的公允价值、按可观察信息计量的公允价值、按不可观察信息计量的公允价值。第一层次、第二层次的公允价值采用市场法确定，第三层次的公允价值采用收益现值法或重置成本法计量且要求信息详细披露。FASB给公允价值所下定义中包含一个重要的假设条件，即计量所涉及的资产或负债均存在着一个有序的交易市场。但金融危机表明，这一假设并非总是成立。例如，因为投资者过度恐慌和信贷极度萎缩，CDO的市场交易早已名存实亡。同样，FAS157也没有考虑流动性缺失的资产 (illiquid assets) 对公允价值计量的影响。更为严重的是，当市场剧变和信贷萎缩导致次债相关产品从第一层次或第二层次跌落至第三层次时，FAS157却未能就这种情形下如何确定公允价值及时提供技术指引，导致第三层次的公允价值计量具有很大的主观随意性。美国国际集团 (AIG) 持有的CDS估值就是一个典型的例子。根据AIG自己的估值模型，其持有的CDS在危机中损失约9亿美元，但摩根士丹利的分析师经过测算认为该损失为30亿~130亿美元。在审计机构指出AIG对CDS财务报告的内部控制存在重大缺陷后，后者不得不在2007年度确认了110亿美元的损失。到2008年秋季，AIG在CDS确认的损失已经超过1 000亿美元。可见，对于需要利用复杂的数学模型进行估值的第三层次公允价值而言，如果仅仅依赖于一个简单的假设条件进行计算，其结果往往会"谬以千里"。这也是此次金融危机中公允价值准则暴露出的软肋之一。

FAS157存在的另一个重大缺陷是要求金融机构确认因自身信用等级变动对其负债公允价值的影响。如果金融机构因经营改善导致信用等级提高，其负债的公允价值将增加，必须确认为一项损失。反之，如果金融机构因经营恶化导致信用等级下降，其负债的公允价值将减少，则必须确认为一项利得。比如，2009年第一季度，很多跨国金融机构的"利润"就是来自因自身信用等级下降导致其负债的公允价值减少而确认的利得。花旗集团在2009年第一季度报告了16亿美元的净收益，但该"利润"中包含了因其信用情况恶化、负债公允价值下降所形成的25亿美元利得。汇丰银行的情况同样如此。如果剔除负债公允价值变动的影响，花旗和汇丰在2009年第一季度实际上是虚盈实亏。与此相反，摩根士丹利却因经营改善导致信用等级提高而不得不在2009年第一季度确认了15亿美元的负债公允价值变动损失。若不尽快修改FAS157这一显而易见的缺陷，金融机构被扭曲的经营业绩报告将严重误导投资者的决策。这种因经营好转蒙受损失、因经营恶化反而可以确认利得的会计方法显然有悖正常的商业逻辑，也容易误导广大投资者。

外来压力下会计界的无原则妥协

在欧洲，2008年9月，法国总统萨科齐首先对IASB发难，指责IASB不允许对金融资产重新分类从而导致欧盟银行处于不利的竞争地位。其后，在法国财政部的牵头下，欧盟的财政部部长们向IASB提出最后通牒，声称IASB在2008年10月底前若不允许对金融资产重新分类，欧盟将宣布不再遵循IASB发布的与金融资产和公允价值相关的财务报告准则。迫于欧盟的巨大政治压力，IASB在未遵循恰当程序（due process）的情况下，于2008年10月13日对第39号国际会计准则《金融工具：确认和计量》和第7号国际财务报告准则《金融工具：披露》进行修改，允许某些以公允价值计量且其变动计入当期损益 (FVTPL) 和可供出售 (AFS) 的金融资产在特定情况下可以重新分类。

具体修订要点包括：在极少数情况下，允许将FVTPL的金融资产重新划分至其他类别的金融资产；预计未来仍将持有且有能力持有的AFS金融资产可重新分类至贷款及应收款；已经计入损益表的金融资产不得再转回。IASB允许将按公允价值计量的金融资产重新分类为按摊余价值计量的金融资产，可谓是会计专业性让步于政治现实性的无奈之举，它迎合了金融机构管理层的机会主义倾向，为后者进行盈余管理甚至盈余操纵提供了更大的自由裁量权。德意志银行就是一个典型的例子。通过将按公允价值计量的金融资产重新分类为按摊余价值计量的金融资产，该行2008年第三季度报告由实际上的4.31亿欧元净损失一举转变为4.41亿欧元的净利润。这种通过改变会计原则而实现的虚盈实亏伎俩竟然蒙骗了整个资本市场，季报公布当天，德意志银行的股价飙升了17.5%！

继IASB迫于欧盟压力作出妥协后，FASB也不得不对金融界和美国国会作出让步。2009年4月2日，FASB以3票赞成、2票反对的方式通过了极具争议的放松对公允价值运用和资产减值准备的要求。根据新的规定，对于缺乏活跃市场的特定金融产品 (如MBS和CDO)，如果金融机构管理层认为市价不能代表其真实价值，可采用内部模型，即通过折现现金流量 (DCF) 对这些金融产品进行估值和计价。这一规定与FAS157要求优先运用市场参数确定公允价值的做法相去甚远，为金融机构管理层利用主观判断调节利润大开方便之门。而对于持有至到期 (HTM) 和可供出售金融资产的减值处理，则区分为信用风险与非信用风险两类，分别计入当期损益和调整股东权益，即作为其他综合收益。

根据《华尔街日报》的测算，FASB降低对公允价值会计的要求和修改金融资产减值的处理方法，至少使美国金融机构2009年第一季度报告的净利润上升了20%，美国股市也因为FASB对公允价值会计"注水"而出现井喷行情。FASB的妥协固然取悦了金融界和国会，但在投资界和会计界却引起轩然大波。彭博社的专栏作家乔纳森·威尔 (Jonathan Weil) 因FASB无原则的投降而讥之为 "Fraudulent Accounting Standards Board" (舞弊会计准则委员会) 。宾夕法尼亚大学的爱德华·凯斯 (Edward Ketz) 教授则要求FASB的主席罗伯特·赫兹 (Robert Herz) 引咎辞职。

不论是IASB的妥协，还是FASB的让步，实质上是将原本正确的做法改为错误的做法，这种倒退是会计专业性臣服于政治现实性的典型写照。与审计准则不同，会计准则绝不是纯粹的技术规范。究其本质，会计准则就是财富分配的游戏规则，它界定了财富分配的金额和流向。有鉴于此，各利益攸关方极力利用其影响力纷纷介入会计准则的制定和修改也就不足为奇了。

SEC对公允价值准则的修正

为了明辨公允价值的是非，美国国会通过的《2008年紧急经济稳定法案》在第133条款中责成美国证券交易委员会 (SEC) 就公允价值准则的六个重大问题进行专门研究。这六个问题包括：公允价值会计准则对金融机构资产负债表的影响；公允价值会计准则对2008年度银行倒闭的影响；公允价值会计准则对投资者所获取财务信息质量的影响；FASB制定会计准则恰当程序的合理性和效率性；研究用于替代FAS157的会计准则；修订公允价值会计准则的合理性和可行性。2008年12月30日，SEC向国会提交了长达209页的研究报告。报告对上述问题作了相应回答：金融机构45%的资产和15%的负债采用公允价值计量，公允价值计量对金融机构损益的总体影响小于25%；公允价值会计准则在2008年银行倒闭潮中发挥的作用微不足道，银行日益增长的信贷损失、投资者对银行资产质量的担忧、交易对手和投资者对银行缺乏信心以及流动性缺失，才是商业银行和投资银行倒闭的主因；公允价值提高了不同金融机构财务信息的可比性，向投资者提供了最透明、最及时的信息，便于他们作出更好的投资决策和进行更有效的资源配置；制定机构的独立性是确保会计准则质量的关键，准则制定不应受政治力量或特定信息使用者的影响；暂停FAS157不能消除公认会计准则对公允价值计量或市价标价法会计的要求，表外披露不能取代表内确认，选择其他计量属性将带来其他衍生问题；暂停或中止公允价值会计而改用历史成本或其他计量方法将使投资者面临更大的不确定性，并很可能对投资者本已脆弱的信心产生十分不利的影响。

基于上述研究，SEC同时提出了八项建议：FAS157应予完善，但不应当被暂停；现行公允价值和市价标价法会计的要求不应被中止；FASB应采取进一步的措施完善现行公允价值的运用；金融资产减值会计应当重新审视；FASB应当对公允价值会计在运用中如何培养良好的专业判断提供进一步指引；会计准则的制定应当以满足投资者的信息需求为导向；FASB应采取额外的正式措施处理会计准则运用中遇到的实际问题；FASB应当进一步简化金融资产和投资相关的会计处理。

可以看出，SEC提交的权威研究报告有助于澄清金融界和部分国会议员对公允价值的错误认识，既为公允价值正名，也为会计界洗刷了莫须有的罪名。

在会计发展和银行改革的前沿

我很乐意地答应了吴卫军先生约我为他的著作写序的邀请。在中国会计发展的过程中，我看到了像吴卫军这样成长起来的专业会计师。他一方面从事审计工作，为会计报表的公正公允表达把关；另一方面，在他服务的客户的银行业改革中，积累经验，贡献智慧，发挥作用。

公允价值会计这一课题正是金融和银行业会计的基础，牵扯的远非是一个简单的会计问题。

在公允价值会计的实际运用中，鼓励企业管理者遵守会计准则，稳健落实会计制度的要求，这是国际和国内公司治理面对的难题。另外，如何避免公允价值会计顺经济周期的弱点，在相对不流动的金融市场上，确定金融资产的公允价值，这是会计准则制定者需要深刻思考的会计科学问题。负责银行审计的注册会计师是这两方沟通的最佳桥梁，应该体会到双方的困难点，推动公允价值会计的发展和应用。

虽然我和吴卫军先生都是公允价值会计原则的忠实拥趸，但是，我们也看见了在金融市场急剧发展的过程中，落实公允价值会计的困难。经过此次金融危机的考验，会计准则的制定机构应痛定思痛，在进一步完善公允价值计量方法的同时，能够尽快纠正因外界压力而作出的妥协，还公允价值准则以应有的严肃性和专业性。会计准则的执行者要积极面对会计计量模式从历史成本走向公允价值所发生的变化，找到风险信息和会计信息的计量和披露连接点。对于会计准则的执行而言，如果不用公允价值计量模式在向股东报告的会计报表上计量和披露金融资产和负债的金额，企业的管理者是否能够利用公允价值计量模式来识别经济风险并管理和经营企业的资产和负债？

我谨用《金融危机触发的公允价值论战》一文，支持吴卫军先生在会计发展和银行改革工作方面的努力，对他的著作的出版表示祝贺。

构建金融体系的未来

摩根大通银行有限公司
董事会主席　兼首席执行官 Jamie Dimon

一、金融危机的根本原因和推动因素

在雷曼倒闭以后，全球金融系统陷入恐慌。雷曼的垮掉是否是罪魁祸首，对此人们进行了广泛的讨论——但是现在回看，我认为此前发生的所有事件累计造成的综合打击以及金融体系本身的一些严重漏洞才是造成系统崩溃的原因。即便没有发生雷曼的倒闭，事态发展到某个阶段总会发生什么其他的事件成为压垮骆驼的那根最后的稻草。

在今后的几十年间，人们将会不断去对金融危机的原因进行检讨、分析和修正。随着时间的推移，我在此时表达的任何见解将很有可能最终被证明是管中窥豹或非常可能是错误的。然而，我仍感到有一抒胸臆的强烈意念，因为在一年左右的时间内，有关监管规则很快就要拟定，将对我们的国家和我们的公司产生巨大的影响。如果我们在今后的工作中要想妥善做好经济危机的处理工作，我们必须毫不留情地要求自己诚实对待一切，同时找出最初引发灾难的根本原因，并且要全面吃透它。美国之所以强大，不在于它规避问题的能力，而在于美国人民直面问题、勇于变革和从善而行的能力。这也正是我在此分享我的看法的初衷。

阿尔伯特·爱因斯坦曾经说过，"让一切尽可能简单，但不能比其本质更加简单"。过分简单的答案或一竿子打翻一船人的随意指责都会让我们误入歧途。任何未来的计划都必须建立在一个前提之上，那就是一定要对造成危机的主要根由以及推波助澜的各项因素都要有清晰和全面的把握，包括：

1

- 房地产泡沫的破裂。
- 系统内蔓延的过度杠杆化操作。
- 结构性风险的急剧增长及其造成的始料未及的破坏。
- 监管的疏失和错误。
- 几乎所有政策、措施和事件都属顺应经济周期的性质。
- 巨额贸易和融资不平衡对利率、消费和投机活动的影响。

每一个主要的根由都有多个相关推动因素。就在我撰写这部分文字时，我渐渐地认识到，每一个主要根由及其相关的推动因素都可以轻易地重新组合，而仍能相当准确地说明问题。

令人惊异的是这些主要根由中实际上有很多在危机爆发之前就已经为人们所熟知并且反复探讨。然而，没有人预测到所有这些问题会如此地集中作用，引爆我们一生中所遭遇的最严重的金融和经济危机。

包括我自己在内的比较保守的人们都将过去的各次主要危机或这些危机的某种组合视做我们必须很好准备去面对的最恶劣的情况。我们甚至也知道下一次的危机将以不同的面貌出现——但我们忽视了表面之下涌动的危机的凶险程度和庞大规模。当然也很可能出现另外一种情况，那就是危机如果以不同的形式爆发出来，那么资产价格削减的多次大规模恶性循环、衰退的经济以及房地产价格的下跌都可能将以不同方式表现出来——或许更加温良，或许更加猛烈。

有一个关键问题人们必须明了，那就是今天的资本市场同第二次世界大战后的资本市场存在本质的不同。这已经不是祖父辈们那个时代的经济了。银行在资本市场中的角色发生了显著的变化。而且人们并没有很好地理解这种变化——实际上，人们的认识充斥着误解。现在，传统银行提供的信贷在经济体系的信贷总额中仅占20%的比重（所有金融中间机构提供的信贷总额大约为14万亿美元）。而在第二次世界大战刚刚结束时，银行信贷所占的比重几乎达到60%。其他部分的信贷则由很多所谓的"影子银行"系统提供。"影子"暗示着不法和鬼鬼祟祟，但"影子银行"系统中只有一部分是隐藏在阴暗之中的［例如结构性投资工具（SIV）和管道工具］——其他的部分就存在于我们面前。已经拥有4万亿美元资产的货币市场基金通过购买商业票据直接向企业放贷(它们拥有的商业票据总额达7 000亿美元)。规模达到大约2万亿美元的债券基金同样是公司信贷和证券化产品的直接买家。以多种形式[包括债务抵押证券(CDOs)、贷款抵押证券以及商业按揭抵押证券等]出现的资产证券化产品直接或间接购买消费和商业贷款。资产证券化仅仅是投资银行和商业银行将贷款转嫁给最终买家的一个渠道。

在雷曼破产后的两周时间内,货币市场和债券基金从信贷市场撤出了大约7 000亿美元的资金。此举是因为投资者(即个人和机构投资者)从各基金撤出资金所致。与此同时,由于企业必须更加依赖银行提供信贷资金,银行的信贷量实际有所增加。在此背景下,让我们对此次危机的主要根由重新深入审视一下。

1.房地产泡沫的破裂

美国房价已持续增长几乎达10年之久——在此期间实际已经翻番。一定的房价增长是正常的,而如此大幅的增长以及其造成的最终损害是由以下因素所促生的。

新发放的未经严格控制的按揭产品[例如选择性可变利率按揭贷款(option ARMs)以及次级抵押贷款等]为资产升值推波助澜,引发了过度投资以及造成了前所未有的信贷损失。 随着房地产泡沫不断膨胀,越来越大胆的贷款审批发放标准将房价和市场投资活动推至一个前所未有的水平。不完善的贷款审批发放政策标准(包括不对申请人的收入状况进行验证或仅进行少量验证以及抵债率可高达100%等)和设计粗劣的新产品(例如选择性可变利率按揭贷款等)为泡沫的膨胀以及泡沫破碎后带来的灾难性后果直接起到了作用。

住房抵押证券化有两大缺陷。 在众多资产证券化操作中,在从发起人到分销商的链条上,没有人为贷款发放的结果承担最终的责任。另外,作为构成这些交易的组成部分,拙劣的证券化档次构造实际上将未经严格审批贷款的一大部分划转为AAA级债券。很明显,评级机构在这个存在缺陷的流程中也扮演了关键的角色。证券化产品最终发展出多种形态,其中讨论最多的便是债务抵押证券(CDOs)。实质上,这些形式只是更多的起到了火上浇油的作用。

虽然说大多数人是正人君子，但不论经纪人还是消费者，过度投机活动和不诚实的程度远远超过了以往。按揭不付头款、房价投机，加上部分彻头彻尾撒谎的不良经纪人和消费者，三者共同造成的损害需要未来花费多年时间来消化。而这丝毫不能免除我们及其他机构作出拙劣放贷判断的责任，也自然不能免除任何以不当方式将贷款卖给消费者的机构或个人的责任。

2. 系统内蔓延的过度杠杆化操作

多年以来，消费者在增加他们的杠杆操作（举债投机）（大多作为房地产泡沫的一个功能），某些商业银行增加了它们的杠杆操作，大多数的美国投资银行大幅增加了它们的杠杆操作，而诸多国外银行拥有最高程度的杠杆操作。另外，以下领域的杠杆操作也在不断增加。

- 对冲基金随时间推移取得了大幅发展，其中很多使用高程度的杠杆操作。其中部分杠杆操作源于全球性银行和投资银行向它们出借了太多的资金。
- 私募基金公司在并购活动中不断增加杠杆操作的力度。同样，部分银行和资本市场向它们出借了过多的资金。
- 某些银行（以及其他机构）使用表外套利工具来增加它们的杠杆操作，比如结构性投资工具和杠杆化的卖方期权（leveraged puts）。
- 非银行机构，包括按揭银行、债务抵押证券管理人、消费者和商业融资公司等，甚至某些债券基金，随着时间的推移都增加了它们的杠杆使用。
- 通过作出大额的"远期承诺"，甚至是养老金计划和大学机构都增加了它们的杠杆操作。

基本上，全世界在这次杠杆操作的盛宴中都没落下——在宴席没有结束前都在享受这个过程。

3. 结构性风险的急剧增长及其造成的始料未及的破坏

我认为有四种结构性风险或者不平衡，它们发展、结合，共同作用造成了银行挤兑。但这不是传统意义的银行挤兑——这是对我们资本市场的挤兑，一种我们前所未见的普遍恐慌。在雷曼倒闭以后，我们资本市场的很多组成部分停止了对市场供应资本。如果危机以一种不同的方式展开，那么可能随之而来的很多事件就不会发生了。谁都不会故意设计这样一个有着根本性缺陷和失衡的体系。头脑清晰些的人们会明白这种局面在相当程度上并非是有人违法乱纪的结果——我们的世界已经发生了很大的改变，而对于这些改变，我们无法明了其中的潜在风险。在恐慌开始后，现有的系统根本无力承受。

很多交易结构越来越多地允许使用短期资金来支持非流动的资产。实质上，有太多较长期限的非投资级别产品被转化成了较短期限的3A级产品。某些银行、对冲基金、结构性投资工具和债务抵押证券在使用短期资金来支持非流动的长期资产。当市场冻结时，这些主体无法再获得短期融资。因此，它们被迫要出售上述非流动的资产。而银行和资本市场的职能之一就是在投资者和发行人的需求之间起到协调的作用。这就引发一个正常的转换，即将需要融取资金的发行人所持有的较长期限的非流动资产直接或间接地（通过证券化）转变成为大多数投资者们希望持有的期限较短而评级更高的产品。很明显，随着时间的推移，这种不平衡已经发展到过于庞大以至于市场无法支持的地步。

货币市场基金在结构性上的小风险，成了危机的一个关键风险点。货币市场资金对投资者作出的是根据投资者的索还投资要求100%还款的承诺。很多货币市场基金投资了30天至180天的商业票据或资产支持证券，这些产品在通常情况下都是应当按票面价格回售的。在正常时期，投资者索回资金在相当程度上是可以预见的，而基金也能相应满足投资者的要求。随着时间推移，货币市场基金急剧增长，总额超过了4万亿美元。在雷曼倒闭后，特别是一家持有大量雷曼票据的货币基金无法满足投资者的赎款要求。当这一不利的消息散播开来时，很多基金的投资者的做法就是要把他们的资金要回来。在两周的时间内，投资者们从多家货币基金抽离了5 000亿美元的资金，迫使各基金大幅甩卖资产。为了提高流动性，这些货币基金实质上被迫出售资产。当投资者从信贷资金转向政府基金时，银行根本无法填补二者之间的差异，这就变成了千里长堤上一个更加巨大的缺口。

回购融资的条款变得太过宽松，从而有太多的非流动资产被回购。随着时间的推移，在金融公司为其流动资产融资的市场中，融资条款变得过于宽松。例如，在购买非政府机构住房抵押证券时，金融机构仅需支付2%~5%的款额，而不是以往15%~25%的额度。回购市场也开始赊买相当复杂的证券产品，而当局势变得人心惶惶时，它们干脆就停止了这种做法。在雷曼破产后的两周时间内，投资者和银行从此类融资活动中抽离的资金超过了2 000亿美元。同样，金融机构必须出卖证券来偿还短期借款——这样，大堤又出现了一道裂痕。

投资者保护自己举措明智，但是当所有人在同一时间做同样的事情时，现有系统就无法应付了。个体投资者、公司、养老金计划、债券和贷款基金、货币市场基金和其他主体——所有各方的行为都是出于自身利益考虑的，从个体而言，它们的行为都是明智之举。但是集中在一起时，它们的行为造成巨大的资金从银行和信贷系统流出。不论资金是从一家银行、一家货币基金还是一家债券或贷款基金流出的，事实都是一样，即大量的信贷资金从系统中抽离，必要信贷的严重短缺积重成灾成这个结果。

很明显，世事时局已经不一样了。在过去，监管机构的工作重心是防止金融体系中主要中介机构，即银行的系统性崩溃。而今，我们需要讨论的不止是如何保护自己不受银行挤兑之害，还要防范资本和金融市场中其他关键实体机构因大众挤兑行为而造成的危机局面。

4.监管的疏失和错误

怀着极大的犹疑，我想指出监管系统也是犯了错误的。虽说如此，但我并不将现有局面怪罪到监管机构的头上。无论在何种情形下，一家公司其行为的责任都最终着落在我们自身，也就是公司首席执行官和管理层的身上。不能因为监管机构允许你做什么事情，你就认为能够理所应当地去做这件事情。但是监管机构也有其自身的责任。而如果我们想把这件事情做对做好，那么我们必须要做好的一个重要工作就是仔细检视监管机构在哪些工作上应当可以做得更好。在很多情况下，良好的监管应能够避免许多的问题。如果其中一些问题没有发生的话，也许事情不会变得这么糟糕。

市场中缺乏监管或监管不足的部分推动了危机的爆发。我已经分析了货币市场基金和对冲基金的部分弊病——后者是没有监管的，而前者的监管也很宽松。另外，在诸多方面中，如果其中两大领域得到了恰当监管，那么应当能够帮助系统避免一些问题的发生。

- 住房贷款业务有相当部分是没有监管的。相对于对银行的监管，在这一业务领域大部分的住房贷款经纪人实质上都没有受到监管。我们可以看到，受到美国财政部金融监理局监管的主要商业银行均未出售过选择性可变利率按揭贷款（这恐怕是最恶劣的按揭产品了）。就此，我们可以提出一个很好的观点，那就是在这个业务领域中，未受监管的机构所执行的低标准对受到监管的竞争对手们施加了相当的压力，迫使它们降低标准进行竞争。在这里，差的监管战胜了好的监管。

- 美国国际集团（AIG）和单一险种保险人不断增加他们在大额单方信用保险和信用衍生工具上的赌注，但保险监管机构却未能看到问题的发生和事态的发展。于是这些保险公司接受了巨额的单方赌注，这在很多情况下就意味着对各种类型的复杂住房抵押证券提供保险。

《巴塞尔新资本协议》下，国际性银行和美国投资银行可进行过多的杠杆操作。人们现在已经清楚地认识到，巴塞尔银行监管委员会在2004年发布的第二套资本协议（即《巴塞尔新资本协议》）存在着严重的缺陷。它在不同辖域的执行存在不一致，其允许太多的杠杆操作，过度依赖公布的信用评级，而且无法解释一家公司的资金来源和组成［例如，协议允许太多的短期批发融资（wholesale funding）］。2004年，五家独立的美国投资银行在美国证券交易委员会的管辖下执行了《巴塞尔新资本协议》（美联储或美国财政部金融监理局监管仍要求执行《巴塞尔资本协议》，不允许辖下银行执行《巴塞尔新资本协议》）。在《巴塞尔新资本协议》体系下，这些投资银行抛弃了以前保守的净资本要求，大幅增加了杠杆操作。后来的故事想必大家都知道了。

对房利美和房地美的不当监管可能是有史以来最大的监管失败。房利美和房地美的惊人增长和高度杠杆化操作是众所周知的事实。很多人都对此以及二者对衍生工具的使用议论纷纷。令人不解的是它们的监管机构明显不称职。这些政府支持的机构不断壮大，规模超过了美联储。在过去的20年间，二者大幅增加了杠杆操作。而且一个令人惊异的事实也被置若罔闻，那就是二者的信用基础是默认的，而不是明示给大众的。这种情况绝不应再次出现。它们的崩溃对住房抵押市场和金融体系造成了伤害。而且，如果美国财政部没有介入的话，就连美国的国家信用也将受到影响。

太多的监管机构——职能交叠且权限设置不当——它们无力应对危机。我们现有的监管体系组织不善，而且老旧过时。职能交叠造成了监管机构之间责任分散和无实效的竞争，而这种状况很可能加速了崩败的进程。很多监管机构也没有处理部分问题的恰当法定权限（这倒不是它们的过错）。贝尔斯登公司和雷曼的倒闭揭示的一个严峻的例子就是对于倒闭的投资银行，市场未能建立起一个破产清理程序。如果是商业银行倒闭，那么联邦存款保险公司（FDIC）可以接管。但投资银行就不一样了。另外，还须为跨国经营且拥有多个不同监管许可证（regulatory license）的大型全球金融公司制定破产清理程序。

5. 几乎所有政策、措施和事件都属顺应经济周期的性质

在危机中，顺周期政策将加剧局势恶化。我想不出有哪一条政策起到了平衡各种顺周期力量的补偿作用。虽然在危急关头减少顺周期力量的影响方面监管所能起到的作用莫过如此，我们还是应当了解这些顺周期力量的影响。例如：

● 当局面开始恶化时，计提贷款损失准备使得准备金处于最低的水平。因此，当危机不断深入时，银行不但须更大程度地核销坏账，还要增加其准备金比例，让其稀缺的资本更加枯竭。

- 虽然我们支持在交易账户中使用公允价值会计处理的做法 (人们抱怨很多市值计价损失将最终成为实际损失)，但我们也认识到大规模强制清算下的市场价格可能无法反映实际的价值。在某些方面，公允价值会计处理的使用会使局面雪上加霜，损失消耗了资本，而资本减少使人们更多地抛售以求自保，价格只能是越来越低。
- 评级机构也犯有错误 (像我们其他所有人一样)，而它们的错误无疑助长了债务抵押证券和抵押贷款灾难。在危机之中，评级机构仍然不断地下调信用评级。评级不断下降进而导致诸多金融机构须争取更多的资本，如此进一步加重了恶性循环。
- 在艰难时期，市场本身要求增加资本和更加保守的信贷操作。我们可能无法改变这一现象，但是仍可以采用很多措施来确保系统准备更加充分。
- 在经济繁荣时期，融资安排允许最大限度的杠杆操作，但在艰难时期迫使杠杆操作急剧减少。
- 随着资本市场波动性的增加，《巴塞尔新资本协议》的资本计算以及众多包括风险价值 (VaR) 在内的风险管理工具都要求各机构持有更多的资本。

6. 巨额贸易和融资不平衡对利率、消费和投机活动的影响

我想当分析人士和经济学家们在研究此次危机的根由时，他们会将巨额的美国贸易逆差指认为主要的罪魁祸首之一。在为期8年的时间内，美国的累计贸易逆差达3万亿美元。这就是说美国人购买的东西比在海外卖掉的东西要多了3万亿美元。商品的购买使用的是美元。在收取这些美元资金后，其他国家将其中的大部分用于购买美国的国债和住房贷款支持证券。有可能这一过程在相当长的一段时间内使美国国内的利率保持在非常低的水平上，甚至超过了美联储政策的影响。有可能这种额外需求在相当长的一段时间内将风险溢价 (即信用利差) 保持在一个历史最低水平。低利率和低风险溢价很可能助长了过度的杠杆操作和投资行为。过度的消费可以有低廉的资金支持。另外，2008年夏天，美国的第三次能源危机也火上浇油，进一步加重了资本流的失衡。

在很多时候，大额的不平衡，诸如贸易逆差等，会恢复正常而不会造成大规模的全球混乱。然而，如果认为事情总会这样遂人愿的话，那么就是盲目和痴妄了。不平衡的状态不应当听任发展到如此庞大的规模——那将带来太大的潜在风险。

很多其他的因素也可能在这场风暴中起到了推波助澜的作用——例如代价高昂的伊拉克战争、卖空套利、高能源价格以及企业、资金管理人及对冲基金等面临的须展示越来越强的盈利业绩的非理性压力。人们也看清了另外一个问题，那就是过度的、设计拙劣的和目光短浅的薪酬实务实际上鼓励了很多不当的行为，也增加了问题的严重性。

现代金融世界遭遇了它的第一次重大金融危机。截至目前，很多主角已经退出了历史舞台：包括多家住房贷款经纪人、众多的对冲基金、美联银行、华盛顿互惠银行、贝尔斯登及雷曼等。特别是在全球性大规模衰退的今天，很多幸存的机构现在也是举步维艰——艰难的日子还未结束。

二、我们金融体系的未来

危机带来的严重灾害以及系统性问题的严峻性已经昭然揭示，必须对我们的规章制度进行全面的整改。对监管系统进行如此的变革将可能对我们业务的长期健康发展和战略产生巨大的影响。

在美联储和财政部采取前所未有的行动时，我希望：新出台的政策是建立在对危机的来龙去脉和我们须采取的行动进行充分分析和论证的基础之上的。迎合某种政治目标或简单化看待问题无益于局面的改善。

我们现在常常会听到有关应当加强监管还是放松监管的争论。我们真正需要的是更完善和更加具有前瞻性的监管。有人说了一句著名的话：危机可是不该浪费的。但是解决问题不应当以危机作为代价，这也是再真不过的道理。遇到危机，人们会恐慌。在这种情况下，做正确的事情将变得更难，而不会更加容易。从我们的角度来看，某些改进将可能带来大不同。我们在此同大家分享一些我们的想法。

1. 设立具有更广泛权限的系统监管机构的必要性

我同意政府领导人的看法：我们应当加快步伐建立起一个系统监管机构。在近期，这将令我们可以集中精力来纠正一些系统中的深层次的缺陷，同时，对促成当前危机局面的监管漏洞进行补救。很明显，美国政策必须同各大国际监管机构相协调。当危机刚爆发时，各国采取的措施对众多其他国家产生了严重的影响。国际协作是解决此类危机的必要条件。

对于对整个系统具有重大影响的机构，应建立起完善的清理处置制度——只要从容应对、有效控制且确保不引发系统性的崩溃，个别机构的倒闭是可以接受的。规模并不是问题。实际上，正是由于各机构之间过度关联，一旦出现不受控制的机构崩溃，牵一发而动全身，整个系统都有可能会被拖垮。我们需要的正是一个允许机构倒闭但不对整个系统机体造成伤害的清理处置程序。在两家投资银行——贝尔斯登和雷曼的例子中，监管机构并没有相应的机制或程序。不过，监管机构却是制定了针对商业银行的清理处置程序。更重要的是，监管机构将需要为那些在世界众多地区开展业务的大型全球性企业设立这样的清理处置程序。

第一要务应当是对金融机构进行监管，确保它们不会倒闭。如果它们还是倒闭，那么应有妥善的清理处置程序来确保处理工作得到快速、到位和一致地执行。单独缺乏一致性这一点就会在市场中造成极大的混乱。例如，在最近发生的一些破产倒闭案件中，对于资本所有人的处理就是不一致的（在不同的情况下优先股股东和债权人的待遇差异非常大）。如果监管机构事先制定了清理处置程序，对一家公司倒闭时该公司可能获得何种形式的援助以及资本所有人可能受到什么样的影响进行说明的话，那么局面应该好很多。联邦存款保险公司（FDIC）针对银行的清理处置程序就为我们提供了一个非常好的范例，向我们展示了有效清理处置程序所起的作用。

各种流动性融通机制以及"最后借款人"贷款，就像本次危机中采用的部分措施，也应可以作为事先预备机制。这些控制手段有助于减少风险和最大限度地提振信心。

监管需要按照产品和经济实质来执行，而不是针对法律实体。我们已经见识到了不同机构对住房抵押贷款业务、衍生业务和整体信贷业务中的同一产品进行重复监管始料未及的后果。如果反过来，相同的产品由单一一个监管机构来进行监管，那么这家监管机构应当能够大大加深对这样的产品的认识，同时更能够全面掌握跨越不同被监管机构的信息。那种会造成事态走向彻底黑暗的"监管竞争"局面应可以就此消除。

对冲基金、私募基金和表外实体机制必须被纳入监管体系，但要以不影响它们自由度和积极性为前提。应对包括对冲基金和私募基金在内的部分实体机制进行监管，但目的仅应是防范系统风险。对这些实体机制无须像吸收存款银行一样进行严格监管。我们应当考虑要求超过一定规模 (如股权达10亿美元以上) 的对冲基金在监管机构登记注册，每季度提交经审计的财务报告，披露总体杠杆负债比率和某些风险属性，例如波动性和投资分类等，同时披露经营操作程序。还应可以要求它们向监管机构 (而非其竞争对手) 披露有关有可能构成过度系统性风险的任何集中"交易"。这些都应当是在可以不损害它们灵活性、不要求它们披露机密经营财务状况且允许它们以自己认为恰当的方式进行资本运作的基础上能够得以实现的。

系统性监管机构应当有预见风险且在必要情况下采取相应措施的能力。无疑，在当今市场上存在很多如果不加以管束则有可能影响稳定的金融产品。如果有一个统观全局的系统性监管机构，对住房抵押行业进行了严密的关注，那么它有可能发现不受监管的住房抵押贷款业是一个可能造成系统崩溃的重大风险点。另外，一旦发现房利美和房地美杠杆率过高可能构成重大系统风险，这样的系统监管机构有可能对二者的杠杆率加以限制。这样的系统性监管机构还有可能认识到美国国际集团和单一险种保险人的单方信贷衍生敞口的严重性，并相应采取某种有效措施。

系统监管机构还应当对资本市场中新的或潜在结构性风险时刻保持警惕，例如在货币市场基金中蔓生的结构性缺陷等。

2. 简化监管体系的必要性

每个人都同意现在的系统不但割裂散碎，还过度复杂。我们有着太多家的监管机构和太多的监管缺口。没有一家机构能够获取所有的相关信息。责任也常常是高度分散的。如果我们在政治上有坚定意愿，这应当是相对容易解决的问题。

3. 全面监管包括商业住房贷款在内的住房贷款业务的必要性

很多起到推波助澜作用，使我们陷入危机困境的监管缺口今天依然存在——例如住房抵押贷款领域的监管缺口。住房抵押贷款是美国最大金融产品；我们不想遏制创新，但是显然整个住房抵押贷款业需要监管。这已经不是住房抵押贷款和房地产业第一次让美国和众多金融机构深陷泥潭了。恰当的监管将大大有助于实现产品标准化、测试新产品，加强客户信息披露以及明确责任。

4. 整顿资产证券化的必要性

我们认为资产证券化仍是一种高效的资产融资方法。但是某些证券化操作，尤其是住房抵押贷款的证券化，本身含有重大的缺陷：没有人对证券化操作的实际质量承担责任。即便是住房抵押贷款偿付合同也没有标准化，进而无法保证在出现问题时，客户能够得到一致的解决方案。我们不能指望仅靠市场纪律（例如减除不当实务操作等）来解决这一问题。

对于如何能够对证券化产品的发起人、打包人和销售人进行恰当激励使之确保证券化操作质量的问题，我们听到了若干合理的建议。例如，可要求相关各方分别保留证券化产品的一部分，很像我们今天处理银团贷款的做法，而如果出现了什么问题，这种安排应有助于对问题进行清理和解决，同时还很可能在重新树立市场信心及建立恰当的责任制方面发挥重要作用。

5. 修正《巴塞尔新资本协议》的必要性——资本充足率要求更高但系统更加稳定

正如上文所述，《巴塞尔新资本协议》存在诸多缺陷——协议的实施需要太长的时间，应对市场变化的速度较慢，在世界不同地域执行不一致等。而《巴塞尔新资本协议》最大的败笔可能就是其在当前的结构下没有纳入流动性监管，而这使得商业银行和投资银行可以去购买流动或非流动资产并且在流动性不足时通过杠杆操作进行融资。在经济平顺时期，这种做法看起来并没有那么具有危害性，但是在市场危机中却给诸多金融机构带来了大麻烦。另外，《巴塞尔新资本协议》还过度依赖评级机构，而且《巴塞尔新资本协议》在其对资产的资本要求方面具有高度顺周期的性质。降低这些资本要求的顺周期程度以及要求《巴塞尔新资本协议》认识到短期融资，尤其是批发融资的风险，这应当是比较容易完成的工作。最后，应确保《巴塞尔新资本协议》得到一致的落实执行，并且对其进行持续的修订和定期的更新。这个世界变得很快。

6. 有效控制会计处理的必要性

摩根大通是诚实保守会计实务的忠实拥趸。会计应当永远真实反映经济实质，实际也就是我们经营管理公司的本质。然而，大多数人对于会计的认识十分有限，而且会计实务变动太过频繁，存在太多含混的灰色地带，也太容易被人操纵利用。有些时候，会计操作甚至会不经意地对美国政府的政策起到决定作用。

总体上我们支持公允价值会计。对于人们买卖的资产，公允价值是最佳的量度规范。对于近期价格处于高度不利市场环境压力之下的情况，公允价值会计 (或人们经常说的市值会计) 已经提供了一定程度的灵活度。在这种情况下，人们可运用合理判断和各种完善的基本现金流评估手段来对部分资产进行估值。但是，我们认为：对于某些类型，公允价值的使用需要三思。例如：

● 我们现在必须依据可能是人为确定的基准指标来对我们的私募基金投资进行市场计价。就其特性而言，这些投资流动性是非常低的，而且投资意向也为多年持有。为了按市值对这些投资进行计价，人们使用可比公司作为替代，并采用折价处理和运用判断等方式进行调整。说到底，市场好的时候我们就对这些投资进行增计处理,而市场不好的时候,我们就减计。但我可以相当自信地说这一方法并不总是正确的。在很多时候,成本是公允价值最佳的反映。因此,我们更倾向于向我们的股东就我们的投资进行分析说明,告诉他们我们认为这些投资何时有可能增值,而当然,如果投资发生减值,我们就在财务报表中如实反映。

● 新的市值规则论及了"借记估值调整"的问题。实质上,我们现在必须对我们发出的部分摩根大通债券的信用利差进行市值计价。例如,当摩根大通债务的债券利差变大时,我们实际上可以计入一项利得。当然,当利差缩小时,我们计入一项损失。这个理论很有意思,但是在实际操作中,这是很荒谬的做法。举一个极端的例子,如果一家公司在一步步走向破产,则在它实际宣布破产之前,它可以在它自己的未偿债务上增计巨额的利润,而在破产之时,怎样都无所谓了。

● 在不同公司之间对部分金融工具的市场价格进行比较现在变得越来越难。在这里很难对此进行详述,但不同公司对近似市值计价资产的会计处理可以十分不同。这个问题需要通过确保各家公司在执行相关规则时严格遵循一致的估值原则来解决。

● 公允价值会计处理并不适用于也不应适用于所有的资产。投资、计划在较长时期内持有的部分非流动资产(如房地产或厂房设备)、贷款或部分短期持有的资产(如应收款或存货)实际都可以按市值计价。这些资产中,一部分实际上存在交易市场,而其他资产可以依据合理假设进行计算。例如,当谷物价格上涨时,农场会更值钱,而当半导体价格下跌时,半导体工厂的价值也会相应降低。然而,如果我们按这种方式对这些资产进行计价,那么随着经济状况的不同或其产品价格的波动,它们的价格也会极大的不同。会计当然应当对资产价格的真正减值进行确认,但是,如果对上述资产每天按市值进行计价,那就是浪费时间了。在这一前提下,对任何非流动资产进行投资或进行长期投资都会变得十分困难。

有可能会在不经意间影响资本市场运转或改变美国政府的长期政策的新会计规则应当在深思熟虑、慎重稳妥和充分广泛征求各方意见的基础上制定。例如，我们现在都认为每家公司的养老金计划都应有充足的资金支持，也就是说养老金计划中包含的实际资产应当能够满足合理预期负债的需求。多年以前，如果不是这样，则各公司可以保持一个"赤字"并在若干年的期间内补足。而该赤字并不在公司财务报表上反映。

根据修订的会计规则，赤字不能仅仅作为一个脚注在财务报表中披露，而是应当在权益表中直接反映。很明显，在非常不利的市场环境中，这些赤字将迅猛增长，从而加重了公司日渐稀缺资本的消耗（这仅仅是顺周期力量的另一个例子）。当公司发现其资本账户面临巨大的波动性时，它们就开始削减或取消其养老金计划而转而采用401（k）计划（即由员工个人承担所有的投资风险）。这是一个理性的谨慎措施。但实质上，这种做法将风险从公司转移到了个人身上。这样，大公司企业就可以不需要再承担风险，为其退休员工提供稳定的收入了。这个风险被转嫁到了个体身上——而他们中很多人无力承担。

这就是会计如何在无意之间改变政策的一个完美案例。然而，在我看来，对于国家而言这恐怕是一个错误的政策。在坚持会计的经济本质的同时，应当可以有很多种做法能够避免产生附带的有害政策变动。其他的例子举不胜举，而我们希望监管机构和会计师们可以最终找到更理想的执行会计原则的方式。

7. 制定恰当逆周期政策的必要性

这次危机让一个问题暴露得非常明显，那就是我们的系统造就了庞大的顺周期趋势。事实上，我根本想不出市场存在有任何一条反周期政策（政府采取的应急措施除外）。诸如市值会计和贷款损失准备等会计政策都是顺周期政策。《巴塞尔新资本协议》的资本要求是顺周期的。监管和法律要求是顺周期的。回购和短期融资是顺周期的。而唯一一个我们永远无法纠正的顺周期趋势可能就是市场本身了（即衰退时资本成本上升或投资者不愿意对流动性较低的资产投注资金）。关于逆周期政策的制定，我听到了很多的好主意，在此我重点讨论其中的三个。

贷款损失准备可以很容易地转变为逆周期机制。事情开始要变糟的时刻往往正是贷款损失准备水平处于最低点的时刻，我感觉这种现象简直是荒谬。随着事态恶化和核销金额急速上升，公司必须急剧增加贷款损失准备，从而快速消耗资本。如果允许银行在其贷款组合的存续期范围内对信贷损失进行估算，那么这个问题应当可以解决。银行应据此保持必要水平的准备金用于吸收这些损失。这种做法使银行可以在损失较低时增加准备金而在损失较高时运用准备金。由于投资者和监管机构还是可以看到实际的核销和不良贷款，透明度也能够得到完全保证。这种做法还起到警示首席执行官、管理团队和投资者的积极作用，可以一直地提醒他们天有不测风云，而且各方应当未雨绸缪，事先做好准备。

回购和短期融资可以很容易地转变为逆周期机制。现在，所有的银行都可以通过美联储获得证券和贷款的标准融资工具（即美联储会为特定资产出借特定金额的资金）。有一个建议如下：如果一家机构向客户提供的资金超过了美联储可以为同一证券产品向银行出借的资金的金额，则该事件必须向风险管理委员会和银行的董事会进行披露。如此，美联储就可以拥有两大手段来降低杠杆率，并且是以逆周期的方式来达到这一目的，也就是说当银行出借的金额超过美联储愿意出借的金额时，美联储可以向银行收取更高的资本费用或者可以选择减少其向银行出借的金额。各市场参与者仍然可以酌情自主进行信贷活动和杠杆操作。

银行应当具有通过附带快速认股权配售增资方式而实施逆周期融资措施的能力。如果有能力在得到通知后立即实施认股权配售增资，则银行，也许包括其他公司在内，都会受益良多。相关法规应在要求各机构按规定进行披露的基础上为配售增资提供便利，使相关工作可在几天而不是几周之内顺利完成。这样，有需求的机构可以通过筹集新资金对其受不可预见市场事件影响而变得捉襟见肘的资产负债表进行修补，并且在不稀释现有股东基础的条件下以公平的方式实现这一目的。

8. 在医疗保健、养老金、能源环境、基建以及教育等领域制定将来会造福世人的相关政策的必要性

在金融危机之外，还有若干重要事项将决定美国在下一个世纪是否将继续繁荣。我们相信我们的国家能够且应当有能力为所有国民提供医疗健康保障。这是我们应该做的事情，将帮助我们建立更加强大的国家，而且，如果能够妥当有效地做好这一工作，我们相信全民医疗健康保障最终将比我们现在的体制要更加实惠。就能源而言，我们现在已经经历了第三次重大能源危机，而且作为一个国家，我们还没有执行一个理性的长期能源政策。同样，我们认为，如果处理得当，能源政策可以是经济高效的，可以带动伟大的创新，可以减少地缘政治的摩擦和压力，而且可以改善我们的环境。同理，我们需要改善我们国家的基础设施建设并且建立起一个配得上我们国家传统的教育体系。

我们不能陷入制度僵化而无法自拔——现在是行动的时候了。在过去，我们这个国家所展示的坚定团结让我们筑就了各项伟业，而今，我们需要重新振作，再创辉煌。作为摩根大通，在我们能够发挥作用的上述所有领域，我们在尽全力帮助我们的领导人们，帮助他们带领我们走出危机，走向复兴。

吴洋波　翻译

吴卫军　审校

作者注：2009年4月至6月，我在普华永道纽约访问期间，参与了摩根大通银行有限公司的全球客户服务会议，有机会了解了摩根大通主席兼首席执行官Jamie Dimon的管理哲学。Jamie Dimon是工作在银行业前沿的优秀企业家，是先进管理思想的探索者和实践者，他在摩根大通2008年年报中致股东的信给我留下了非常深刻的印象。

时值金融危机还未见曙光之际，除对摩根大通的业绩和前景进行分析之外，Jamie Dimon对市场关心的金融危机的起因、影响、解决方案和市场的前景进行了精辟的分析，内容涵盖银行经营、业务产品、行业监管、会计处理、人事薪酬等各个关键领域。这都是切中时弊的见解。从他的文字中，我们看到有良知、有责任心的银行家的思考和远见。现在读来，更是佩服不已。

诚然，他的观点和建议并不一定适合中国的情况，但足够发人深省。我相信读者能从Jamie Dimon的深刻思考中受益。

经Jamie Dimon先生同意，特此精要译出他致股东信函中关于产生金融危机的原因和金融体系的未来的主要观点，作为本书的序言。

从FSA归来

2008年9月，在观看了精彩的北京夏季奥运会后，我带着些许中国人本应隐藏的骄傲，到伦敦英国金融监管局（简称FSA），开始了半年的借调工作。

没有想到，10月以后，在英国金融监管局看到的是历史上最严重的金融危机。从金丝雀港（Canary Wharf）的地铁站出来上班时，一面是人去楼空的雷曼大厦，一面是箭头全部往下指的路透社股票实时报价屏幕——那些往下指的箭头，连续几个月，似乎那幢高高的大厦也会随下行的箭头而倒塌。

伦敦是国际金融中心。在美国爆发的金融危机波及英国后，伦敦的金融区弥漫着萧条。金融帝国的中心地位开始动摇。最重要的几家金融机构中，苏格兰皇家银行和莱斯银行接受了国有化的安排，而巴克莱银行和汇丰银行等金融企业面对着巨大的流动性压力。英国金融监管局应对这场危机表现出了强大的领导力和专业精神，与英国财政部和中央银行一道制订方案和解决措施，体现了金融监管的重要性和在应对危机时政府机构必须具有的协作能力。

经历金融危机后，特别是在伦敦的日子，我一方面希望能够进一步宣传中国金融改革的成果，以及在会计发展和国际化方面取得的进步，另一方面也希望通过我在会计行业和金融服务领域从业多年包括在英国金融监管局工作所获得的经验和教训，为中国下一步金融体系改革，资本市场建设和企业会计工作的推进方向提出自己的看法。

这场金融危机也让我感到思考的辛苦。在这纷乱多变和动荡的市场中，我们需要冷静的头脑和客观的心态。我们要认识到国家仍在发

1

展的初级阶段，尤其是金融服务业还正处于起步之时，与国际金融市场仍有隔离。在这个时候，我们要为国家的发展做些什么？从1999年开始，我在参与中国金融企业改革和会计发展的历程中不断思索这个问题，并用文字将自己的思考记录下来。在金融危机席卷全球之际，我把这些文章结集出版，在以下重要领域与读者分享自己的心得。

1. 提升公民的财务能力。虽然经过30多年的改革探索，国家的经济发展取得了令人瞩目的成就，人民开始进入小康社会并享受富足的生活，但摆在我们面前的挑战还很艰巨。作为会计和金融行业的双重专业工作者，我为国家下一步发展的建言是投入力量，提升公民的财务能力。这是普通老百姓应对金融危机的有效后盾，让每个人在接受教育的成长过程中，学习个人财富管理，了解金融体系和产品，为自己的财务生活负责，形成新的财富观，为社会和谐和进步打下经济基础。让中产阶级形成社会和谐的中坚阶层。我对这个观点在《加强公民的财务教育》一文中进行了框架性的表述。

应该认识到，对一个即将拥有大量中产阶级群体的国家来说，提升公民的金融知识和他们的财务能力与公民九年义务教育的重要性是一样的。

2. 支持金融监管。金融机构的杠杆率很高，用存款人的钱在经营它们的资产负债表。如果对银行等金融机构没有监管，那么它们就可能会因为追逐利润而冒险，甚至会为了它们的利益而践踏公平金融体系的市场纪律。

支持对银行监管的一些观点，可以在《反思金融监管》和《银行业资本监管建议》等文章中读到。它们为建设金融行业公平的市场竞争环境提出思路，并总结了金融危机对于银行监管方面的教训。

3. 全力支持中国银行业进行的艰苦卓绝的改革。改革和与时俱进是抵御金融危机的最佳药方。我专业生涯最为值得骄傲的是经历了国有商业银行的改革。为了使银行改革能抓住重点，有序和有效地开展，普华永道动用了全球的专业资源，为中国银行业改革设计了银行改革路线图。《改革中国国有商业银行——一份改革路线图》、《经历国有商业银行改革——中国银行篇》和《经历国有商业银行改革——中国农业银行篇》三篇文章记载了从清理不良资产，到银行重新资本化，引入战略投资者和在国际资本市场上市的清晰步骤和过程及对中国银行和中国农业银行两个上市案例的专业评论。在这场改革中，我所学到的根本点是要支持中国银行家仍在领导和进行的艰苦卓绝的改革，并进一步巩固银行改革的成果。

我认为加强风险管理，提升公司治理是巩固银行改革成果的根本途径。因此，我较大笔墨地围绕风险管理和公司治理问题撰写了相关领域的改革和发展理念，涵盖银行的战略风险、信贷风险、操作风险、市场风险和流动性风险。另外，我在银行管理方面的大部分文章都是以银行董事和高管培训的内容为基础编写的。这些文章包括《看透明天——金融企业的风险管理》、《重大信贷问题的共同成因》及《金融企业流动性风险管理》等。

4. 推动中国的会计国际化发展。会计是商业的语言，是资本的语言，会计准则在国际上日渐趋同。中国的会计工作，在计划经济下曾是政府的出纳会计工作。当时，为了与资本主义划清界限，中国禁用"借贷记账法"。会计报表的架构是"资金来源"和"资金运用"，绕过了"资产、负债和权益"的概念。在会计改革的进程中，财政部从恢复使用"借贷记账法"，重提"资产"、"负债"和"所有者权益"的会计概念，将权责发生制取代现金收付制开始，在会计科学的发展路途上，走出了巨人的步伐。

同时，国际会计准则的发展也是在中国的支持下不断进步的。国际会计准则在建立之初，曾被讥笑为"发展中国家的准则"，在欧美市场上根本不受重视。但是，中国这样的大国不可能完全照搬照抄另外一个国家的会计准则，必然支持国际会计准则。随着以中国为代表的新兴市场力量的崛起和日趋强大，国际会计准则的发展和市场的接受程度越来越高。

2006年2月14日，财政部宣布中国开始执行与国际会计准则接轨的新《企业会计准则》。这标志着中国会计改革和发展取得了里程碑的成就。为此，我撰写了《会计的明天会怎样》系列文章予以纪念。

会计科学的发展面临着史无前例的挑战。会计科学向着"公允价值会计"和"风险价值会计"等先进领域发展还需要走过漫长艰难的路程。《金融工具核算的重要准则》、《贷款会计核算》(系列文章)和其他涉及在金融行业中较为复杂的领域的会计文章,如《金融资产的终止确认》、《衍生产品的会计处理》和《合并表外实体》等都是我在会计发展的前沿问题上,留下的学习和思考印记。

中国在会计领域的进步让世人瞩目,会计是在中国最为国际化的行业。我的主题是继续支持中国的会计国际化进程,并坚信中国的会计师行业未来将有能力领导世界会计的发展。

我要特别介绍三篇序言。

汇丰银行前主席David Eldon先生的《汇丰银行的变与不变》是基于他给汇丰银行的领导层的培训演讲摘译的。这篇序言里提到的汇丰银行管理层应该坚持和承担的责任对金融从业人员都是一种提醒和启示。David Eldon先生说过,银行的竞争力不在产品,不在流程,而在文化。银行的管理层要勇于承担责任,即使犯错也没有关系,关键在纠错和发展的韧性、坚持做正确的事情。银行管理不能变的是银行所追求的一切全都以信任为基础,银行家要以着眼长远发展为其经营之道,银行的利益高过每个银行家的个人利益。

黄世忠教授以他的《金融危机触发的公允价值论战》一文作为本书的序言,他在这篇文章中,着重讨论了会计发展前沿最热点的课题——公允价值会计。读者应该看到,不断完善的公允价值的确认标准、计量方法和披露要求,将是21世纪会计计量模式的主流。黄世忠教授是会计准则的专家,他对这场论战的点评,对我国会计准则的未来发展有重要的借鉴。他也鼓励我国的会计准则制定者争取更多的国际准则制定的话语权。

Jamie Dimon先生撰写的《构建金融体系的未来》一文,摘录了他在摩根大通2008年度报告致全体股东的信函中的部分内容。2009年4月至6月,我在普华永道纽约访问,有机会接触了摩根大通。这是我第二次与摩根大通打交道。1994年和1996年间,我在普华永道纽约工作之时,曾全职参与摩根大通的年度审计工作。时隔10多年和一场史无前例的金融危机,我更加清楚地观察到银行家领导力的作用和魅力。我见过的所有摩根大通人，在介绍他们的工作成绩和挑战时，没有一个不提及Jamie Dimon这个名字的。在金融危机中，Jamie Dimon深刻反省了银行家的责任，提出了改革银行业和金融体系的建议。文章还处处显露了他作为美国人的爱国热情。

我希望读者能喜欢我的文章，并在阅读本书后有所收获。

会计发展篇

Walking in the Forefront of
Accounting Development and Bank Reform

> 　　会计必须要公允地反映经济事实。这正是新会计准则的规范意图所在，也是"不做假账"的最终落脚点。健全的会计制度对提升中国未来经济制度的效率意义重大。会计准则需要与时俱进。

会计的明天会怎样（一）

　　财政部部长金人庆于2006年2月15日签署财政部令，公布经修订的《企业会计准则》，自2007年1月1日起施行。这套企业会计准则与国际财务报告准则更加趋同，是中国企业会计准则发展的里程碑。这标志着我国会计界从计划经济时代的"苏联"会计模式，转变到了与国际资本市场要求匹配的及与国际财务报告准则趋同的市场经济时代的国际会计模式，从一个侧面反映了我国经济的发展和政府监管当局对企业财务报告自律和社会监督的决心与信心。国务院前总理朱镕基曾为国家会计学院题词："不做假账"。要真正做到这一点，除了道德、法律的约束外，还需要会计专业判断标准的建设与完善。健康、健全的会计制度对中国未来经济的发展具有重大意义。

　　经济发展的动力之一是资本投入。资本是有价格的，资本的有效配置通过资本的价格决定其运作方式。资本的价格由投资者对其投资项目的风险判断而定。风险高，投资的回报要求也高。透明可比的相关财务信息是解释企业风险的重要依据。高质量的财务信息可以降低风险的不确定性，提供比较基础，促使资本更有效地配置，从而为经济长期发展提供动力。日本过去十多年经济发展的经验为我们提供了很好的历史借鉴。日本的企业会计准则不要求公允价值计量，银行和许多金融机构的资产负债表中隐藏着许多减值资产，国际投资者对其没有信心，虽然日本是个富裕的国家，但它在经济衰退的低谷一走就是十多年，其中一个主要的原因就是会计准则的发展拖了日本经济复苏的后腿。

我想从会计准则对资产负债表及利润表的计量及呈报影响谈谈我对新会计准则的认识。

资产负债表变脸

让我们看看未来20年后一家生产企业的资产负债表，并将其和现在生产企业资产负债表的会计科目所核算的内容进行比较，通过列表的方式来看看二者的差异。

资产负债表	现在 (T_0)	20年后(T_0+20)	金融资产/负债
现金/银行存款	存在	存在	金融资产
应收账款①	存在	可能不存在	金融资产
存货②	存在	可能不存在	—
固定资产③	存在	可能不存在	—
投资	存在	存在	金融资产
其他资产④	存在	更少量存在	—
总资产	XXX	XXX	
员工负债	存在	存在	金融负债
供货商负债⑤	存在	可能不存在	—
税务负债⑥	存在	可能不存在	—
融资负债	存在	存在	金融负债
总负债	XXX	XXX	
权益	存在	存在	权益
总权益	XXX	XXX	

注：① 如果企业不选择承担相关的信用风险，可以即时出售，例如债券化。

② 即时生产体系要求零存货管理，存货是资金的浪费点。

③ 如果企业不选择承担由于科技进步而引发的技术过时风险，企业可能选用租赁固定资产模式。

④ 避免其复杂性，暂且不讨论，但原理与上相同。

⑤ 如果交易平台是网上信用局，供货商可能要求即时兑付，或由信用机构代付，转换为融资负债。

⑥ 可以由信用机构处理，转换为融资负债。

资料来源：吴卫军研究成果，杜拉克思想。

从上述资产负债表结构可以看出，20年后的资产负债表将更为简化，逐渐集中于金融资产和金融负债。新的企业会计准则面对资产负债表的发展，在会计核算原则上，体现了下列重大趋势。

1.从历史成本会计走向市值会计

在新的会计准则下，大部分资产和负债项目的呈报都是基于公允价值的。可以看到，未来的资产中大部分集中于金融资产，金融资产在当前的市场中都有公允价值，如果不以公允价值核算的话，就可能出现资产负债表与现在的价值不相符的情况。传统会计是走历史成本道路的，对于公允价值与历史成本的差别部分也不会进行会计调整，这是最大的区别。

市值会计用英文讲是Mark to Market，应用市值会计有两个挑战。一个是Mark to Management，就是管理层说了算。因为市值会计核算的标准和过程涉及许多判断因素。公司的治理层及审计师必须有足够的经验和能力向管理层说"不"。另一个挑战是Mark to Model，就是可能使用错误的数量模型或参数。因为金融资产都要进行市值核算，市值核算过程中，复杂的金融产品需要数量模型来量化处理。如果模型中系统的设计、参数的设定做得不好，将会对结果造成很大的不良影响。国外有些公司以前在年底之前的几笔交易都是自己和自己做的，作出一个很好的价钱，然后系统就认为这是市场的价钱，其实不是的。

2.管理层的意图成为会计核算的标准

管理层在做一件事情的时候就必须把目的定下来，会计按照这个目的来做账。有的企业买了许多金融债券，如果价格上去了，管理层就说买进的目的是为了短期卖出的，上涨的价钱就按公允价值核算进入了利润表。但是如果价格下跌了，管理层就说买进的目的是为了长期持有的，不将公允价值损失计入利润表。

应该认识到，很多时候，会计报表失当是不能责怪会计人员的，而是因为管理层的意图影响了会计的核算。

3. 杜绝表外科目

在资本市场上，两套账是行不通的。表外科目和账外资产是不同性质的问题。小金库是账外资产，国内和国际会计准则都不允许将企业的资产挂在账外。表外科目主要是指一些用于信用承诺、买卖衍生产品的账户。对于这些科目，新会计准则的要求是进行公允价值核算，把本来在表外记录的承诺合同的价值通过公允价值计量纳入资产负债表中。

越来越复杂的利润表

我们再来讨论一下20年后的利润表。我个人预期在资产负债表简化和集中于金融资产和金融负债的同时，利润表会越来越复杂。表达利润表的最好公式如下。

$$利润 = \sum_{i}^{l} \sum_{j}^{m} \sum_{k}^{n} \int_{0}^{t} e^{-rt} \left[(P - MC) \times U - F \right] \mathrm{dt} \pm \lambda (社会责任) ①$$

式中，i=国家；j=市场份额对象；k=产品；t=时间线；r=资金成本/折现率；P=价格；MC=边际成本；U=产品单位；F=固定成本。

新会计准则在利润表核算方面的要求体现在以下几点。

1. 利润表是多维和多角度的 (要素i, j, k)。企业向投资者呈报一张传统的利润表显然不够。例如，企业需要从其竞争的国家、面对的市场份额对象和不同的产品组合披露地区、客户和产品分部报告。这是披露与组合管理、战略方向有关的业务信息。

2. 时间线 (要素t)。过去的利润表是历史的，即过去一年的经营成果。现在的利润反映未来现金流的折现值。未来现金流依赖产品的生命周期，在不同的时间段为企业带来利润，企业通过最佳估

① Phil Parker教授研究成果。

计和判断，将未来的价值折现成现值。随着时间的变化，这种折现值在变化，变化的金额就是该时期的利润。

过去市场的交易都是即期的。酿酒公司明年需要的小麦要等到明年麦收后才能采购囤积为存货。今天，企业可以在期货市场上购买3年后、5年后的小麦。企业的竞争时间线从1年拉长到3年、5年，甚至更长。所以，相应的会计已从昨天的会计变成今天的会计、明天的会计。

3. 资金成本 (要素r) 和时间线 (要素t) 的复合影响。资金成本将是决定企业盈利非常重要的因素。要特别注意的是当要素r和要素T (特别是延长了的时间线) 复合在一起时，利润表的波动性就可能十分巨大。另外，如何区分企业的核心利润和财务利润 (即与公司营运不一定有关的"公允价值变动")，将是投资者关心的十分重要的内容。因而，新准则要求从两个方面披露与资产负债表和利润表相关的资金成本和时间线两个要素的内容，从而更加清晰地判断和分析企业的核心竞争力。这两个方面是：

(1) 披露资产负债表，特别是金融资产和金融负债的到期日结构；

(2) 披露金融资产和金融负债的孳息利率和付息利率及其重新定价的时间段。

4. 大量的风险信息披露。财务信息是历史的，过去的。新的会计准则披露更多是向前看的风险信息。

JP摩根的管理层利用一份特殊的管理报告对企业的总体风险进行监控，摩根人称"4点15分报告"。这份报告指的是每一个营业日的4点15分，摩根将其全球的金融资产/负债及各类账外合同风险的敞口汇总起来，利用对金融市场风险的价格要素的变动在一定置信区间上的科学的估算，来测算企业总体的风险损失潜在的金额。如果这个金额在企业的风险忍受度内，那么摩根的风险执行官会发出"绿灯"信号，管理层可以下班回家。如果这个风险额超出了摩根的风险忍受度，那么摩根的风险执行官有权将超过风险忍受度的市场敞口及盘位沽出，或购买衍生产品对冲此类风险。届时，某些金融工具在纽约已收市，这类风险管理的交易单也会及时转移去摩根东京、悉尼、香港或伦敦的办事处处理。

让我们将企业的经营放到时间线上去衡量。传统的财务报表将企业已发生的经济活动记载下来，向信息的使用者（这里是指企业管理人员）提供决策所用的信息。然而这些信息均已是历史的信息、滞后的信息，它们只可能告诉使用者过往已经发生的经济事件及这些历史事件的经济及财务后果。对于企业的管理者来说，这些历史信息固然重要，但是真正让他们夜不能寐的问题是明天会怎样？

风险管理信息披露要回答的正是这个前瞻性的问题。它要解决在任何一个时点上，企业面对什么风险，这些风险在未来的时间线上会给企业带来什么机会，或会给企业造成什么程度的损失。披露向前看的风险信息有助于投资者估测其投资风险，是资本市场有效性的基石。我想，用JP摩根创造的风险价值的概念来解释新会计准则在这方面的要求是最恰当不过的。

结语

会计是越来越复杂了。我相信很多会计专业出身的人士也将看不懂新准则下的会计报表。如果读者不相信我的话，可以今晚上网看看花旗银行的年报。面对许多复杂的经济业务时，会计处理也十分复杂。这是经济发展的结果，会计准则需要与时俱进。这时，在宽大、庄严、深沉的董事会会议室中，对会计信息质量负有治理监管责任的董事会成员就会发自肺腑地问，会计是艺术，还是科学？艺术和科学有许多不同点，但最大的相同点是"真实是美丽的"。会计必须要公允地反映经济事实。或许这就是新会计准则的规范点。

> 在金融危机给会计准则带来的压力测试中得到的有关教训将会使中国下阶段会计准则的发展受益。当中国的经济体变得更加复杂，资本市场更加深厚时，因为坚持高标准的会计准则以及提升透明度，中国经济体系的效率将得到促进。

会计的明天会怎样（二）

2007年，中国全面执行《企业会计准则》，与国际会计准则实现基本趋同。为记载这一重要时刻，我在2006年12月的《财经·金融实务》上发表了《会计的明天会怎样》，分析了在金融资产和负债占比越来越重的资产负债表的结构改变后，引进公允价值计量可能造成的利润表的波动，强调披露风险管理信息的重要性。2008年由美国次贷危机引发的全球性金融危机对会计理论和实践提出了严峻的挑战和深刻的反思，因此，有必要就金融危机对现代会计基础框架的影响进行分析，总结会计准则的发展方向和对会计实践的启示。本文是对会计的明天会怎样的思考的继续。

金融危机是对会计准则的压力测试

会计是关于计量和呈报的科学。这场金融危机对会计准则和应用提供了一次压力测试。因为经历了金融危机的洗礼，现代会计模式面临着重大挑战。

1. 价值发现的困难。会计的根本技术基础是计量。经计量确认的财务信息将资产的价值和结清负债的对价传递给信息使用者。会计从以现金制为基础计量业务交易的历史成本，进步到以权责发生制配比原则为基础，应用摊余成本反映资产的价值和负债金额的模式。这种计量模式反映了过去会计理论和实践的发展。今天，会计处在发展的十字路口，试图再进一步发展到用市场参与者知情自愿交易换手的公允价值替代摊余成本。公允价值强调对资产负债表的价值计量，公允价值的变动计入利润表，资产负债表为主，利润表为辅；而历史成本会计强调收入和费用的计量和配比，因此而引起的资产价值的变化计入资产的账面价值，利润表为主，资产负债表为辅。这两种会计计量模式的重点是不同的。尽管摊余成本和公允价值都试图反映资产的基础价值，但要发现并公允地呈报这种基础价值十分困难，因为会计的根本不在估值。例如，在金融危机中，银行的资产究竟价值多少是许多信息使用者提出的一个基本问题，但许多银行都不能回答这个基本问题。更为重要的是，在金融市场上，如果投资者对资产的价值衡量缺乏信心，那么他们对整个金融体系也将失去信心。如果金融企业的资产价值得不到确认，金融企业就不能建立向前走的基础，这也是这次金融危机一直终止不住的原因之一。

2. 会计报表信息和业务实质的脱离。投资者通过企业年度报告获取关于被投资企业的财务信息。但是，投资者能够通过年报的阅读理解企业创造股东价值的业务模式和经济实质吗？虽然会计准则的制定者希望通过分部报告，公司治理的监管机构（如各国的证券监管委员会）要求企业通过提供管理层讨论和分析等途径向投资者提供有关企业价值创造的信息，但是，投资者仍然对企业会计报表提供的信息感到不满意。投资者的声音是："提供的信息没有用处，有用处的信息捕捉不到。"简单地说，会计把业务交易通过计量计入企业的账目中，通过合并汇总呈报在财务报表上。会计信息流与业务流原本应该是统一的，或者是贴切表达的。但因为会计准则对信息呈报的定义和要求的角度不同，业务流的经济实质与会计语言所表达的信息流的经济价值相差越来越远，会计信息的主题不能反映企业的业务实质。

3. 向后看的历史财务信息和向前看的风险信息没有得到衔接。在目前的计量模式下，会计信息提供的是历史信息。所有提供给管理层和股东的会计信息都是已经发生的，是过时的历史信息。但是，最近几十年，动态的风险管理方法在企业得到越来越广泛的应用。企业利用风险管理技术，计算未来可能面对的经济损失和收益，例如计量风险价值 (Value at Risk)。这种计量方法考虑的风险因素远远多过会计计量的经济因素，例如利率和相关的变化及风险概率。传统的会计计量对未来的风险因素的变化是不考虑的，它只反映过去已经发生的事实。即便按公允价值计量，在对未来风险因素测算上，它更偏重货币的时间价值，至少在目前还不能全面涵盖包括经济周期在内的风险因素及其不确定性。理论上，在同一时点上，向后看的历史信息和向前看的风险信息应该得出同一金融工具的基础价值，但由于计量因素受到许多判断和市场不够有效的干扰，"基础价值"往往很难得到确定，"基础价值"与"公允价值"和"历史成本"有时甚至偏差相当大。虽然面对同一风险敞口，由于在会计计量和风险计量上对其经济价值确定的不一致，使得历史财务信息和风险信息虽然站在同一时点上，但没有得到衔接。例如，金融企业的风险管理部和财务部是完全不同的业务部门，分得很开，各有一本账，两本账所反映的信息也不相同。

4. 会计周期不能全面反映流动性管理和经济周期的时间线。会计周期通常是12个月。但企业需要24小时监视和管理流动性。流动性管理的时间线是每小时、每天、每周和每个月。另外，经济周期可能涉及3年、5年，甚至更长。会计周期在有的企业甚至都不能反映它的自然生产周期。那么，12个月的财务信息的截止和摘取能承上启下，全面反映企业持续经营下的资产价值、利润成果和现金流吗？能够反映资产共同使用的协同效应吗？

传统会计模式用12个月的时间段来衡量企业的营业成果，但公允价值的计量和风险衡量是测算未来现金流的现值。未来现金流反映的时间线大大拉长了企业12个月的会计周期。例如企业开展套期保值的交易活动，将企业的时间竞争线从自然的生产周期 (例如对啤酒生产商很重要的小麦的生产周期) 拉长为资本市场的商品要素周期 (例如买卖小麦10年期货)。还有，股东寻求回报的时间周期可能是30年，但董事长工作的时间周期是3年 (例如国资委的任命)。管理层的奖金又是按每年的利润计算的。如何在时间线上，把股东利益 (30年)、董事长 (3年) 和管理者 (1年) 的利益整合在一起，将管理层的报酬的一部分与未来企业的业绩和财务状况挂钩，现代会计还没有涉及这种多时间段，跨业务周期的计量、考核及呈报要求。

除此之外，在未来现金流的周期里，经济周期的波动性又如何在会计计量上得到反映？企业的会计信息，包括公允价值和风险信息的计量，都必须考虑TTC (Through the Cycle, 穿过整个经济周期) 的影响。有必要分析"好上加好"或"落井下石"的推进经济周期的"过山车动力"。这种在市场上看得到的公允价值计量的"过山车动力"和风险因素的传染性如何被区分开来，使企业资产的基础价值在经济周期中一致呈现，现代会计理论和风险管理技术都还没有达到这样的水平来解决这一问题。虽然很多企业已采用每天报告利润的做法，并编制即时资产负债表反映企业当下的财务状况，但是这种微分做法尚无法对经济周期进行积分调整和反映。

多种计量模式共存的会计发展方向

要对会计未来的发展进行预测是很困难的，但以下两点，我很有信心地说，它们会成为未来十年的方向。

1. 以"公允价值"和"历史成本"为主的不一致的多种计量模式将继续共存。在资产负债表的衡量上，会计准则 (以国际财务报告准则和美国财务报告准则为主体) 主要允许的计量模式包括：可实现价值 (如现金、应收账款)；历史成本减摊销、折旧和减值 (如固定资产、无形资产、金融企业的贷款)；公允价值 (如交易类证券)。尽管对公允价值会计的批评很多，但是因为关于对资产和负债的公允价值的计量给予了投资者更为相关的会计信息，无论是投资者还是其他市场参与者都同意：放弃公允价值计量，走回头路的做法是不可取的。同时，资本市场会发展得更加有效，公允价值的计量将更可靠。美国证券交易委员会于2008年12月30日向美国国会提出的关于公允价值会计的研究报告明确指出放弃公允价值会计的做法会降低投资者的信心，在信息不对称的时代，会加剧对金融市场的打击。同时，美国证券交易委员会在其报告中继续提出，在对公允价值会计应用方面的问题没有更彻底和稳妥地解决前，他们不建议再在目前的会计准则框架下在更多领域采用公允价值会计。可以预测，在未来很长一段时间里，混合计量特征的会计模式将继续共存。

2. 通过信息分拆和呈报，提供多维度的会计信息。因为多种计量特征的会计模式将继续共存，对信息使用者来说，有必要把按照不同计量基础记账的会计信息分拆呈报，并且将按照不同计量基础而得到的利润、现金流和风险价值进行调节和比较。企业需要对历史成本和公允价值的变化要素进行分析，让信息使用者掌握什么是企业真正的价值驱动因素。另外，为了反映现金流和增强对现金流的可预测性，现金流量表的编制需要更加与企业的流动性管理相联系，让财务信息使用者了解企业的流动性和财务灵活性。信息分拆还需要反映企业的业务和价值创造活动，反映企业的业务模式，呈现企业的竞争优势，比如分产品、分客户类型和分地区的利润表。信息分拆的最重要的落脚点还在企业的风险管理上，要反映企业的全面风险管理政策和战略，为股东提供向前看的风险信息。为了满足信息使用者对信息及时性的要求，企业需要向信息使用者更高频率地提供企业的财务信息。有些企业需将其财务信息置放于公开的信息平台上，股东可以及时获取。可以想象，未来会计的工作量不会减少，只会增加。

坚持高标准的会计准则制定和应用

会计的发展将基于会计准则的发展和应用，在金融危机带来的压力测试中得到的有关教训将会使中国下阶段会计准则的发展受益。当中国的经济体变得更加复杂，资本市场更加深厚时，因为坚持高标准的会计准则以及提升透明度，中国经济体系的效率将得到

会计的明天会怎样（三）

促进。与时俱进，保持会计准则的现代化和与国际接轨，是不脱离国际经济体的信息维系的纽带。

1. 中国必须积极参与国际会计准则的制定，包括参加国际上已经开展的关于下一代会计理论的基础框架的研究，因为会计基础框架的研究会在金融危机后，对会计准则的修订和制定明确基调。会计准则国际化是不可逆转的潮流。目前，欧盟和中国都已采用国际会计准则，美国也已明确表明将与国际会计准则接轨。世界共同的会计框架和准则的制定有利于国际资本市场的合作和稳定。毫无疑问，中国在世界经济舞台上的作用将越来越重要。因此，必须在会计基础理论的研究和框架讨论阶段就参与到国际上去，为推动制定和选择适合中国经济发展阶段的会计准则发挥作用。

此外，中国是最大的发展中国家，经济发展的阶段和层面参差不齐，因为国家庞大，企业组织和经济业务复杂，具有特殊性的东西很多。但是，国际会计准则的制定是不可能把中国的需求放在第一位的。因此，在中国执行国际会计准则，需要对准则执行进行事后审阅，把中国的经验和反馈传递出去。国际化不等于我们没有自己的声音，当然这种声音应该是专业的、独立的，让世界尊重的。

2. 必须加强对会计专业人才储备的投资，以支持下一阶段的经济发展。无论是采用单纯的历史成本的会计计量基础或公允价值会计计量基础，都需要专业判断，需要人才。在引入先进的会计准则时，需要提供专业指导，帮助会计专业人才学会使用判断，并分析和审计专业判断的合理性。在人才培养方面，应该认识到，除了培训会计人才外，还需要培养与资本市场息息相关的其他行业的人才。例如，在公允价值计量方面，培养资产评估师 (包括金融资产评估师)；在风险管理方面，培养风险管理人才和金融工程师；在信贷市场方面，培养公正和有能力的评级师。只有这些人才在资本市场上发挥作用，建设稳健的会计准则制定和执行文化，抵制激进的和短期获利的会计做法，并将其作为中国公司治理发展的根本基调，才能进一步降低交易成本和资金成本，从而提高资本市场的效率，推动中国经济持续发展。

3. 必须支持独立的会计准则制定程序，坚持投资者为最终信息使用者的中性立场。在这场金融危机中，对会计批评的声音很多。会计专业界也诚惶诚恐地急于修订会计准则。有时候，人们忘了会计是反映经济事实的工具，不是推动金融市场演变的动力。会计界历来以坚持独立性著称，但有一点可能被忽略的是会计准则制定的独立性。尽管在准则制定过程中，需要征求不同方面的广泛意见，但准则的制定绝对不应该将任何一方的利益置于投资者的利益之上。这一点对建立投资者的信心是至关重要的。

会计准则的制定和提供会计报表信息必须坚持以股东为最终信息使用者，以提供中性的财务信息为目标。投资者是最终信息使用者，这一中心不能失去。在资本市场上，会计信息很难满足全部市场参与者的具体要求。财务报告的目的是向投资者提供财务信息。尽管其他信息使用者对财务信息有要求，例如金融体系中的审慎监管机构，但是会计模式的发展应该选定"向投资者提供信息"为其终极目标。财务报告就是为了提供有助于投资者进行经济决策的信息这一目标的，别无他住。股东的这种主要信息使用者的地位不能改变。其他信息使用者可能有其他用途需要得到企业更多的信息，但在财务会计和公共报告上，投资大众是最高的信息使用者，这是资本市场的根基。

4. 简化会计准则和信息呈报。读者可能会觉得，似乎这是不可能的目标，但必须围绕着真实简单的会计报告目标实现有秩序的进步。目前的会计报告组成非常复杂，资产负债表、利润表和现金流量表的着重点不同，应该以哪张会计报表为中心向投资者提供信息？可能单一的哪张表也承担不了这项任务，因为这三张报表是互相关联、互相补充的，需要这三张表同时对创造价值的业务活动、相关现金流和企业当前的财务状况进行反映。在经济危机时代，现金流量表的作用就更为突出，因为现金是流动性管理和企业生存的血液。目前公允价值计量的一部分变动允许在"权益表"中暂留直至该等资产被处置，利润表因而也变得残缺不全，有部分利润变动需要"其他综合收益"报表的信息来补充。这就是被许多使用者忽视的第四张报表"其他综合收益表"。第五张表是权益表，它反映企业与股东的关系，是反映股东价值的账户，是划分公司与股东关系的分界线，是公司治理披露的基础信息。另外，会计报表还附有大量和复杂的报表注释。如何将其简化成投资者能够了然知晓的信息，动态反映企业的业务主题和市场进展，从而看透经济实质，这需要会计师和企业管理人员的智慧。

金融工具会计核算篇

Walking in the Forefront of
Accounting Development and Bank Reform

『 39号要求对金融工具进行严格分类，不允许金融企业可以"挑樱桃"般地在金融资产的分类中换仓划转，它现在是，将来也是影响金融机构会计核算的最重要的准则。金融企业的会计核算问题看透了都不是会计问题，而是业务管理和风险管理的问题。这正是我们必须加深理解39号和支持金融企业会计工作独立性的原因。 』

金融工具核算的重要准则
——国际会计准则39号

2008年11月15日，二十国集团"金融市场与世界经济峰会"通过了应对当前金融危机的《华盛顿声明》。声明提出了提升金融市场透明度和问责制的中期行动计划，包括全球主要的会计准则制定者应朝着建立一套单一的高质量准则的目标努力工作；监管者和会计准则制定者应与私营部门共同努力，持续提升对高质量的会计准则的一致应用和贯彻执行；金融机构应在其报告中提供经改进的风险披露，与国际最佳做法保持一致。监管者应敦促和保障金融机构的财务报表全部、正确和及时地反映企业(包括表外业务活动)的实际业务情况，定期一致向市场报告。

在这一行动计划的指引下，我们对当前应用的国际会计准则39号(以下简称39号)应加深认识。根据对2007年12月31日全球10多家大型国际银行的资产负债表的分析，按照39号原则核算覆盖的金融资产约占这些企业全部资产的95%。中国金融机构的情形也大体相当。39号要求对金融工具进行严格分类，不允许金融企业可以"挑樱桃"般地在金融资产的分类中换仓划转，它现在是，将来也是影响金融机构会计核算的最重要的准则。

规范核算

39号的目的是规范金融工具的核算，把金融工具的分类作为会计核算最重要的基础来定义，并针对不同类别的金融工具设定了后续计量方法，即不同分类的金融工具可以按公允价值计量或按摊余成本计量。39号仍然采用了双重计量模式。

在39号以前，金融机构通常将金融资产分类为"交易类资产"和"投资类资产"，在银行中通常称为"交易账本"和"银行账本"。交易类资产以公允价值计量，投资类资产以摊余成本计量。但是，在划分"交易类资产"和"投资类资产"方面没有严格的准则要求。许多金融机构的管理者经常按照其业绩考核需要在两类资产之间划转（换仓）。这种做法就是金融企业中最有名的粉饰门面的"挑樱桃"会计。

39号将金融资产清晰地分为四类，即①公允价值变动计入利润表的金融资产；②持有至到期投资；③贷款及应收款；④可供出售金融资产。更重要的是，金融资产各个类别之间的转换需要遵守严格的准则要求。

在会计报告日，四类资产中的第一类和第四类资产以公允价值计量，第二类及第三类以摊余成本计量。第一类金融工具的公允价值变动计入利润表，第四类金融工具的公允价值变动计入股东权益。所以，在双重计量会计模式下，金融资产的分类问题是最重要的，它决定了公允价值变动的去向。

按照39号的要求，金融企业依据其意图和能力，在金融工具的初始确认时，对金融工具进行分类。初始确认指的是，当且仅当企业成为金融工具合约的一方时，企业就应在其财务状况表中确认该金融资产、金融负债或权益。也就是说，在金融企业购买或发行了金融工具的最初始时点，企业应按照管理层对持有该金融工具的意图和该企业的财务能力，决定金融工具的分类。

这样的要求并不过分，因为任何企业在支配其资源的时候，管理层的意图都应该十分明了，如购置金融资产是为了交易目的的，应分类为交易类金融资产；为了流动性管理目的，看机会和需要可以出售的，应分类为可供出售类金融资产；准备持有至到期的，则分类为持有至到期类金融资产。

对金融工具进行分类的要求是一种市场纪律，一旦决定，企业的会计政策及会计核算方法就开始适用。企业不能为了调节财务业绩的目的更改金融工具的分类。管理层必须根据董事会批准的投资和风险管理政策，决定其金融资产和金融负债组合。前线业务人员根据这种组合管理的要求，在购买金融资产时即决定它们的组合归属。企业采用透明公开的会计政策，对每一类金融资产和负债的组合都按照39号的要求进行后续计量和核算。而且，对于公允价值计量需要独立的价格验证，通常这项功能直接报告给公司的财务总监，以确保财务信息的公允真实。这种做法推动了企业针对金融工具的内部控制和管理的发展，确定了企业的会计责任不仅是会计人员的，更重要的是前线业务人员的。

根据39号和其姐妹篇——国际会计准则7号，企业的财务报告中必须披露对金融工具分类和核算管理的原则和做法。这种披露可以一方面反映企业管理及业绩衡量的做法和水平，更重要的是让会计信息的使用者了解企业对金融工具分类和核算的原则基础。通过分析和阅读相关原则基础，会计信息的使用者可以看出企业是否涉嫌粉饰门面的"挑樱桃"会计。另一方面，39号因为给予了企业在初始确认时，指定金融资产或负债按公允价值计量的选择权，这种自由度给金融机构的业务经营提供了宽松的会计核算和管理框架，减少了如果服从套期会计等要求的会计核算和管理成本。

而39号对金融工具核算最彻底的要求也体现在对衍生金融工具上。在39号发布前，会计界对衍生金融工具的核算没有统一的准则，很多企业因为衍生金融工具不涉及即时的现金流量，没有初始投资，将衍生金融工具作为表外业务列示。从39号发布开始，所有衍生金融产品都必须按照公允价值计量，并反映在会计报表中，将表外业务的经济风险和后果直接呈报在会计报表上。如果衍生金融工具的公允价值是正数，反映企业在未来拥有与衍生金融工具相关的经济收益，企业的这种未来收益权利的折现值，作为衍生金融资产确认。如果是负数，则按衍生金融负债确认呈报。除符合套期保值会计的原则外，所有衍生产品的公允价值变动都计入利润表。

金融市场的参与者正在讨论衍生金融产品对金融体系发展和2008年全球性金融危机的功与过。但是在会计上，衍生金融工具必须通过公允价值计量，从表外挪入表内计量，按照衍生金融工具资产和衍生金融工具负债列报。无论是市场参与者还是监管者对此都没有异议。因为这不仅是会计核算的需要，更重要的是企业风险管理和信息披露的需要。

相反，许多特殊目的实体和特殊投资实体，因为发起者的设计和规避而留在表外，没有合并到发起者的会计报表中。这被认为是会计准则的一大漏洞。这种把负债和风险隐藏在表外的做法必须得到纠正。虽然报表合并不是39号的内容，但39号对衍生金融产品的严格处理态度是值得借鉴的。39号杜绝了将衍生金融工具作为表外业务的做法。

负债与权益的分辨

由于金融工具是对一个企业产生金融资产和对另一个企业产生金融负债或权益的合约，因此，我们有必要讨论关于对金融负债和权益工具的分类和计量的问题，特别是对资本基础的定义和需要注意的地方。

39号将金融负债定义为两类，它们是：①公允价值变动计入利润表的金融负债；②其他金融负债(按摊余成本计量)。

和公允价值变动计入利润表的金融资产的定义相近，公允价值变动计入利润表的金融负债必须满足下列条件，即"在初始确认时，企业指定这些金融负债以公允价值计量且公允价值变动计入利润表"和"为交易持有的金融负债"。

企业指定金融负债以公允价值计量且公允价值变动计入利润表是企业的一种选择。除了交易类的金融负债外，专门引入指定金融负债以公允价值计量且公允价值变动计入利润表的类别，方便金融企业避免采用套期保值会计带来的重大成本。

在2003年修订39号前，在关于为交易持有的金融负债的公允价值计量问题方面，出现了让许多专业人士觉得荒唐的会计核算情况。举例来说，当企业在公开市场上买入其发行在外的债券时，因为其自身信用状况的变化，信贷价格的息差扩大，买入债券的价格低于其账面记录的该债券的摊余成本，企业将该价差计入利润表。如果对企业的金融负债按公允价值进行计量，当企业的信用状况变坏，可能对外出现债务偿付问题时，企业反而可以因此而获得利润，而且可以低报企业的负债。这种不合情理的会计基本原则，招致许多批评，后来也成为批评公允价值会计的最重要佐证。有的专家甚至认为对金融负债不应允许公允价值计量。这个问题争论的焦点后来演进为对金融负债公允价值的计量是否应该包括企业自身的信用风险状况这一风险要素。

国际会计准则理事会认为，财务报表是按持续经营原则编制的。企业自身的信用风险影响金融负债的赎回或偿付，公允价值需要反映该负债的信用风险。所以，他们认为在用公允价值计量金融负债时，应该包括信用风险要素。在实际情况中，有的企业确实通过债务重组、债务回购或利用衍生金融产品而实现了金融债务（包括企业自身的信用风险变化的影响）的公允价值变化。因此，国际会计准则理事会继续允许对部分金融负债按公允价值计量，但为了向会计信息使用者提供更为有用的会计信息，并解决上述批评者的担忧，国际会计准则7号要求企业专门披露因为自身信用风险引起的公允价值变化。

权益是指可证明在企业偿付所有负债后对企业资产拥有剩余利益的合同。权益和负债之分看似简单，其实是很复杂的。

当企业重新购入其自身的权益工具时，这些权益工具（通常称为库藏股）必须从权益里扣减。企业不能在购买、出售、发行或取消其自身的权益产品而在利润表中确认收益或损失，支付或收到的代价全部直接计入权益。无论企业自身或集团的其他成员的交易都应如此。

为什么企业购买自身的权益和债务的处理不同？原因是企业和股东的法律关系必须是彻底分离的，企业是为股东利益而设立的，企业不可以通过与股东的权益交易获利或承担亏损，以保证企业作为单个业务实体的利润表的真实性。

39号从根本上看是关于"合约"的会计准则。关于金融负债和权益，合约的法律形式和经济实质可能不同。如果一个企业的合约中包括向对手方提供经济利益义务的条款，那么无论这项合约义务是如何出现的，这项义务必须按照企业债务入账，只有这样才能保证资本账户的纯洁性。

自由度之争

目前，在国际会计界关于公允价值会计计量存在争论，但考虑计量方法的前提是决定金融工具的分类，争论的焦点实质上是关于金融资产分类和分类后调整和类别转换的自由度。

2003年修订39号时，允许企业可以有指定金融资产为"以公允价值计量且公允价值变动计入利润表"的资产分类选择权，且附加条件有限——按照规定，第一类金融资产（包括交易类金融资产）必须满足下列条件之一，即"在初始确认时，企业指定这些金融资产以公允价值计量且公允价值变动计入利润表"及"为交易持有的金融资产"——这种资产分类选择权广为金融界接受，并认为这是修订后的39号的最佳亮点。

当时，有些监管者不认同给予企业如此自由度，因为他们担心金融企业对无法独立验证公允价值的金融工具选择公允价值计量会造成利润表的波动。但是，今天许多金融机构(以部分欧洲银行为主导)，因为要突破遵守金融资产分类的会计准则的严肃性，以批评"公允价值计量"为借口，给准则制定者施加压力，希望允许其放宽进行金融资产类别转换的自由度，回到不受39号约束，由管理层对金融资产、负债进行分类或调整、自由操控银行业绩的老路上。

2008年10月，国际会计准则理事会对39号进行了紧急修订。应该注意到，修订的内容是"金融资产重分类"，而并不是公允价值计量。

修订前，按39号规定，企业不可以将金融工具从以公允价值计量且公允价值变动计入利润表的金融工具类别转出，也不可以将其他类别的金融工具转入到这个类别中。

经修订后，如果金融资产的持有目的不再是为了出售或者在短期内重新买入，企业可以在极少数情形下，将该等金融资产从以公允价值计量且公允价值变动计入利润表的金融工具类别转出。转出后，该等金融资产即不需要按照公允价值计量，公允价值变动的影响不需要直接在利润表中反映，如下表所示。

对39号的修订为部分金融企业在金融工具分类调整和转换方面开了扇小窗户。但是，目前有部分国际金融机构对39号的修订仍然不满，因为39号对利用指定金融资产以公允价值计量且公允价值变动计入利润表类别的选择权，进行初始确认及分类后，企业不能再对这一类别的金融资产和负债进行划入或转出。部分金融企业要求的就是要对这一类别金融工具划入和转出的自由度。

不难看出，这种自由度的后果还是"挑樱桃"会计。

金融资产分类调整对利润表的影响[1]

银行	分类调整	金额	对利润表的影响[2]
德意志银行	从交易类和可供出售类调整至贷款类	248亿欧元	8.2亿欧元
德国商业银行[3]	从可供出售类调整至贷款类	440亿欧元	8.0亿欧元
意大利联合信贷银行	从交易类调整至贷款类	180亿欧元	8.6亿欧元
意大利联合圣保罗银行	从交易类和可供出售类调整至贷款类，从交易类调整至可供出售类	100亿欧元	2.2亿欧元
苏格兰皇家银行	从交易类调整至贷款类和可供出售类	228亿英镑	14.4亿英镑
汇丰银行	从交易类调整至贷款类	86亿美元	5.6亿美元

注：① 在法国，法国兴业银行和法国农业信贷银行均在其第三季度报告中声明会在2008年10月采用39号修订给予的重分类机会。在瑞士，瑞士银行也表示正在评估2008年第四季度采用金融资产重分类选择对财务报表的影响。

② 指如不进行重分类调整，在第三季度需要计入利润表的公允价值亏损。

③ 德国商业银行的分类调整日期是2008年9月30日；其他银行的分类调整日期均为2008年7月1日。

资料来源：作者根据上述银行2008年第三季度报告整理。

遏制"挑樱桃"会计

遏制"挑樱桃"会计一直是会计准则制定者关注的重点，美国财务会计准则委员会的相关历史经验，反映了会计准则针对这一问题的演变，最终是对金融工具的分类和调整进行把关。

对金融资产分类最严格甚至苛刻的要求是39号关于持有至到期类资产的"玷污"条款。只有企业对金融资产投资有积极的持有至到期的意图，而且有足够的财务能力支持，企业才能将这种投资分类为"持有至到期"类投资。因为这类投资是按摊余成本（减减值准备）计量的，有时候这些投资可能存有大量的未实现的公允价值收益。如果金融企业将其出售，实现部分这样的公允价值收益，那么"挑樱桃"会计问题还是得不到解决。39号要求，如果金融企业对其分类为持有至到期类的债券在持有至到期日前提前出售，而且出售的金额相对该类别债券的金额占比不小，那么39号就指明这一投资组合被"玷污"，该企业必须将该类债券全部从"持有至到期"类投资中转出，按公允价值计量，最低标准也应按可供出售类债券计量。出现这样的情况后，在两个财务年度内不能再将任何资产分类为"持有至到期"类投资，迫使企业采用公允价值会计，即使按可供出售类债券计量，公允价值变动在权益表中暂挂，39号也要求将这种公允价值变化作为"其他全面综合收益"列报，以全面遏制"挑樱桃"会计。

结语

中国的部分金融企业是全球执行国际财务报告准则最早的企业。目前，它们没有对金融工具的分类和计量提出意见，这与它们的金融业务比较简单有关。如果中国的金融企业在未来执行39号时产生矛盾，那么管理层和董事会应该学习和理解39号的真谛，掌握《华盛顿声明》行动计划的原则，确保金融工具的分类和计量符合会计准则的要求，反映管理层的意图和企业的财务能力，充分向信息使用者披露金融工具的相关风险。

金融企业的会计核算问题看透了都不是会计问题，而是业务管理和风险管理的问题。这正是我们须加深理解39号和支持金融企业会计工作独立性的原因。

案例

遏制"挑樱桃"会计——美国的经验①

20世纪初至"大萧条"期间

在经济"大萧条"前,美国没有强制的会计准则。企业选择会计准则和做法的自由度很高。有证据表明,当时企业对资产计量采用"现值"和"评估价值"计量基础的情况非常普遍。资产负债表中包括对房产、设备和无形资产的评估增值。1938年前,针对监管目的,银行对其证券投资组合需要按市场价值计量,但因为美国财政部和监管机构出于对市值会计影响银行财务业绩和投资决策的担忧,在1938年,这种为监管目的接受的会计做法被取消。

"大萧条"后,美国开始采用稳健的会计做法,基本放弃"现值"和"评估价值"计量基础,转而采用"历史成本"会计,包括在上市过程中也慎用评估价值。1940年,固定资产评估增值的会计做法基本绝迹。

证券估值(1975年)

1975年前,关于可出售证券的会计核算模式多种多样,包括按成本计量,按市值计量,或对不同的证券采用不同的计量基础。1973年及1974年,许多证券的价值剧烈下跌。但这种价值的减少大部分没有被反映在会计报表中。1975年,在市场价值回升的情况下,会计准则对原先减值的证券是否可以回调到减值前的账面价值这一做法没有具体的指引。为此,在1975年12月,美国财务会计准则委员会发布第12号准则,要求对可出售证券采用按"历史成本或公允价值孰低"的原则计量。

---

① 作者根据美国证券交易委员会2008年12月30日向美国国会提供的关于市值会计调查报告的相关内容翻译整理。

银行及储蓄机构和贷款危机 (20世纪80年代)

20世纪80年代，美国爆发银行及储蓄机构和贷款危机。原因之一是历史成本会计掩盖了资产质量问题，允许资产损失逐步在净利息收入中消化。当时，有一种观点很明确，市值会计可能会帮助监管机构和投资者尽早发现这些机构存在的问题。

20世纪80年代，美元利率的波动性很高。许多金融机构持有的大量金融工具的市值与它们在资产负债表上的账面价值 (按历史成本计量) 相差甚远。在这种情况下，银行的管理人员"挑樱桃"般地选择出售资产或结清负债，在不同的会计周期实现收益或亏损，管理层因而掌握了一种调节利润的强有力的工具。更有甚者，对那些缺乏基础资本的银行，它们选择出售优良资产，实现收益来加强其资本基础，但却仍然把那些不良资产放在资产负债表上，隐藏着大额的未实现亏损。

因为采用历史成本的做法，许多金融企业在会计报表上隐藏资产损失，它们的问题没有得到及时的发现。因此，20世纪80年代和90年代初，要求在金融企业实施公允价值会计的呼声很高。

20世纪90年代至今

在20世纪80年代前，许多银行都没有采用动态有效的风险管理战略。许多银行在到期日前，很少出售其持有的金融工具。但随着利率体系的改革和自由化，金融机构的证券组合的交易量越来越多。因此，美国会计准则的制定者开始一项一项地应付金融工具的计量问题，如制定财务会计准则第52号，汇率折算；第80号，对期货合约的核算等准则，要求部分金融工具采用公允价值计量基础。

因为对20世纪80年代银行及储蓄机构和贷款危机的反省，美国财务会计准则委员会认识到对全部金融工具都制定合适的计量和披露的会计准则的必要性。1991年12月，美国财务会计准则委员会发布了关于金融工具的公允价值披露的第107号会计准则，这是全球首次系统地要求对金融工具的公允价值进行披露。

　　为向会计信息使用者提供更加相关的经济决策信息，杜绝"挑樱桃"会计，解决历史成本和市价孰低会计原则带来的不公平性，美国第115号会计准则[①]，对债务和权益类证券投资的会计处理于1994年问世，要求将金融工具分类为交易类、可供出售类或持有至到期类组合，并根据分类的基础，采用不同的会计后续计量模式。这种分类在金融工具的初始确认时作出，在绝大部分情况下，一经确定，金融工具的分类不能调整。

---

　　① 国际会计准则第39号在其制定过程中参考了美国财务会计准则第115号的精神。

> 　贷款是商业银行会计报表中最重要的会计科目，计提贷款减值损失涉及管理层的判断，利用信贷判断的经验和合理估计是一门艺术。银行董事会和高级管理层必须监督信贷风险评估和计提准备金的流程，保障贷款减值准备金维持在一个恰当的水平。

贷款会计核算
—— 贷款的确认、计量及减值准备

　　贷款通常是商业银行财务报表中余额最大的资产科目，与之相关的贷款减值准备、贷款减值损失、利息收入等资产负债表或利润表科目无一例外地对银行财务状况和经营成果的公允呈报具有举足轻重的作用。因此贷款的会计处理及信息披露是报表使用者（包括监管机构和外部投资者等）最为关注的领域。

贷款的确认和终止确认

　　贷款是一种金融资产，由贷款人向借款人提供现金或其他资产，换取借款人在特定日期或经贷款人请求即需还款，外加利息的债务安排。贷款通常包括：

- 消费者分期贷款，透支和信用卡贷款；
- 住房按揭贷款；
- 非个人贷款，例如，商业按揭贷款，项目融资，向商业、金融机构、政府和其他机构的贷款；
- 直接的财务融资；
- 其他实质上是贷款的财务安排。

当银行是贷款合约的一方，有法律权利收取本金和利息，银行即对贷款相关的经济利益拥有控制权。通常情况下，在将资金划转给借款方时，银行成为合约的贷款方，即拥有了贷款的所有权，即应该对贷款进行确认和初始衡量。在这里，要注意的是，提供资金是贷款所有权的一个重要因素。因此，贷款承诺不是贷款，不在资产负债表内反映。

在银行失去对贷款的经济利益的索求权时，或不再有能力阻止他人对这种经济利益的权利索求时，银行失去了对贷款的控制权。如果合同条款要求银行重新承担经济责任，或受让方可以推翻合同的转让安排，银行即没有失去对贷款的控制权。进一步而言，如果银行有权利和义务在未来，以已经确定的或可确定的价格购买或赎回被转让的贷款，这种价格事实上提供给被转让方的经济收入仅相当于贷款资金的利息成本，那么银行没有放弃对贷款的控制权。如果银行没有失去这种控制权，就必须对贷款继续进行确认。

终止确认，是指将贷款从银行的账户和资产负债表内予以转销。具体的例子包括银行可能将贷款转让给其他银行或金融机构，或者与信托公司合作，将贷款注入一个特殊目的信托，而后由信托公司向机构或个人投资者出售基于贷款资产的债券或理财产品。在这类情况下，会计核算涉及贷款的终止确认。包括贷款在内的金融资产的终止确认是一个庞大和复杂的课题，我们将专门在"金融资产的终止确认"一文中予以介绍。

贷款的初始确认——费用资本化的条件

贷款应该以其公允价值及其有关交易费用进行初始确认，通常包括：①提供的借贷资金；②与利息性质一样的贷款费用或成本(即以时间为基础计算或参考贷款金额计算的费用或成本)。

有关贷款交易费用可以计入贷款本金，作为摊余成本的一部分。确认这种费用的标准是看这些费用是否是银行为发放贷款额外增加的费用。与发放贷款直接有关，额外增加的费用是指如不发放该项贷款，有关费用可以避免，不会发生。贷款费用包括销售佣金，政府要求支付的税金等，但不包括折溢价，财务成本，内部管理费（或贷款持有成本）。在制定IAS39号准则的过程中，有许多专家要求更稳健的做法，即只有企业发生的外部与贷款相关的成本才可以作为摊余成本的一部分。因为他们认为，内部成本很难分清楚并将其界定为"额外发生的"成本。事实上，除了向销售代理支付的工资外，内部雇员的工资无论是贷款发生与否，这些工资费用都会发生，不能作为额外增加的费用。

IAS18 号的附件，对金融服务手续费收入提供了许多例子。它将金融服务费分为两类，一类是与金融产品生成有关的费用，与金融产品整体相关，和生产费用类同；另一类是在提供金融产品或服务后赚取的服务费。与贷款相关的分类是"贷款生成费用"和"贷款承诺费用"。

可计入摊余成本的贷款生成费用包括：

- 向借款人收取的"预收"利息。
- 向借款人收取的与贷款活动相关的生成费用，例如，对借款人进行的财务状况评估；对担保、抵押物和其他抵押安排的评估和记载；对贷款条款的谈判；贷款文件的准备和交易完成相关的费用。
- 其他与发放贷款直接有关的费用，例如支付加快贷款速度和提供复杂贷款的费用。

贷款承诺费用是贷款人同意发放贷款而收取的费用。有时，在业内这种费用也称为额度费，这是因为银行向借款人提供贷款额度而收取的费用。关于这类费用，会计上的处理取决于发生贷款的可能性。如果有很大可能会发生贷款，那么这种额度费应被视做是贷款生成费用的一部分。

从上面的分析可以看到，只有与贷款生成相关的直接的，并与贷款不可分割的费用可以作为贷款的初始价值的一部分进行确认。银行还因为提供服务收取费用，例如为安排银团贷款发生的顾问费用等贷款服务费，这种费用不是贷款不可分割的一部分，所以不能计入贷款的初始价值。

贷款的后续计量——摊余成本和有效利率

贷款在会计报表上按摊余成本计量。IAS39号第9段中，对摊余成本的定义是初始成本减客户已偿付的本金，加减利用"有效利率"计算的初始成本与到期成本差异的分摊金额，并减去减值金额的贷款的账面净值。

与摊余成本确定最为相关的是有效利率的计算，计算有效利率法的主要特征如下：

- 有效利率是将贷款的估计未来现金流入的金额折现为贷款的初始账面价值金额的折现利率，所以有效利率也称为"平均孳息率"或"内部报酬率"。
- 在计算有效利率时，银行必须考虑贷款的全部合约条款，例如提前支付情况，提前赎回的期权等，但不应考虑未来信贷损失。
- 在计算有效利率时，银行必须包括全部与有效利率相关的交易费用和其他折溢价。

有效利率法的根本在于"历史成本"计量。有效利率是依据贷款的初始价值而确定的，一旦贷款的初始价值经确定后，有效利率基本不会改变，不会用市场利率来重新计算贷款的公允价值。要注意到，这一点与可供出售类金融工具的计量是完全不同的。有效利率法计算得出在借贷期间一致的与贷款账面价值相关的贷款利率。

上述贷款确认和初始计量的概念将在贷款会计核算中得到一致运用，是金融工具核算的重要基础领域。

贷款的减值——涉及重大判断

计提贷款减值准备是贷款会计处理最为困难的领域。贷款减值准备的评估过程存在很多专业判断的因素，从确定金额重大的标准、预计借款人经营活动和处置抵质押物的未来现金流量、对具有类似信用风险特征的贷款进行分组等，其本身就包含很多领域的专业判断和假设等。贷款减值准备需要考虑经济周期的影响，同时也需要考虑当前宏观经济环境的影响及银行内部信贷风险管理水平等其他定量或定性的因素。

1.识别减值贷款

识别减值贷款需要对每笔贷款和贷款组合进行评估，需要对借款人的信贷质量进行分析。分析减值风险的重点在于借款人是否有能力按照贷款合同偿付贷款本息。这种分析需要考虑在评估日的有关贷款本息回收能力的下列各种因素：

- 借款人的还款记录；
- 借款人的财务状况和资源；
- 债务偿付能力；
- 财务业绩；
- 净资产值；
- 未来业务的前景。

这种因素还包括担保人的支持力度和可能性；债务抵押物的价值和现金流可能提供的保障的性质和程度；以及国别风险。

在实际操作中，通常用做判断贷款减值的重要现象列示如下。

— 贷款逾期

信贷质量变坏的一个重要指标是借款人在支付本金和利息上的拖欠。一般而言，逾期天数的确定根据不同贷款和市场的做法而不同。如果有足够的证据表明，贷款的抵押物价值充裕，而且能够及时收回本金和利息，那么不需要将这笔贷款划分为减值贷款。当然，贷款逾期不是唯一的检查贷款减值的指标。有的贷款，虽然没有逾期，但也需要对其质量进行深刻检查。一个特殊的案例是借新还旧，企业依赖银行借予的资金，偿还其原有债务。这样的情况下，企业未必真有能力偿付贷款，即贷款确实可能发生了减值。

一 贷款重组

贷款发生减值的另外一个证据是贷款重组，即贷款人给予借款人在通常情况下其不会考虑的贷款妥协。在贷款重组时，银行给予的妥协可能包括：

- 修订贷款的合同条款，比如，降低利息或减少还本额。但是如果贷款按照现行相同风险产品的利率展期或延期，这种安排不是贷款重组。
- 部分或全部偿还银行贷款，向银行划转物业，第三方应收款，其他资产或借款人公司的权益安排。

贷款重组也可能涉及替换借款人的安排，由新的法人实体来替代原来的借款人，或将其增加为借款人。

当然，银行的管理层在决定银行是否有信心保障按贷款合约收回贷款本息，或收回本息金额的可能性时，要行使专业判断。然而，这种判断需要依据及时的信贷评估等风险管理信息。

贷款评级是识别减值贷款的有效工具。要审慎地对贷款的价值进行评估，确定合适的贷款损失准备，银行必须建立制度，根据信贷风险可靠地对贷款进行评级。目前，会计体系和监管框架(《巴塞尔资本协议》)都认同信贷风险评级体系是对全部信贷风险准确衡量的有效工具。同时，它们也认同，不仅仅在确定严重贷款质量变化方面，即使在计量贷款违约概率和减值时，银行也要考虑信贷评级。

设计良好的信贷风险评级体系是银行区分不同信贷敞口的风险程度的重要工具。这对贷款组合的总体特征的确定，违约概率计算和最终贷款准备金计提是否充分都有帮助。

信贷风险评级体系通常要考虑：借款人的财务状况和偿付能力，抵押物的公允价值和可实现能力，对收回本金和利息有影响的借款人和信贷安排相关的其他特征。这些内容与识别减值贷款考虑的因素是一致的。

信贷风险评级必须及时更新，反映新情况和新形势。对于贷款的风险评级，银行必须定期进行贷款审阅，至少每年一次，以合理保障评级的正确和及时。对重大、复杂和高风险的贷款的审阅还需增加审阅的频率。另外，有效的信贷风险评级体系必须系统一致，并符合银行建立的政策和程序。

2.计提贷款减值准备金的方法

为确保贷款损失准备金能反映目前贷款组合的可回收情况，银行必须对贷款损失进行定期评估，如果有必要，还需增加贷款损失评估频率。

在评估日，所有对贷款组合的回收情况有影响的重大要素都必须经过评估，无论是针对单笔的或是贷款组合的。

— 贷款组合评估

IAS39号建议的对贷款组合进行评估的流程列示如下：

第一， 单笔重大的贷款需要根据是否存在减值证据的情况进行单笔贷款减值评估。

第二， 对全部单笔不重大的贷款需要进行减值评估，这种评估可以是单笔进行的，也可以是(如下所述)组合进行的。

第三， 所有经过减值评估的贷款，无论是单笔进行的或是组合进行的，在没有证据证明其发生减值时，这些贷款都需要按照其信贷风险的特征分类为贷款组合，进行集体减值评估。如果经单笔评估且确定为减值贷款，减值损失已经确认，这些贷款无须包括在集体减值评估中。

对于单笔进行或是组合进行减值评估后的贷款，在没有证据证明其发生减值时，这些贷款还需要按照其信贷风险的特征分类为贷款组合，进行集体减值评估，读者可能觉得这种做法不合逻辑。IAS39号的结论是在单笔评估不能识别的减值情况，可能在组合基础上可以识别。

为了对贷款减值进行组合评估的目的，贷款需按照反映借贷人偿付能力的信贷风险的特征进行组合分类。这种分类可以按照信贷风险评估或分级流程的结果来处理，比如考虑贷款类别、行业、地理区域、抵押物类别、逾期情况和其他相关因素。如果银行没有相同类型的贷款组合，则不需进行组合评估，这类资产需要进行单笔评估。另外，一旦存在信息表明在有关贷款可以在其组合中单独识别为减值贷款，那么这些贷款需要立即从组合中转出。

一 进行组合评估需要考虑的因素

对贷款进行组合评估，确定贷款损失要考虑和反映银行的坏账核销历史，对坏账趋势的调整，在评估日影响贷款组合的经济条件和其他因素。对贷款组合适用的坏账核销历史的确认可以利用一个相关信贷周期的简单加权平均数，也可以利用更为复杂的对贷款质量趋势和条件及还款情况进行计量的其他技术，如评估信贷损失的迁移分析或模型。会计准则要求在利用历史资料对具有相同风险特征的贷款组合进行评估时，要对现在的趋势和条件进行调整。在对贷款的历史损失率进行确定时，各种方法可能因为银行的复杂程度而不一样，但是在进行贷款信贷风险评估，会计核算和资本充足率计算三方面，这种方法的使用必须是一致的。

具体地说，在进行组合评估时，需要考虑下列因素：

- 对一组贷款的未来现金流的估计需要按照相同风险特征的贷款的历史损失经验作出。
- 如果有的银行(如新建的银行)没有历史损失经验，或历史损失经验不充分，银行可以参照同行的同类别贷款的历史损失经验。
- 历史损失经验需要根据目前可观察的数据进行调整，反映目前适应的状况。
- 对未来现金流的估计与可观察的数据需要在方向上保持一致，例如失业率、房地产价格、支付情况和其他资产类别中可能导致减值损失的指标和力度。
- 对估计未来现金流时运用的方法和假设，需要进行定期审阅，减少预期损失数和实际损失数的差异。

上述贷款减值组合评估的方法，仍然坚持贷款减值"已发生"的模式，而不是"预期损失"模式，以反映贷款组合中已单笔存在但又没有单笔识别的损失事件和减值影响。这种情况有时与"已经发生但尚未报告"的损失情况相同。

在IAS39号准则下，当且仅当在金融资产的初始确认后，有客观证据表明由于一个或几个事件的发生(损失事件)，导致金融资产的减值，这种减值损失才可以确认。有时可能不能确定一个孤立的事件的发生，而是几件事件的发生共同导致资产减值。另外，损失事件必须对贷款估算的未来现金流产生了可以计量的损失，这种情况能由目前可观察的数据提供支持。

因为未来事件导致的损失，无论这种损失发生的可能性有多大，在会计上也不予以确认。可能导致损失的未来的趋势(如失业率将上升，或经济会陷入衰退)也不予考虑。IAS39号表明，以未来交易和事件为基础确认减值损失，有悖"摊余成本计量"模型。因为，IAS39号是基于"已经发生的损失"而不是基于"将要发生的损失"的减值模型，所以在贷款初始发放时，即在减值事件发生前，减值损失不予确认。

IAS39号也允许使用公式或统计方法来确定贷款组合的减值情况，但是IAS39号要求，这种方法的应用需要遵守下列基本原则：

● 不能在初始确认时即产生减值损失。
● 必须反映货币的时间价值，反映贷款剩余期限的现金流，而不仅仅是下一年度的现金流。

3. 贷款减值金额的确定

如果存在贷款减值，贷款报表金额的衡量必须反映贷款价值的减少，即贷款的估计可回收金额低于其账面记载的贷款投资金额。大额贷款，如在实践和操作中可行，应该逐笔进行审阅。贷款减值一经发现，就必须及时通过建立准备金或直接核销予以确认。减值贷款的账面价值应该减至其可收回金额。

如上所述，在确定减值金额时，必须考虑借款人的经济情况和偿付能力，担保人是否有能力履行担保承诺和银行的执行力，抵押物的价值和评级机构的评级。在衡量担保人、抵押物和其他第二还款来源时，银行需要考虑获取这种第二还款来源的时间、成本和困难程度。在许多国家，执行抵押物和担保可能是很成问题的。

计算贷款可回收金额时，应注意下列几个技术点：

(1) 按适当利率，对预期的未来现金流计算折现的现值，即按原始贷款合同的有效利率计算。银行应该基于合理稳健及可支持的假设和预测上的最佳估计对未来现金流进行估计。

适当利率是指贷款的原始有效利率。贷款减值是指估计的未来现金流量减少后对贷款账面价值的影响。如果用现行市场利率来对其进行折算，那么这种折算中包含了金融资产的公允价值因素，这与贷款按照"摊余成本"计量的原则是不符的。无论现行的相同贷款的利率水平是高是低，在计算贷款减值时使用的利率是贷款的原始有效利率。也就是说，贷款减值只反映未来现金流的减少，而不反映市场利率的变动。这种做法使减值贷款的账面价值仍然按照"摊余成本"计量，与减值前的计量基础是一致的，只考虑未来现金流按相同利率折现的现值。

(2) 如果贷款依赖抵押物，确定抵押物的公允价值。贷款依赖抵押物是指贷款的偿付需要全部或部分由抵押物提供。

如仅考虑抵押物的价值这一个因素，通常不足以判断贷款是否减值。当然，当其他还款来源不足够时，抵押物的价值在减值分析中就变得更加重要。

管理层必须建立程序，定期对抵押物进行监督和分析，抵押物的估值需要基于审慎的基础。例如，对重大商业物业的抵押物估值，银行需要安排内部或外部的合格的估值师来对其进行估值。管理层必须检查评估假设和结论，对其及时性和合理性提供保障。通常情况下，银行根据目前抵押物或相同类型物业的行情作出评估假设。但稳健的银行会对抵押物的变现能力和未来收入作出折扣，同时还会考虑获取和出售抵押物的法律和其他障碍。

(3) 如果可以为贷款的可收回金额提供参考指标，如贷款的可观察的市场价格，那么应该参考这些指标，但这种指标不多。

银行在计量贷款的可收回金额时，必须考虑在重组时所有让步的成本。比如重组可能涉及接受物业作为贷款本息偿付的一部分，在这种情况下，贷款账面记载的投资金额，应该考虑物业的公允价值和处置成本。

几个重要关注点

1.建立关于计提贷款准备金的内部控制制度

银行董事会和高级管理层必须监督信贷风险评估和计提准备金的流程，保障贷款减值准备金维持在一个恰当的水平。为此，董事会要求高级管理层设定和维持系统一致的流程，确定贷款准备金。当有关影响贷款的可回收性的新情况出现时，系统一致的流程使银行及时准确地获取这种信息来确定贷款准备金。

信贷风险评估和准备金计提的内部控制体系至少要包括以下重要组成部分。

必须建立与放贷职能独立的贷款审阅流程，包括：①有效的信贷风险评级体系，及时发现不同的信贷风险特征，准确地对贷款质量给予评级，并开展合适的管理行动。②设有充分的内部流程，在估计贷款损失时，合理保障对相关的贷款信息进行审阅，这些流程包括建设和维护贷款档案，贷款报告，对贷款详细进行审阅，并记录涉及的有关人员的职责。③在银行涉及信贷风险评估和衡量流程的各部门，如信贷管理、财务报告、内部审计、高级管理层和董事会之间建立清晰、正式的沟通和协调程序，包括书面的政策和流程、管理报告、审计程序和委员会会议纪要等。银行的会计报表和监管报告应按照相应的会计框架和审慎计提贷款准备金的监管要求编制。对相关信息的可靠性和真实性必须有制度和流程上的保障。

银行的各级领导都应了解和执行计提贷款准备金的内部控制这一流程。

2. 利用信贷判断的经验和合理估计是一种艺术

银行在对贷款减值进行评估时，光靠书面的条条框框或公式是不够的，必须运用管理层的经验和判断来提升评估的水平。应该认识到，历史损失经验或可观察的数据是有限制的，不能全面反映贷款质量目前的状况。因此，在确定贷款损失时，需要利用管理层的信贷经验和判断。在评估违约率，违约损失和计提贷款损失时，利用管理层的信贷经验这一点十分重要。当然，这种判断必须是审慎的有限度的，而且必须有书面文件支持，让人们对这种判断的程序和结果能够了解，特别是：

- 管理层的信贷经验和判断必须在与有关政策和程序相符的前提下作出；
- 必须有经妥善审批和有书面记录的贷款质量评估和分析框架，在不同的时间阶段上得到一致应用；
- 作出的估计必须依赖合理和可支持的假设，且必须提供足够的书面记录；
- 针对总体经济情况对借款人的影响分析，无论是有利的或不利的假设，都必须是充分保守的。

信贷经验判断还要能够确定一个可接受的，可以依赖的历史损失经验时期，因为损失时期不应仅限于确定一组相同信贷风险特征的平均历史经验的固定时期。银行必须维持一个涵盖全部信贷周期的历史损失数据库，提供可靠和一致的有效统计数据，建立对相同信贷风险特征的贷款组合的组合减值损失水平。银行对剔除一些没有代表性的历史损失数据的决定需要作出书面说明。

3. 利用一般准备抵御信贷风险

过去的会计准则允许银行按照根据贷款逾期天数确定的计提公式或矩阵，确定不良贷款的贷款准备金。如贷款逾期在90天内，无须计提准备金；逾期90天至180天，需计提20%的准备金；逾期181天至365天，需计提50%的准备金；逾期365天以上，需计提100%的准备金。这种计提方法在IAS39号下是不允许的，除非这种做法与IAS39号允许的贴现现金流的方法所计算的结果足够接近。在现实中，这种情况不大可能。

同样，在过去的会计准则下，银行出于审慎目的，计提与具体资产质量没有关联的一般准备金，用于弥补未来可能发生的损失。IAS39号的范围也不允许这样的做法，因为这类一般准备超过了对"已发生损失"需计提的贷款减值损失准备。银行希望为未来可能发生的事件所提出的一般准备，即那些没有足够证据证明减值损失已发生的一般准备，不可以作为减值或坏账损失入账。当然，如果银行需要在业主权益中单独指定一部分权益金作为贷款未来损失的准备金，这是银行的稳健而自主的财务做法，是可以的。

4. 审慎对待减值贷款转为正常贷款

以减值贷款重新转为正常贷款为例，只有在按照贷款合同，贷款的本息可以全部回收时，减值贷款才可以重新转为正常贷款。一般情况下，只有银行已经收回了全部逾期本息，而且没有任何贷款本息到期未付，银行也相信可以按照合同的要求准时收回其余的贷款本息；借款人已在一合理的观察期间证明按时偿付本息，而且有能力准时支付企业的合约负债金额时才可以转为正常贷款。

注意，银行作出决定，认为贷款最终可回收并将减值贷款重新转为正常贷款，需要对借款人作出详细的信贷分析，重新考量借款人的财务状况和对支付前景有影响的全部因素。

银行对贷款的信息披露包含定性和定量两个部分。定性信息披露的核心就是要突出银行管理的特色，当处于特殊的宏观经济环境中时，银行还需要考虑披露有针对性的内容。而定量部分中，银行应披露信贷风险敞口及资产质量的风险分类结果。银行需要结合自身经营范围、资产规模、地理分布等多方面的因素，突出重点，去芜存菁，而不是把一堆数据简单地抛给报表阅读者。

贷款会计核算
——贷款信息披露

　　国际财务报告准则关于贷款信息披露的要求一直在持续修订过程中。IFRS7强化了对风险敞口以及银行如何管理这些风险敞口的信息披露要求，希望借此提高银行的风险披露透明度，帮助报表使用者看透银行的风险状况。本文主要讨论有关贷款的信息披露。

传统的会计信息

　　银行在贷款方面的会计政策的披露，需要涵盖银行全部产生贷款的业务，及确定信贷风险敞口减值的会计政策和方法。如果会计政策与以前年度相比有变更，银行还需要对该会计政策变更进行披露。

　　会计政策的披露，需包括以下内容：

● 贷款资产的初始计量和后续计量的基础（即摊余成本或公允价值）。

- 对分散或重新分配信贷风险的证券化交易的处理。
- 对利息收入确认的方法，包括折溢价和与贷款相关的费用的处理。
- 对贷款减值的衡量，包括银行是如何确认贷款减值的。
- 决定披露贷款逾期或减值的基础 (如逾期天数)。
- 贷款核销的政策。
- 对减值贷款确认收入的基础和方法。
- 对贷款后续计量产生影响的套期 (避险) 做法。

鉴于计提贷款减值准备的重要性，银行需要披露确定贷款减值准备的会计政策和方法，并对确定贷款减值准备的主要假设进行陈述。其中，特别需要包括下列信息：

- 对单笔评估和组合评估的信贷组合进行分类。
- 银行如何考虑和包括不同贷款类别的历史损失信息，资产质量现况，组合变化以及贷款逾期和回收的趋势。
- 减少"预期损失"和"实际损失"之间的差别的做法和机制。
- 对贷款集中，集中度水平变化，借款人的营运环境的改变等其他相关因素的考量。
- 对放贷标准，贷款回收和催收的做法和政策及程序的改变。
- 贷款准备金与每年的实际贷款损失水平的比较。

银行需要对贷款减值准备的组成部分和要素的变化进行分析，让财务报表使用者能够理解贷款组合的风险与贷款减值准备金的关系。

因此，银行对减值准备金采用"调节表"的披露方式 (也称"持续调节表")，通过这张调节表，报表阅读者可以获得关于贷款减值准备在一个会计期间内的动态信息，并且可以清晰地看出资产负债表上"贷款损失准备"与利润表"贷款减值损失"之间的勾稽关系。

调节表通常披露下列项目：

● 期初余额是资产负债表上"贷款损失准备"上期结转下来的余额。

● 本期计提是指新识别出的贷款计提的减值准备，以及以前期间已经识别为减值贷款经过重新评估后增加计提的减值准备，这部分金额将直接增加"贷款减值损失"和"贷款损失准备"。

● 本期转出显示的是本会计期间减少"贷款减值损失"和"贷款损失准备"的金额，产生的原因包括减值贷款经过一定期间的观察并重新评估后，不再确认减值而转回的"贷款损失准备"等。

● 本期核销是经批准核销贷款而相应核销的"贷款损失准备"金额，是贷款损失准备的减少项目。

● 本期转回也是贷款损失准备的减少项目，包含几种情况：①以前期间已核销的贷款，在本期回收的金额。②与折现价值有关。因为贷款是以"摊余成本"计量的，减值贷款计算利息收入是根据贷款本金扣除贷款损失准备后余额计算的，这意味着贷款折现价值会上升，相应的差额需要予以转回。③其他转回因素的调整，比较普遍的例子是单纯由于外汇汇率变化而造成的贷款损失准备金额减少等。

● 在调节表中，本期计提和本期转出的净影响就是本期间利润表上"贷款减值损失"的发生额。

如果存在直接在利润表中核销的坏账或坏账回收，银行也应予以披露。

除了上述计提的贷款减值损失准备外，银行还需要披露与信贷业务相关的其他收益项目，具体包括：

● 贷款活动的利息收入和费用；

● 减值贷款的利息释放；

● 套期避险活动对收入费用的影响；

- 本期在利润表中直接核销的坏账和收回的坏账；
- 证券化业务的收入影响。

风险管理信息披露

正如前文所谈到的，国际财务报告准则在近几年极大地加强了对风险管理信息披露要求。这一变革反映了金融市场和产品、实践领域中风险管理框架和管理手段的发展趋势。

1. 信贷风险管理框架

银行应该对信贷风险作出足够的定性描述，让财务报表的读者了解银行是如何定义信贷风险的，银行的业务活动是如何带来信贷风险及银行是如何管理信贷风险的。

银行应该描述信贷风险管理职能的架构，包括管理功能、职责分工、委员会和其他管理组织架构。银行应该披露管理层是如何安排贷款审阅职能和其内部控制的。这种披露需要与银行的整体风险管理架构的披露联系在一起。

银行要披露管理和控制信贷风险的战略、目标和做法。银行要在对单个贷款对手方或贷款组合的信贷风险的发现、衡量及管理政策进行披露。披露的信息包括：

- 限制和控制信贷风险的方法，例如：风险限额；对单一借款人或某类别借款人的信贷风险集中度限额及限额监控。
- 评估信贷风险（单笔的和组合的）的程序和方法。包括对内部评级体系的描述，列出每个级别的违约可能，风险识别度以及评级的历史表现记录。
- 缓解和减少信贷风险的机制，如抵押品、担保、双方或多方的净额结算安排。
- 证券化交易。
- 利用信贷衍生产品及其他创新产品转移信贷风险的情况。

银行还需提供压力测试的流程，说明风险管理体系是如何包括压力测试的。

银行需要说明管理逾期贷款与减值贷款的做法，包括对逾期贷款进行贷款分类的做法和流程以及逾期时间对计提减值贷款准备金造成的影响。

复杂的银行利用信贷记分卡和组合信贷风险衡量模型管理风险。银行需要披露这种做法的定性和定量信息，包括：

- 关于信贷记分卡和组合信贷风险衡量模型的描述，相关贷款衡量的规模。
- 模型的系数运用，如持有期，观察期，信心区间和压力测试及模型验证。

2. 信贷风险敞口

银行应按照贷款的下列主要类别披露信贷风险敞口金额：

- 按照业务线和类别披露，例如：商业贷款、工业贷款、房地产贷款、信用卡贷款和租赁贷款。
- 按照对手方类别披露，如政府贷款、跨国公司贷款、本国企业贷款、金融企业贷款和消费者贷款。
- 披露贷款风险缓解的方法和抵消金额，如抵押物和净额结算安排。
- 按借款人的地理区域分布披露。

银行需要披露其信贷风险的集中度。银行必须披露其确定信贷风险集中度的政策和方法，决定什么是"重大"的集中度，对集中度高的贷款陈述其共同的风险特征，并识别信贷风险的量。当然，这种披露需要与保密要求一致。风险集中度可以是与一个借款人，或借款人集团，或某个行业类别，或某个地区、国家。

银行要披露改进对手方信贷质量的定量信息。包括可执行的净额结算安排、抵押物价值、担保、信贷保险等，应该包括抵押物的账面价值和市场价值。

管理信贷风险的创新技术和手段发展很快，有的银行使用包括信贷衍生产品在内的信贷风险管理工具。对这些新的管理信贷风险的工具和手段，银行要作出下列定性和定量的披露：

- 如何使用这些工具，使用这些工具的目标和战略。
- 信贷衍生工具的名义金额和公允价值。
- 购买或出售的信贷风险。
- 衍生工具类别的明细披露（如全部收益置换；信贷违约置换等）。
- 这些工具记在银行的什么账本上（交易类别或是投资类别）。

如银行对贷款进行证券化安排，这种活动的定性和定量信息需要予以披露，包括证券化安排活动的目的和战略；被证券化的资产的类别和金额；留置的服务权等。需要披露留置的风险和资产；"次级"利益的安排和一般追索权。如银行仍然对证券化资产持有权益，这些证券化资产的业绩也应作出披露。

银行对追索权有关的交易需作出披露，即如果出现资产出售后，最初的对手方不能履行偿还责任的话，银行仍有责任作出偿付的交易情况时，也应予以详细披露。

表外业务如构成银行的或有资产项目，即银行承担或有风险，在一定条件下可能转化为银行的表内业务，还需要披露表外业务风险敞口。涉及信贷业务的表外风险敞口包括保函、信用证、承兑汇票及其他信用承诺等。对于开出保函，最大信用风险敞口是被担保人要求银行代为偿付债务的最大金额。对于贷款承诺及其他相关信用负债，最大信用风险敞口包括不可撤销的信用承诺，以及如果发生重大不利情况下方可撤销的信用承诺。

3. 信贷资产质量管理

针对信贷资产质量管理，银行需要对其内部评级流程的信息作出整体披露，解释使用的"贷款损失"的概念，银行信贷内部评级在资本分配中的作用。

风险管理信息披露要求对信贷资产质量作出深刻和广泛的讨论。例如，根据内部评级结果，作出信贷资产质量的评估。对对手方类别和评级结果进行讨论。银行也可以根据外部评级的结果披露其信贷敞口。

银行要对其减值贷款和逾期贷款的信息予以披露。包括资产类别、对手方类别、地理区域。这些信息要区分减值贷款和逾期贷款进行披露，对逾期信贷敞口进行账龄分析。

银行需要对减值准备金的金额予以全部披露，包括按主要资产类别披露减值准备。

银行对重组信贷安排要进行披露，披露重组信贷的金额，包括重组贷款的余额，重组行为的力度，对准备金和未来收入的影响，对信贷关系进行重组给予的折让。

先进银行的做法分析

我们以汇丰银行2008年年报为例，分析有关贷款信息披露。在汇丰银行的年报中，有关贷款的信息披露分布于四个部分：营业及财务回顾、市场动荡的影响、风险和财务报表及财务报表附注。在大框架上，我们可以观察到两个突出特点。

第一，针对2008年席卷全球的金融危机，汇丰银行在"营业及财务回顾"的"挑战及不明朗因素"和专门开辟的"市场动荡的影响"部分中，从宏观经济环境角度介绍了宏观经济环境对贷款的影响及汇丰银行相应的风险政策，并提示报表使用者未来的不确定因素。

这样旗帜鲜明、不回避风险和问题的做法，能够达到两个目的，一是向市场传递汇丰银行管理层坦诚和足够透明的态度。二是披露了这样多的风险和不确定性，很好地管理投资者的期望值。如果2009年度经营情况继续恶化或未能好转，没有可以过多责备的；如果经营情况明显改善，投资者获得超额回报，则管理层容易赢得市场对他们工作的肯定和嘉许。

第二，与以前年度年报一致，贷款的定量信息披露集中在"风险"部分，其余部分以定性信息为主，或者披露概括性的定量信息。但是，无论繁简，每个部分的贷款信息披露都有自己的"中心思想"。

"营业及财务回顾"以业务发展为中心，因此披露和分析的是贷款按地区的增长情况等信息。"市场动荡的影响"则以宏观经济环境和金融市场造成的风险因素为核心，披露存在重大不确定性的信贷相关产品。"风险"围绕风险管理和贷款质量，披露和分析了风险管理架构、贷款质量控制及结果、贷款减值准备的政策和计提以及行业集中度等信息。财务报表则主要展现金融资产的概括性信息，贷款与其他金融资产合并，按照地区、客户群以及计量基准分析，没有再单独对贷款进行详细披露。

这样的好处是方便"各取所需"。报表使用者根据不同的目的，可以有重点地阅读年报相关部分，避免在好几百页的文字和数字中跳来跳去。但是，这样的信息披露结构也给监管者和会计师出了一个难题。汇丰银行大胆地把会计准则的披露要求搬到了管理层讨论与分析中，与其他法规要求融合在一起，不同的监管者需要"摘取"相关信息，以考核会计准则及其他披露要求的合规性。而会计师出具的审计意见是有一定范围的，因此，在年报中就需要区别信息披露内容，分别注明是否经过审计。

在"风险"部分中，有关贷款的部分包括风险管理、风险项目、重组贷款、减值贷款及贷款组合的风险因素等很多内容。无论从哪个角度探讨贷款，都以地域为切入点，这样做符合汇丰银行作为国际化大银行的特点。它的贷款业务主要分布在欧洲、美国、亚太等国家和地区，面临的监管要求和风险因素不尽相同，按照地域分析更加符合其自身的业务发展。另外，风险管理以及风险因素的变化也是汇丰银行披露的重点，并且与前面有关金融危机的内容相呼应。

结语

　　上述贷款的信息披露都包含定性和定量信息。定性信息包括贷款相关风险敞口及其形成原因，风险管理目标、政策和过程以及计量风险的方法等。由于是描述性信息，这部分往往得不到足够的重视。但是，关于风险敞口及成因、风险管理的框架，等等，是银行管理贷款风险的概括总结，是报表使用者理解银行风险偏好、管理战略和贷款全貌的起点，也是定量分析的纲领。这部分内容可以包含银行的信贷品种、管理贷款的组织架构、贷款发放的审批流程、银行内部管理与外部监管要求的配合、具体的风险管理工具和手段、风险缓释政策等。既非单纯阐述银行的风险管理合规，也非照搬同业的做法，定性信息披露的核心就是要突出银行管理"自己"的特色，当处于特殊的宏观经济环境中时，银行还需要考虑披露有针对性的内容。

　　针对贷款的定量信息披露，包括了多方面的要求。如果是A股上市银行，除了会计准则已经详细列举的要求外，还要满足证监会规定；如果是H股上市银行，则在前面的基础上，增加香港金融管理局的规则。香港的这一做法是有一定优势的。由一个行业监管者规定统一的披露要求，有利于行业内的横向比较。按照产品、地域、行业等多角度分析贷款的总体情况；使用监管机构指标或内部信用评级指标、会计准则的减值概念、逾期等披露贷款的质量；担保方式及抵质押物公允价值的披露体现银行的风险缓释措施，这些定量披露都应该与定性分析中所体现的贷款风险管理战略和理念保持一致。另外，银行的贷款往往是定量信息披露最多的部分，不论是财务报表中贷款、贷款减值准备及风险管理相关的附注，还是在"管理层讨论与分析"的说明和解释，都向报表使用者输送了大量和复杂的数据。在满足法律法规要求的前提下，银行需要结合自身经营范围、资产规模、地理分布等多方面的因素，突出重点，去芜存菁，而不是把一堆数据简单地抛给阅读者。

> 　　企业投资的全部证券均需按其报表日的市值入账或披露。金融资产的价值瞬息万变，隐藏负资产的机会大，唯一客观并且相关的可参照价值是非关联买卖双方愿意接受的价格。在历史成本和公允价值混合计量模型共存的时代，管理者的意图成为会计核算的重要标准。

证券投资的会计处理
——香港会计准则第24号简介

　　香港会计师公会于1999年4月颁布了第24号会计准则《投资证券的会计处理》（以下简称第24号会计准则）。笔者在此对该准则作以下简介。

证券投资的分类

　　该准则要求企业将所投资的证券划分为持有至到期日和非持有至到期日两类。企业只能将那些本身已有明确意图并有经济能力持有至到期日的债券确认为持有至到期日证券。对该类证券，企业需用历史成本并调整其购买差价（买卖溢价或折价）呈报。如该类债券的价值在会计报表日有永久性损失即折价时，其损失必须计入当期利润表。对非持有至到期日证券，该准则提供了以下两种呈报方法供企业选用。

　　第一种方法，即会计师公会所推荐的呈报方法，是将非持有至到期日的证券细分为投资证券或其他投资两类：①投资证券。该类证券为企业持续拥有并有一定的除资本增值之外的持有目的。会计处理上该类证券以历史成本计价,并减去任何相关的永久性折价报账。②其他投资。不能列为持有至到期日的证券或投资证券的其他证券投资,统称为其他投资。此类证券必须以市价报账,其估值损失或盈余均需计入当期利润表。

第二种方法,比较接近美国公认会计准则第115号的规定,它要求所有投资证券均需以市价报账。而市价变动带来的估值损失或盈余须按以下要求报账:①用于交易目的的证券的估值损失或盈余须全部计入当期利润表。②若企业持有的证券并非用于交易或投机目的,此类证券的估值损失或盈余可直接计入"业主权益",直至此类证券出售或确认为有永久性折价时,才将其估值损失或盈余转列入利润表报账。

混合计量模型下管理者意图的会计影响

虽然第24号会计准则的颁布时间较晚,相比同类会计准则——美国公认会计准则第115号的公布(1993年5月)相距六年之久,但该会计准则对有关财务机构、金融集团和跨国公司等企业的报账要求具有重大影响,具体体现为:

(1)管理者的意图成为会计核算的标准。毫无疑问,编制企业的会计报表是公司管理层的责任。第24号会计准则明确要求在购买各类投资证券时,公司管理层要全面准确地记录其购买目的,并依据其记载的购买目的划分所购买的证券并据此核算并报账。各类证券一旦按其持有意图分类入账,不得随意更改。如要改变各类证券的持有性质,可在公司内部过仓换户,但均要像在市场买卖一样按规定入账。这种做法能对粉饰账面的"挑樱桃"式买卖或掩盖证券投资负资产行为起到一定的抑制作用。

(2)市值会计。贯穿第24号会计准则的一条具体精神是企业投资的全部证券均需按其报表日的市值入账或至少披露额外的市值信息。金融资产的价值瞬息万变,隐藏负资产的机会大,唯一客观并且相关的可参照价值是非关联买卖双方愿意接受的价格。

(3) 综合收益。按照会计准则的第二种方法来处理投资证券的会计核算，企业所持有的并非用于交易或投机目的的证券的估值损失或盈余可直接计入"业主权益"，而非当期的利润表。这样，我们可以看到"负资产"的另一账面出路。对财务报表的使用者来说，全面分析企业的综合收益，包括业主权益的变化，显得越来越重要。

第24号会计准则与国际会计准则中"金融工具——披露和呈报"、"金融工具——确认和估价"等相关内容并不完全相符。投资证券仅为投资金融工具的最简单形式，对复杂的金融工具包括衍生产品的确认、估值、呈报和披露，需进一步研究。

(2000年12月写于香港)

『 对衍生金融工具和风险对冲行为的会计处理，制定会计准则，规划它们的呈报要求，是保障财务信息使用者获得公正客观信息的前提。有关衍生金融产品会计准则的设定和完善有助于健全我国的资本市场及经济体制。 』

衍生产品的会计处理
——美国财务会计准则第133号简介

美国财务会计准则委员会于1998年6月颁布了第133号财务会计准则——衍生产品和风险对冲行为的会计处理 (FAS133)，经数度修订后于2001年1月1日生效。这是美国会计史上争议最大，涉足最远的会计准则。仅该准则和执行解释正文就达245页之多，普华永道会计师事务所为客户所编制的相关执行指南竟多达600页。本文用数千字的篇幅向读者介绍第133号准则的主要内容及其值得借鉴之处。

企业在经营活动中，利用衍生金融工具来管理其不同的风险敞口，例如利率风险、外汇风险、信用风险等。在FAS133出台前，会计准则没能跟上衍生产品市场发展的步伐，衍生产品并不要求纳入资产负债表中核算。一些公司出现的巨额衍生产品交易损失引致了负面的公众指责，并加剧了公众对衍生产品交易的担心。正是在这样的环境下，美国证券交易委员会及其他有关机构敦促美国财务会计准则委员会尽快出台一套针对衍生金融工具和风险对冲行为的综合会计框架，FAS133应声出台。

FAS133的制定，目的是为了实现对衍生金融工具和风险对冲行为会计处理的透明化和一致性。该准则要求财务报告主体将衍生金融工具作为一项金融资产或者金融负债在资产负债表上核算，并按照公允价值进行计量。作为套期工具并满足FAS133规定的套期会计处理条件的衍生工具除外。在有效套期关系中，FAS133要求对套期工具有效套期部分产生的损益确认在时间上应当与被套期项目由于被套期风险而产生的损益确认时间匹配。

美国财务会计准则委员会在FAS133结论部分，总结了FAS133所基于的四条理论基础：

第一，衍生金融工具代表的是一种权利或义务，并且满足了资产或负债的定义，因此应当被反映在财务报告中。

第二，公允价值是金融工具最可靠的计量方式，也是衍生金融工具唯一的计量方式。衍生金融工具应当按照公允价值计量，被套期项目账面价值的调整应当反映在有效的套期关系中由于被套期风险而带来的公允价值变动。

第三，只有资产和负债才应当按照上述原则列示在财务报告中。衍生金融工具是一项资产或负债，而衍生金融工具公允价值变化带来的收益或损失应计入损益表中。

第四，针对风险对冲行为的特殊会计处理只有在符合条件的情况下才能使用。符合条件的一个方面是应当评估套期工具由于被套期风险带来的公允价值或现金流量变动的抵消有效性的预期。企业因此应当评估其套期工具是否能够高度有效地抵消被套期项目由于被套期风险带来的公允价值或者现金流量的变动。

对衍生产品的定义

FAS133将衍生产品定义为满足以下全部三个条件的金融工具或合同。

(1) 它有（Ⅰ）一个或数个基础参照物，（Ⅱ）一个或数个名义价值或支付条款，或者两者皆备。这些条款决定了是否要求履行合约或履行合约的经济代价。

(2) 它不需要初始净投入，或者所需要的初始净投入少于其他产生同类市场反应效果的合同所需的金额。

(3) 其合约条款要求或允许双方按净额结算，它可以用合同外的方式来进行净额结算，或者，即使实物交割，接受者的情形与双方按净额结算所产生的效果也没有重大差别。

上述定义中包括五个关键词：基础参照物、名义价值、产品支付条款、初始净投入和净额结算。

(1) 基础参照物可以是特定的利率或利率指数，证券价格或证券价格指数，商品价格或商品价格指数，汇率或汇率指数、信用评级或信用指数、天气或地理位置或其他变量。基础参照物可以是上述一个变量或者多个变量的组合。

(2) 名义价值是货币数量、股票数量、货物重量或合约中规定的单位数量。名义价值是计算衍生产品合同交割金额公式中的第二个变量。因此，合约交割金额通常是基础参照物和名义价值相互作用决定的。这种变量关系可以是简单的乘积，抑或是复杂的公式。

(3) 产品支付条款则是指假如基础参照物的变化符合合同约定，那么需要进行固定或者可确定的金融工具对合同进行结算。例如，衍生产品合同可能约定如果北京2009年7月平均气温超过38℃，合同一方需向另一方支付金额人民币50 000 000元。

(4) 衍生产品没有初始净投入，或者初始净投入（对货币的时间价值进行调整后）少于通常情况下获取合同项下资产或负债所需要的投入。虽然美国财务会计准则委员会没有就"少于"的程度作出明确规定，它的意图似乎是初始净投入不应当超过通常情况下获取合同项下资产或负债所需要投入的90%或95%。

(5) 净额结算是指在合同到期时，通常以交割现金的方式进行结算，而并不要求合同项下资产的实物交割。净额结算可以是以下情形中的一种：①合同双方均不要求交割基础参照物所依附的资产。例如大部分利率互换合同下均不要求实际交割生息资产，而只需要交割名义金额按照浮动利率和固定利率计算的利息差额；②合同一方被要求交割合同约定的资产，但是该产品的市场机制协助了该净额结算。例如交易所提供了卖出合约或买入对冲合约的即时机会；③合同一方被要求交割合同约定的资产，但是该资产可以稳定地转化为现金或其本身就是一项衍生金融工具。例如互换期权，其被交割的资产是一个互换合同，这本身就是一项衍生工具。

会计准则的制定者最担心的是，有人可以绕过准则，不受会计准则的约束。这种担心在衍生产品方面表现更甚，因为金融工程师很容易将衍生产品嵌入在非衍生产品的包装中。因而，FAS133进一步要求，当满足下列全部三项条件时，即①混合工具并非按照公允价值计量且公允价值变动计入损益；②嵌入式衍生产品和其主合同的经济特征和风险并不明确并且紧密相连；③与嵌入式衍生合同条款相同的一项单独工具应当被认定为衍生金融工具，则它必须从主合同中分离出来，按衍生产品单独核算。当然，要识别嵌入式衍生金融工具并分析其是否应当从主合同中分离出来，有时候是一目了然的，但更多的时候，则是很具挑战性的并需要专业判断。

套期及套期会计的严苛条件

FAS133规定了三种类型的套期：

(1) 公允价值套期：对已确认的资产或负债或者未确认的确定承诺由于特定风险产生的公允价值变动敞口的套期。例如，银行发放了一笔固定利率贷款，为了避免由于利率水平波动产生的贷款公允价值的波动，企业进入一个利率互换合同，支付固定利率，收取浮动利率，从而将未来的贷款利息收入锁定在市场利率水平上。

(2) 现金流量套期：对已确认的资产或负债或者预期交易由于特定风险产生的现金流量变动敞口的套期。例如，企业购入一只浮动利率债券，为了避免由于利率波动产生的利息收入现金流量的波动，企业进入一个利率互换合同，支付浮动利率，收取固定利率，从而将未来收取的利息收入现金流量锁定。

(3) 外汇套期：对未确认的确定承诺、已确认的资产或负债、预期交易或者境外经营净投资的外汇风险敞口的套期。该套期类型下的被套期风险只有外汇风险。

套期交易如果满足特定条件，就可以按照套期会计进行处理。套期会计的好处是，套期工具产生的损益能够与被套期项目产生的损益在会计确认期间上匹配，并且从经济实质上，套期会计的处理方式更能够体现管理层从事套期交易的初衷和目的。

但是，要满足套期会计的条件，非常不容易。归纳来讲，有以下几个方面：

(1) 套期交易的性质。套期交易必须能够满足上述三类套期类型的一种，并且在确定套期关系时，必须有正式文件记录这种关系及公司风险管理的目标和进行风险对冲的策略。例如，它应包括套期工具，被套期项目和被套期风险的识别及套期工具如何有效地对指定敞口进行套期等。不同类型套期关系下，对于什么样的金融工具可以被指定为套期工具或被套期项目是有严格限定的，企业在执行时应当审慎。

(2) 收益敞口。公允价值套期中，被套期项目由于被套期风险产生的公允价值变动敞口应当能够影响已报告的损益；现金流量套期中，预期交易应当是企业与外部第三方之间的交易 (不能是企业内部交易)，并且由于被套期风险产生的现金流量变动敞口应当能够影响已报告的损益。

(3) 套期有效性的评估。不论在套期关系指定时或在其生命期内，必须持续地对套期的预计有效性及其实际有效性进行评估。在套期关系指定时，应当评估套期是否预期能在其生命期内有效；在后续期间，应当定期就套期是否预期能继续有效以及在过去期间是否实际有效进行评估，即包括前瞻性有效性测试和回顾性有效性测试。这种有效性至少每三个月评估一次，一般来讲，有效性应介于80%~125%，即套期工具公允价值的累计变动应当是在被套期项目由于被套期风险而产生的公允价值或现金流量累计变动的80%~125%范围内。套期无效部分，应当在报告期内予以确认。

(4) 文档记录。套期会计要求企业在套期开始时和后续期内执行严格的文档记录。套期关系的关键条款应当被识别，套期有效性评估的结论应当被适当记录。

上述条件简单地说，一是要求企业知道并明确记录其使用套期工具的目的；二是要企业定期检查套期关系的有效性。套期有效性的评估有多种方式，FAS133大致将其分为三类：

(1) 捷径法。这是极少数的情况，需要符合FAS133中规定的多项严格条件。在这种情况下，如果套期完全有效，没有无效部分，企业不需要持续进行套期有效性的评估。

(2) 关键条款配比法。通过比较套期工具和被套期项目的关键条款，可以预期套期关系高度有效。但是企业仍需要定期分析套期的有效性，并记录关键条款是否仍然匹配，以及套期工具的交易对手是否会违约。如果这些条件都满足了，企业可以得出结论不存在套期无效部分，即套期完全有效。这项工作需要在套期期间持续进行。

(3) 长期持有方法。当前两种方法均不适用时，就需要进行更为复杂、详细的分析，这包括回归分析、抵消法以及其他统计分析。需要注意的是，长期持有方法下需要计量套期无效部分，并且

FAS133规定，无论企业采用哪种统计方法分析套期是否有效，在计量套期无效部分时，必须采用抵消法。

不满足套期会计条件的套期交易，通常被称为经济意义上的套期。由于套期会计的条件非常严苛，并且需要企业投入大量的时间和资源，一些企业也可能选择进行经济意义上的套期，而并不选择执行套期会计。这种情况下，企业将承担由于套期工具公允价值变动对利润表带来的波动性。此外，SEC要求上市企业在管理层讨论与分析中披露进行经济意义套期的原因，并提供必要的信息以便报表使用者能够了解这些套期关系的性质、目的以及风险敞口程度。

会计处理及财务报表列示

FAS133的最重要口号是将所有衍生产品都必需的公允价值在资产负债表上呈报，即在合同生命期内的任何会计报表日，以公允价值计价呈报。这对所有的衍生产品均适用，不论它是用于对冲风险或是其他目的。因此，FAS133将衍生产品的会计处理标准化，剔除了"表外会计"或"复合产品会计（即部分表内部分表外）"等传统做法。对衍生产品的表内入账和公允价值计价要求增强了衍生产品的会计核算透明度，其表内入账的做法也可能会扩大相关企业的资产负债表规模。

将所有衍生产品均列入资产负债表，并按市价报账，其实是解决衍生产品会计处理问题的一个简单方面。问题的难处是如何处理复式记账的另一面——如何记载和呈报衍生产品的市值变化。在利润表上记载衍生产品的公允价值变化要由使用衍生产品的目的来决定。如果衍生产品不是用来对冲风险的，或者它不符合套期会计的条件，那么收益或亏损必须计入当期损益。如果衍生产品符合套期会计处理的要求，其公允价值的变化应 ①计入利润表，以抵消被套期项目由于被套期风险所产生的公允价值变化（适用于公允价值套期）；②或者将套期有效部分递延确认在所有者权益——综合收益账户中，并在被套期项目实际影响损益的时候转入利润表中(适用于现金流量套期或外汇净投资套期)。

行文至此有必要交代一段会计历史。15世纪时，一名意大利的僧侣发明了复式记账，"有借必有贷，借贷必相等"。这一原理的根基是，资产负债表和利润表两者之间有极为精确的衔接。然而，有时两表之间的冲突也甚为明显，一些利于改善资产负债表形象的会计处理方法却不利于利润表的呈报形象。例如，存货计价后进先出法原则，在编报利润表时这种做法比较有意义，而于资产负债表的存货计价时则有扭曲其成本计价之嫌。

会计准则的制定者为解决这种紧张关系，有时允许资产或负债项目的价值变动，不计入利润表，而直接计入权益科目。FAS133允许现金流量套期中套期有效部分应先计入所有者权益下(而非当期利润表内)，直至被套期项目实际影响损益时才转入利润表中。

FAS133给企业带来的挑战

由于衍生交易的杠杆效应，衍生产品可以带来巨大的财务影响。企业有必要对衍生产品到底是什么、如何运用、风险在哪里、如何实现有效套期进行全面系统的了解，这种了解也是会计核算的基础。FAS133的出台，给企业带来了巨大的挑战。总结FAS133实施的过程和经验，FAS133给企业所带来的挑战有以下几方面。

第一，必须了解衍生产品的性质和交易目的。企业执行套期会计必须满足条件十分严苛。在企业开始分析其套期交易是否满足套期会计条件之前，它们必须先充分了解衍生产品交易的目的、被套期的风险类型以及套期工具如何在交易过程中有效缓释被套期风险。然后企业也需要从风险管理的角度了解交易的经济实质，以及从财务报告的角度了解交易所带来的会计影响。这些需要了解的内容，对于大部分的会计和财务报告工作者来讲是非常困难的，因为他们以前并没有关于衍生工具和相关风险管理活动的专业知识或者工作经验。

第二，套期会计要求企业有完整的文档记录。企业必须在套期关系初始对其进入套期交易的风险管理目标和策略进行明确记录，并且需要持续进行套期有效性评估。虽然套期会计对于企业来讲是选择性执行，大部分企业出于避免盈利波动性的考虑，仍然选择执行套期会计。规模较大的企业有资源和能力满足复杂的文档记录要求，而也有不少的企业由于缺乏资源而不能满足文档记录要求，结果导致由于文档记录不足而不能满足套期会计并进而对财务报表进行重述。

第三，需要业务部门、财务部门及风险管理等部门的紧密配合。按公允价值计量衍生工具并将公允价值变动计入损益可能导致企业财务结果出现重大波动。如上所述，为了避免这种波动性，企业可能寻求执行套期会计。为了执行套期会计而进行的准备和分析工作，往往需要企业各部门间的大量配合，包括会计、财务、资金交易、风险管理、法律以及信息部门等。

第四，套期会计实际上是会计政策选择上的一种优先权。特别是捷径法不要求企业进行后续的套期有效性评估，并且不需要计量套期无效部分，很多企业都试图满足这一方式，这也导致了执行套期会计中最常出现的会计差错，即误用捷径法。由于捷径法条件非常严格，实践经验表明，大部分企业已经减少了对该方法的应用，以避免出现误用。

第五，对于将嵌入式衍生工具从主合同中分离出来单独核算的要求，是为了避免企业通过将衍生工具嵌入主合同这种方式规避FAS133对衍生工具纳入表内按公允价值核算的要求。但是，由于金融工具的复杂性，实施这一要求变得越来越复杂。特别是对于权益和负债工具而言，要确定衍生工具的哪项特征应当从主合同中分离出来变得非常具有挑战性。FAS133中，是否将嵌入式衍生工具分离出来取决于主合同的性质，而对于某些同时具有负债和权益特征的金融工具而言这一点并不明显，这也导致了很多企业在判断是否分拆嵌入式衍生工具时发生错误。

结语

制定会计准则，规划它们的呈报要求，是保障财务信息使用者获得公正客观信息的前提。毫无疑问，我们应该鼓励提高财务信息透明度的专业行为。有关金融产品的会计准则的设定和完善有助于健全我国的资本市场及经济体制。

具体到衍生产品来说，值得我们借鉴的是：①报比不报要好。企业所利用的全部衍生产品均应在表内入账；②市值是唯一的衡量衍生产品的可靠依据。市场是只无形的手，会计师的责任是将它如实地用货币计量单位呈报出来，而非协助或宽容市场参与者隐蔽其经营的不利结果或负资产值。会计师只能按市值为依据来确认衍生产品的账面值；③在利用衍生产品时，会计部门作为业务监督者，要求业务部门记载陈述其使用理由，并且要求用于对冲风险的衍生产品的性质应该和公司的风险管理方针一致。这样做无疑会加强衍生产品的"质"的透明度。

近几年来，衍生产品给部分企业造成的损失是有目共睹的。在由次贷危机导致的全球经济危机中，信用衍生产品也扮演了很不光彩的角色。这类衍生产品将信用风险在市场参与者中传导并放大，最终对市场造成了巨大的负面打击。对衍生产品进行准确的会计核算是一个难题。我不认为会计准则本身能防范衍生产品造成的灾难性损失，然而，如果会计准则能在"质"的方面和"量"的方面要求对衍生产品进行充分披露和全面呈报，这种灾难性损失或许会被及时发现。

> 终止确认的分析是一个复杂的课题。从整体来看，金融资产的终止确认，归根结底是对会计中"资产"定义的延伸讨论。

金融资产的终止确认

金融资产的终止确认问题是《国际会计准则第39号——金融工具：确认和计量》(以下简称IAS39) 中涉及的最复杂的一个问题，也是当前国际财务报告准则体系下一个最具挑战性的问题。其复杂性主要体现在IAS39中复杂的"风险和报酬分析法"与"控制分析法"的结合运用上。另外，因为其复杂性，国际会计准则理事会与美国会计准则委员会共同为此发起了专门的合作项目，进一步探讨金融资产终止确认的方法。财政部颁布的《企业会计准则》(2006年) 体系中，将金融资产转移专门作为一项准则 (第23号准则) 单独发布，足见这个问题在当前的经济环境中的重要性和复杂性。

表内与表外——终止确认的影响

金融资产的终止确认，最简单的情形是金融资产到期偿还。假定银行向企业发放了一笔3年期贷款，3年期间企业按时付息，3年后贷款到期时企业一次性按合同要求偿还本金。那么银行在收到这笔偿还的资金时，就应当终止确认这笔贷款。这是因为从这个时候起，银行已经没有权利就该笔贷款继续向企业收取现金流，而企业已经完全履行了贷款合同项下偿付本息的义务。

注：本文与廖小梅合作完成。廖小梅是普华永道中天会计师事务所合伙人。

但是，金融资产的终止确认，往往并不是这么简单。随着全球金融产品的不断创新，金融机构和企业资产管理和流动性管理的策略变化，以及市场融资的渠道多样化，终止确认问题变得越来越复杂。很多情况下，要想判断金融资产能否终止确认甚至需要引入复杂的模型计算来支持。

在IAS39出台前，国际会计准则对于如何以及何时终止确认一项金融资产没有明确规定，对一项交易应当作为金融资产出售处理还是作为抵押借款处理的要求并不明确。在缺乏会计规范的情况下，有关交易的会计处理往往是按照其法律形式而非经济实质进行，使得金融资产得以移出表外而融资却没有作为负债进行确认。这种"表外融资"在20世纪80年代非常盛行。有的企业故意将金融资产从资产负债表上抹去并且不按照要求确认负债，使得它们低估资产和负债，虚增资产收益率和低估负债率。同时，利润表也受到影响，资产出售的交易企业往往在结构设计上增加利润，导致利润虚增。更为严重的是，由于盛行这种"表外融资"的行为，金融市场上的"创新"迅速发展，但是会计处理并不统一，没有规范的做法导致会计报表的信息呈报不完整不可比。

金融资产终止确认决策树

新的国际财务报告准则和中国企业会计准则中，会计准则的制定者提出了金融资产终止确认决策树的判断框架，以帮助会计报表编制者和使用者对终止确认金融资产进行规范和判断。

为了更好地理解这一判断框架，我们将该决策树中的思考环节分为六步。第一、第二、第三、第四步是前提分析，分别谈到了终止确认的会计主体、资产范围、两种情形(合同权利终止和合同权利转移)以及满足条件。第五步则是风险和报酬分析，第六步是控制分析。该决策树体现了"风险和报酬分析"优先于"控制分析"的原则。只有当"风险和报酬分析"无法给出明确的答案

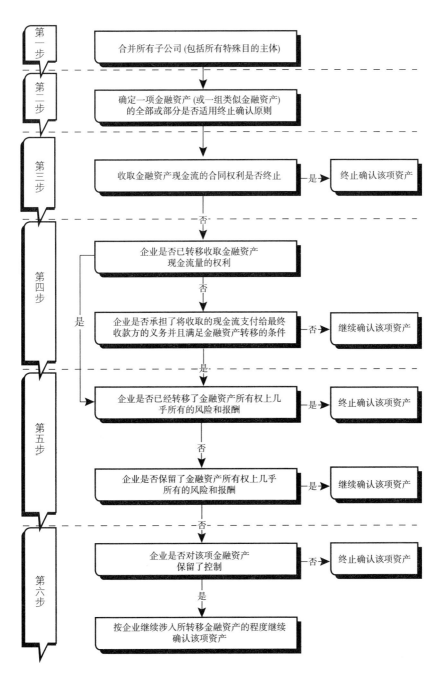

第一步	合并所有子公司(包括所有特殊目的主体)
第二步	确定一项金融资产(或一组类似金融资产)的全部或部分是否适用终止确认原则
第三步	收取金融资产现金流的合同权利是否终止 —是→ 终止确认该项资产

否

| 第四步 | 企业是否已转移收取金融资产现金流量的权利 |
否
企业是否承担了将收取的现金流支付给最终收款方的义务并且满足金融资产转移的条件 —否→ 继续确认该项资产 |

是

| 第五步 | 企业是否已经转移了金融资产所有权上几乎所有的风险和报酬 —是→ 终止确认该项资产 |
否
企业是否保留了金融资产所有权上几乎所有的风险和报酬 —是→ 继续确认该项资产 |

否

| 第六步 | 企业是否对该项金融资产保留了控制 —否→ 终止确认该项资产 |
是
按企业继续涉入所转移金融资产的程度继续确认该项资产 |

是

金融资产终止确认决策树

金融资产的终止确认

时，才展开"控制分析"。下面就让我们来看看金融资产终止确认决策树及其判断流程。

第一步：终止确认分析的会计主体

这一步关注的是金融资产的转出方和转入方是否属于同一集团。假定转入方是转出方的子公司，那么该项金融资产转移只是在该企业集团的一个内部转让而已，对合并财务报表根本没有影响，在合并财务报表层面不能终止确认。但是，这一步实际上并没有看上去那么简单，因为很多复杂的金融资产转移交易都涉及特殊目的实体。

特殊目的实体是为服务于企业的某项特殊目的而成立的，其可能是一个公司、信托、合伙或其他非公司主体的形式。只要企业控制着这个特殊目的实体，那么企业与特殊目的实体之间的金融资产转让，从会计准则实质重于形式的原则出发，将被认定为企业集团内部的转让行为，而并不导致合并财务报表上金融资产被终止确认。企业是否控制特殊目的实体，可以从四个方面判断：

- 特殊目的实体的经营活动是由于企业的特定需要而进行的；
- 企业具有决策权；
- 企业能享有特殊目的实体的大部分利益；
- 企业承担了特殊目的实体或其资产的大部分剩余风险或所有权风险。

第一步的分析是为了明确终止确认分析的会计主体。大多数证券化交易中，终止确认分析的会计主体是发起人合并特殊目的信托后的主体，而终止确认与否，是看资产池的资产是否可以被认定为完成了该合并主体向证券化持有人的转移，而并非是看发起人是否将资产池转移给了特殊目的信托。

例如，在资产证券化中，假设有一个特殊目的实体存在，即特殊目的信托。为了完成证券化交易，证券化发起人和信托公司成立了特殊目的信托，专门服务于该笔证券化交易中资产池的持有、管理和现金流的分配等。结合上面的四个方面，该特殊目的信托的设立是服务于发起人进行资产证券化交易的目的，同时大多数情况下，发起人在现金流分配顺序中居于最后，承担特殊目的信托的大部分剩余风险。因此，在资产证券化业务中，大多数情况下证券化发起人需要合并这一特殊目的信托。

通过这个例子，我们可以看出第一步分析的关键性和潜在的复杂性。

第二步：终止确认分析的资产范围

这步分析看似没有意义，终止确认分析的资产范围自然应当是被转移的金融资产的全部。但是，实际情况中，金融资产的转移并非都是整体转移，许多交易只涉及转移金融资产一部分现金流的情况。

我们以下述银行出售一笔贷款为例，说明转移金融资产的部分现金流的情况，这种安排可以包括：

(1) 出售贷款本金的现金流，保留贷款利息的现金流；

(2) 出售贷款前3年的现金流，保留剩余年限的现金流；

(3) 出售贷款每笔现金流的90%，保留另外的10%，即对于回收的每笔本金或利息现金流，支付其中的90%，保留10%；

(4) 出售贷款本金现金流的80%，保留贷款本金现金流的20%和全部的利息现金流。

在上述情况下，分析终止确认时是以被转移的部分现金流作为分析对象，还是以该金融资产整体作为分析对象呢？

国际会计准则提出的原则是当且仅当被转移的部分现金流符合下述三个条件之一时，可以以该部分现金流作为终止确认分析的对象。否则，应当以金融资产整体作为分析对象。这三个条件是：

- 特定、可明确辨认的部分现金流量；
- 完全成比例的部分现金流量；
- 特定、可明确辨认的现金流量中完全成比例的部分现金流量。

上面提到的例子中，前两种情况即属于贷款的特定、可明确辨认的部分现金流量；第三种情况属于贷款完全成比例的部分现金流量；而第四种情况属于贷款特定、可明确辨认的现金流量中完全成比例的部分现金流量。因此，这几种情况下，都可以以被转移的这部分现金流量作为分析的对象，开展后续的各步分析。

那么，什么样的部分现金流量不符合上述条件呢？仍然以贷款出售为例，如果银行出售一个贷款组合 (注意：是贷款组合) 前90%的现金流，保留后10%的现金流，就不符合上述条件。被转移的前90%的现金流不是完全成比例的部分现金流，因为涉及的信用损失先由银行自己承担，而并不是由双方按比例承担 (区别于上述第三种情况)；同时这被转移的前90%的现金流也不是特定、可明确辨认的部分现金流，因为这前90%的现金流产生于贷款组合中哪些贷款不太可能在交易初始就明确辨识。因此，这笔交易中，银行应当以整个贷款组合作为终止确认分析的对象，而并非这前90%的现金流量。

这里提到的前90%和后10%，是指先收到的90%现金流和最后收取的10%现金流。因为收取顺序在后的现金流对先收取的现金流提供了信用提升的作用，实际上属于次级档的现金流，即偿付顺序落后于优先档的现金流，因此承受了不同的信用风险，不能被看做完全成比例的现金流。

从这个例子中可以看出，实际上，国际会计准则允许适用以金融资产部分现金流量作为分析对象的前提是交易各方承担的资产的风险和报酬是完全成比例的。只有当出售的部分现金流量不包含任何与保留的部分现金流量相关的风险和报酬时，企业才能够将这部分现金流量作为终止确认分析的对象。

还需要提到的是，这里提到的情况仅包括转移一项金融资产或一组类似的金融资产的全部或部分现金流量。如果在一个交易合同中转移了一组不类似的金融资产，例如转移了一个贷款组合和相关的利率掉期合同，如何确定这种情况下终止确认分析的对象，目前国际会计准则委员会正在考虑中。

第三步：终止确认的第一种情形——合同权利终止

第三步是终止确认整体分析六个步骤中最为简单、直观的一步。例如，我们在前面举的例子，如果企业在贷款到期时已经全额偿还了贷款项下的本金和利息，那么银行的合同权利被认定已经终止。这种情况下，银行必须终止确认该笔贷款。

需要提示的是，这里的合同权利是指原始形成金融资产的合同下的权利。只有当原始合同的权利终止时，才可以在这一步直接判断是否可以终止确认。如果原始合同的权利并没有终止，而是由另外一个合同将银行的权利转移给了另一方时，例如签订一份贷款转让协议将贷款转让给另外一家银行，在这种情况下，并不能认定合同权利终止，而只能是合同权利的转移，那么企业就需要进行第四步的分析。

第四步：终止确认的第二种情形——合同权利转移

这是终止确认分析中的又一个难点。合同权利的转移有两种情况：

(1) 直接转移收取合同现金流量的权利；

(2) 保留收取合同现金流量的权利，但是同时承担了将收取的现金流量支付出去的义务，并且满足"过手安排"的三个条件。

第一种情况相对容易判断，如果金融资产的持有人通过另一份合同将原有合同项下的收款权利转让他人，例如在保理业务下，供货商将向购买方收款的权利出售给银行后，其并不再负责买卖合同项下的收款事项，那么就可以认定为企业转移了收取合同现金流量的权利。

第二种情况是过手安排，金融资产的持有人虽然保留了收取合同现金流量的权利，但是实际上并不是现金流的真正的所有者，相当于一个"代理"，负责将收取的现金流量再按另一份合同的条款支付出去。例如证券化交易中的特殊目的信托，其并没有真正出售资产池中的资产，而是通过发行受益证券来出售资产池的现金流。过手安排必须同时满足下述三个条件：

- 从该金融资产收到了对等的现金流量时，才有义务将其支付出去；
- 根据合同约定，不能出售该金融资产或将其作为抵押，但可以将其作为对最终收款人支付现金流量的保证；
- 有义务将收取的现金流量及时支付给最终收款方。

从这三个条件可以看出，对于过手安排，会计准则的定义非常严格。金融资产持有人必须证明其对现金流量没有实际权利 (条件2、条件3)，同时证明其对现金流的支付也没有义务 (条件1)。具体解释如下：

(1) 金融资产持有人只有收到现金流量，才需要支付，如果资产本身发生延迟付款、违约、拖欠或其他违反合同约定的情况，其持有人并不需要进行垫付或者承担相应的损失。如果发生了短期垫付，必须确保能够按照市场利率计收利息并全额收回垫付的款项。这一条件的隐含意义是说，支付给最终收款人的现金流必须来源于金融资产本身，而不能是其他的现金流，不能是"过手安排"出售方的现金流。

(2) 虽然金融资产的持有人仍然在名义上拥有该项资产，但是不能将资产进行再出售或者进行抵押，因为该资产项下的现金流量已经属于最终收款人而非其持有人，持有人对其没有经济权利。

(3) 金融资产的持有人必须及时地将收到的现金流量支付出去，而不能将其留存在自己手中或者将现金流再投资。但是考虑到实际情况中现金流收取日和支付日之间往往存在一定的时滞，会计准则也允许将现金流投资于现金及现金等价物，并要求获取的投资收益全部支付给最终收款人，因为这些现金流本身属于最终收款人，其产生的收益也应当归属于这些最终收款人。

我们可以通过几个常见的例子来说明"过手安排"条件的严格性：

(1) 循环交易一般不满足"过手安排"的条件，因为其没有将现金流量及时支付出去，而且将现金流量很可能投资于非现金等价物。

(2) 约定支付固定金额的现金流量也不满足"过手安排"的条件，因为这样的支付约定首先并没有基于金融资产本身产生的实际现金流量，而且实际上这样做，会产生由金融资产持有人向对手方提供收取现金流的担保，而担保又是一个新的金融工具，它违背了上述第一个条件，即只有当收到现金流的时候才进行支付。

(3) 证券化交易中的流动性储备也违背了"过手安排"的条件，因为这使得特殊目的信托在没有从金融资产收到现金流量的情况下仍然需要向最终收款人支付现金流量。如果预先设立流动性储备，支付的现金流可能并不来于金融资产本身。

(4) 证券化交易中的融资承诺也和流动性储备一样违背了"过手安排"的条件。同理，这样做让金融资产持有人承担了在没有从金融资产收到现金流量的情况下支付现金流量的义务。

当判断确实存在金融资产的转移完成后，无论是情形一还是情形二，仍然不能直接得出金融资产是否可以终止确认的结论，必须要进一步进行风险和报酬转移的分析。

第五步：风险和报酬分析

这一步分析可以总结为三句话：

- 如果企业转移了金融资产所有权上几乎所有的风险和报酬，即可以终止确认该金融资产；
- 如果企业保留了金融资产所有权上几乎所有的风险和报酬，则不能终止确认该金融资产；
- 如果企业既没有转移也没有保留金融资产所有权上几乎所有的风险和报酬，则需要进行下一步的控制分析（见第六步）。

这一步的分析中有以下几个关键点：

(1) 风险的范畴

风险包括该特定金融资产的全部风险，具体分析中需要视被转移的金融资产而定。如果是一项短期应收款的转移，其风险主要是信用风险和迟付风险；如果是一笔固定汇率的外汇贷款的转移，其风险则包括信用风险、汇率风险、利率风险、迟付风险和提前偿付风险，甚至还包括国别风险。

(2) 报酬的范畴

报酬是指金融资产产生的全部经济利益。

(3) 关于"几乎所有"的定义

国际会计准则并没有明确界定到底多少算"几乎所有"。但是，实践中大家普遍掌握的标准为80%或90%以上。

(4) 如何判断转移的程度

判断风险和报酬转移的程度，应当比较金融资产转移前后该金融资产预计未来现金流量净现值及时间分布的波动使其面临的风险。如果企业面临的风险由于金融资产的转移发生了实质性改变，使得该风险与所转移的金融资产预计未来现金流量的净现值相比不重大，即说明企业已将金融资产所有权上几乎所有的风险和报酬转移出去。

常见的风险和报酬几乎全部转移的例子如下：

- 无条件出售金融资产，并取得单一的固定对价；
- 出售金融资产，并约定一项未来可以以金融资产的公允价值进行回购的期权；
- 出售金融资产，并约定一项深度蚀价的买入或卖出期权。

常见的风险和报酬几乎全部保留的例子如下：

- 出售金融资产，并同时签订一项总回报互换协议；
- 出售金融资产，并提供全额担保；
- 出售金融资产，并约定未来以固定金额对金融资产进行回购；
- 出售金融资产，并约定一项深度溢价的买入或卖出期权。

在上述这些简单的交易中，可以定性分析得出关于风险和报酬转移程度的判断。但是对于越来越复杂的金融资产转移交易，需要引入定量模型的计算来判断到底风险和报酬转移了多少。会计准则并没有规定企业选取何种模型，但是总体来讲，企业应当选择适当的折现率、考虑现金流变动的不同情境，并且根据出现的可能性赋予不同的权重。例如在资产证券化交易中，企业往往需要引入现金流模型计算，来判断风险和报酬转移的比例。

第六步：控制分析

简单来说，如果通过风险和报酬的分析后没有能够得出明确的结论，即企业并没有转移也没有保留金融资产所有权上几乎所有的风险和报酬，那么企业需要进一步分析是否转移了对金融资产的控制权。

- 如果企业转移了控制权，即可以终止确认金融资产；
- 如果企业保留了控制权，需要按照继续涉入金融资产的程度来继续确认金融资产。

这里的控制，指的是受让方是否具有出售金融资产的实际能力。这与我们在《国际会计准则第27号——合并财务报表和单独财务报表》中普遍提到的控制不是同一个概念。如果受让方能够将该金融资产整体出售给不相关的第三方，并且可以单方面实施该项转让并且没有被强加任何的限制条件，那么就可以认为受让方具有出售该金融资产的实际能力。

这里的控制，强调受让方是否实际具有这种能力，而与其是否具有出售金融资产的意图并不相关，同时也不取决于合同约定受让方是否具有这种权利。另外，这种安排隐含的条件是被转让的金融资产具有一个活跃的市场。实际上，大多数的金融资产转让交易中，被转让的金融资产并没有活跃的市场，例如贷款和应收款等金融产品。同时，金融资产转让交易中附带的回购期权、担保等条款，往往也使得受让方没有出售金融资产的实际能力。

举个简单的例子，假设转让方转让一只债券，并同时附带一个选择权，允许转让方在未来从受让方回购该债券。如果这只债券有一个活跃市场，那么受让方一般可以被认定为具有转让该金融资产的实际能力，转让方因而转让了对金融资产的控制，因为未来如果转让方要求回购，它可以轻易从市场上买回同样的债券，而如果这只债券没有活跃市场，那么一般来讲，受让方并没有转让该金融资产的实际能力，而应当认定转让方仍然保留了对金融资产的控制。

需要指出的是，继续涉入法是国际会计准则理事会在2003年修订IAS39时引入的。这种方法使得在某些特别复杂的情况下，企业能够部分终止确认被转让的金融资产。

终止确认分析方法运用

金融资产终止确认决策树提出的终止确认分析方法，对实践中如何判断各种复杂的交易提供了指导。金融市场中，常常见到的各种金融资产转让交易，包括资产证券化、保理业务、证券借贷、卖出回购、贷款转让等。运用上述金融资产决策树概念，我们对这些业务涉及的金融资产终止确认加以讨论如下。

卖出回购交易：卖出一只债券(票据、贷款)的同时约定未来某一天以某固定金额回购。这种交易使得银行可以获得流动性，或赚取收到的抵押物上的投资回报，因此在银行间市场上非常活跃。证券借贷交易与此非常类似。判断卖出回购交易需要考虑几点因素：

- 出售价格；
- 回购价格；
- 回购协议的其他特征，例如无条件回购承诺、回购选择权、回售选择权等；
- 其他条款，例如购入方有权归还类似的债券而非实际购入的那只债券等。

基于上述因素可见，卖出回购是否可以终止确认是需要分析判断的。

保理交易：企业将应收账款出售给银行换取现金的交易。通常在企业需要流动性或者降低应收账款的时候进行。在无追索权的保理业务中，企业并不对可能的损失提供担保或者承诺，风险和报酬得以转移，而在有追索权的保理业务中，企业则对未来损失提供了担保，实质上并没有转移风险和报酬。

贷款转让：贷款转让有多种方式，包括下面几种常用的做法。

- 贷款债权人更替：通常情况下可以确认金融资产的转让；
- 贷款权利转让：往往只转让权利而非义务。这种情况下可能转让方对贷款存在继续涉入，这取决于是否存在剩余利益、追索权、回购协议等；
- 贷款参与：转让方与受让方签订背对背无追索权的协议，出售其持有的全部或部分贷款，并负责将收到的现金流转付受让方。同贷款权利转让一样，这种情况下也可能存在转让方对贷款的继续涉入。

资产证券化：资产证券化业务在国内迅速发展。由于中国的银行每年只能在中央银行核定的贷款规模内发放贷款，而近几年国内经济的持续发展，企业对贷款的需求居高不下，各家银行纷纷希望通过这一新的金融品种实现存量贷款的出表，从而腾出贷款规模，发放新的贷款。银行的另外一个动机是，即使将存量贷款进行证券化，但仍然保留对贷款的服务权，即代理证券持有人收取本息，并对该项服务收取一定的手续费。这样，银行虽然将这部分贷款进行了转让，但能够保留与客户的关系，维持贷款库资源。同时，收取的手续费能够扩大银行的中间业务收入，改善收入结构。可以看到，通过资产证券化，银行能够实现多重目的，这也是各家银行青睐资产证券化业务，要求开展资产证券化的原因。但是正如我们前面所述，资产证券化中如何判断终止确认非常复杂，六个步骤中的每一步都不容易判断。这也是目前国内银行由于对会计准则的理解存在差异而在实际操作中采取不同的会计处理的原因。

结语

从整体分析思路来看，金融资产的终止确认，归根结底是对会计中"资产"定义的延伸讨论。企业如果能够证明该项金融资产不再能够给企业带来经济利益，才可以考虑对金融资产终止确认。这既包括金融资产产生的经济利益形式上独立于企业，例如"过手安排"的三个条件等；也包括金融资产产生的经济利益实质上独立于企业，例如风险和报酬几乎全部转移或控制权的转移。

　　终止确认的分析是一个复杂的课题。对此，国际会计准则虽然已经给出了一个较为成熟的分析思路，但在很多细节问题和实践运用上仍有待进一步探讨。特别是随着金融产品的不断创新，交易的日益复杂，特殊目的实体的广泛运用以及当前国际会计准则和美国会计准则在这一问题上仍然存在的差异，使得一些观点仍然是阶段性、发展性的，而非结论性的。

『 表外实体曾经是许多企业隐藏不良资产、操纵利润、进行关联方交易的首选工具。国际会计准则解释公告12号的出台，对是否合并以及如何合并特殊目的实体进行了明确规范和指导，并且杜绝了让各种特殊目的实体游离于表外的做法。 』

合并表外实体

什么是特殊目的实体

特殊目的实体在当前经济环境和金融体制中越来越多地应用和存在，合并表外实体问题也随之产生。特殊目的实体中的参与者主要有两方：发起人和资本提供者。特殊目的实体，可以是公司、信托、合伙制或非法人的形式。它们的设立，常常是为了完成某项既定目的，并且经营范围较为单一。

特殊目的实体通常具有以下特征：

(1) 通过法律安排，对治理层、受托人或者管理层对特殊目的实体经营的决策权，强加了严格 (有时候甚至是永久) 的限制。通常协议中会特别约定除非应其发起人要求外，特殊目的实体经营活动的指导政策不能被修改。特殊目的实体在设立后通常按照设定的方式运行，不需要或者只需要很少的干预。这种方式在会计准则中被称为"自动导航机制"。

(2) 发起人频繁地转让资产给特殊目的实体，以获得使用特殊目的实体所拥有的资产的权利或者向特殊目的实体提供服务，而参与的其他第三方则向特殊目的实体提供资金。发起人通过其从特殊目的实体净资产中获取利益的方式，在实质上可能控制着特殊目的实体。

(3) 发起人在特殊目的实体中的利益，可能以一项债权工具、权益工具、参与权、剩余利益或者租赁的形式存在。某些情况下，发起人仅简单地享有固定或者约定的回报率，发起人享有获取特殊目的实体未来经济利益的权利。因此，总体来讲，即使它可能仅拥有很少或者不拥有特殊目的实体的权益，发起人保留了享有特殊目的实体经营活动利益的收益权。

会计准则出台的必要性

在《国际会计准则解释公告12号——合并特殊目的实体》(SIC12) 于1998年出台前，会计准则中没有对是否合并以及如何合并特殊目的实体进行规范和指导。一些企业通过设立特殊目的实体来达到自己的经济利益目的，逃避编制合并财务报表的要求，它们成为了名副其实的"表外实体"，业务上不受行业监管。这些表外实体成了企业隐藏不良资产、操纵利润、进行关联方交易的工具。

为什么在SIC12出台前，企业可以逃避会计准则对特殊目的实体进行合并的要求。国际会计准则体系下，企业是否编制合并财务报表是由《国际会计准则27号——合并财务报表和单独财务报表》(IAS27) 进行规范的。IAS27要求"企业合并其所控制的所有子公司 (包括非法人实体) "。因此，为公司 (包括非法人实体) 的控制与否是合并的关键。在IAS27中控制是指"驾驭企业的财务和经营决策以便从其经营活动中获取利益的能力"。特殊目的实体通常是按照预先设定的方式运行，因此，在其成立后，没有任何一方对其经营活动具有明确的决策权 (即其在"自动导航机制"下运行)。这成为了许多特殊目的实体中的参与各方不对其进行合并的借口，即它们都认为自己对其不具有控制权。

但归根结底，特殊目的实体的所有权利、义务以及经营活动的各个方面实际上都是在其设立时通过合同约定进行预先规范和约束的。因此，对特殊目的实体未来的经营活动进行预先规范以使其可以按照"自动导航机制"运行，并从其持续经营中获取利益的发起人，往往对这些特殊目的实体具有控制权。但是，因为设立"自动导航机制"，这种实际的控制权被掩盖。

因此，要看透特殊目的实体，会计准则面临着巨大的挑战，必须对合并特殊目的实体作出必要的规范。

SIC12的精神和实际应用

正是为了明确规范谁应当合并特殊目的实体，SIC12应声出台。SIC12明确规定，当企业与特殊目的实体之间的关系实质表明特殊目的实体被该企业控制时，特殊目的实体应当被该企业合并。当考虑哪一方具有控制权时，SIC12强调应当仔细分析企业所有重要的财务和经营政策，以及谁能够控制这些政策。控制方并不必要去实际行使这种控制权，其拥有行使这种控制权的能力就足以说明问题。

SIC12仍然坚持IAS27以控制为标准判断合并与否的大原则，并进一步对特殊目的实体的合并作出了规范和指导，明确提出了控制特殊目的实体的四个标志。这四个标志是：

(1) 经营活动

特殊目的实体的经营活动在实质上是由于企业的特殊业务需要而代表企业进行的，企业因此从特殊目的实体的经营活动中获取利益。例如：

● 特殊目的实体主要致力于向企业提供长期融资，以支持企业的主要或核心经营活动；

● 特殊目的实体提供与企业的主要或核心经营活动相一致的商品或劳务，如果没有特殊目的实体，这些商品或劳务将不得不由企业自己提供。

但是，特殊目的实体对企业的经济依赖 (例如，供应商与主要客户之间的关系) 本身并不必然导致控制。

(2) 决策

企业在实质上对特殊目的实体 (或其资产) 拥有决策权，或者拥有决策权能使自己获得对特殊目的实体 (或其资产) 的控制权，包括某些自特殊目的实体成立后即存在的决策权。这种决策权可能已经通过设立"自动导航机制"而进行了授权。例如：

- 单方面结束特殊目的实体的权利；
- 变更特殊目的实体章程或者规章制度的权利；
- 对变更特殊目的实体章程或规章制度的提议进行否决的权利。

(3) 经济利益

企业通过一项章程、合同、协议或信托契约，或其他任何计划、安排或策略，在实质上有权享有特殊目的实体经营活动的大部分利益，并因而承受着特殊目的实体经营活动可能存在的风险。例如：

- 以未来净现金流、收益、净资产或其他经济利益的形式，以享有特殊目的实体分配的大部分经济利益的权利；
- 从特殊目的实体计划的剩余权益分配或清算中获取大部分剩余利益的权利，常见的如住房抵押贷款证券化。

(4) 风险

企业为了从特殊目的实体的经营活动中获取利益，在实质上保留了与特殊目的实体或其资产相关的大部分剩余风险或所有权风险。

评估与特殊目的实体交易的各方的风险是分析控制的一种方法。常见的情况是：发起人通过特殊目的实体直接或间接地向第三方资本提供者保证回报率或者提供信用担保。提供担保的后果就是发起人保留了剩余风险或者所有权风险，而资本提供者却在实质上仅仅扮演了债权人的角色，因为他们的收益或损失是有限的。例如：

- 资本提供者对特殊目的实体的净资产不享有重大利益；
- 资本提供者无权享有特殊目的实体的未来经济利益；
- 资本提供者在实质上并不承受特殊目的实体净资产或者经营活动的固有风险；
- 资本提供者获取的主要对价实质上相当于债权人通过债务或权益工具获取的回报。

如果在上述四个标志方面，企业的"控制权"被确立了，这样的特殊目的实体就必须跟随企业被合并。

特殊目的实体的一种常见形式就是资产证券化。在证券化交易中，发起人将一个资产池(通常是贷款、应收账款)出售给特殊目的实体，而该特殊目的实体基于资产池的现金流发行资产受益证券，并用发行收入向发起人支付购买资产池的对价。为了保证资产受益证券的顺利发行，发起人往往提供各种信用增级措施，包括：

- 购买特殊目的实体发行的零息债券，并约定该债券的偿付顺序次于其他债权人；
- 购买次级档资产受益证券，承担资产池的最初损失；
- 引入"超额抵押"模式，即发行的资产受益证券金额低于资产池金额，差额作为对发生坏账的准备以及支付特殊目的实体的各项费用等。

上述情形下，特殊目的实体的经营活动完全是由于发起人的特殊业务需要(转让资产池)而进行的，并且发起人仍然享受着特殊目的实体经营活动的大部分利益和风险，因而，按照SIC12的精神，应当由发起人纳入其合并财务报表的范围。实践表明，证券化中的特殊目的实体大部分情况下都应当由发起人合并。

结语

SIC12要求当发起人实质上控制了特殊目的实体时，应当合并特殊目的实体，将其纳入合并财务报表的范畴。即使发起人并不拥有特殊目的实体超过半数的表决权，或者发起人不持有或仅持有特殊目的实体很少的权益时，控制仍然可能存在。当分析是否存在控制时，需要仔细分析上面讨论的四大标志，并根据所有相关因素作出职业判断。

可见，特殊目的实体的合并问题，在SIC12出台后，得到了明确和规范，杜绝了让各种特殊目的实体游离于表外的做法。企业应当按照会计准则的要求分析其是否控制了特殊目的实体，以判断是否应当合并。随着金融创新及复杂交易结构的发展，有些企业甚至在一笔交易中设立了多个特殊目的实体，判断特殊目的实体的合并问题仍然是会计实践中的一个难点，但无论如何，SIC12以控制为标准的原则及四大标志是需要牢记并遵守的。

『　公允价值会计揭露了当前金融企业资产负债表上的问题，让金融企业有问题的金融资产无法在资产负债表上隐藏。为了满足财务报表使用者对透明会计信息的需求，企业应当从公司治理、风险管理、人力资源等各个方面进行配套跟进，向着公允价值会计的国际先进目标迈进。　』

改进公允价值信息披露

国际会计准则在39号中，公允价值的定义很简单，它是指在知情和自愿的双方之间的独立交易中，交换资产和清偿负债所支付的金额。但在实践中，要发现这样可以参考且交易可以重演的价格并不容易。

这篇文章的中心不在于发现公允价值，或探讨什么是公允价值，只是对公允价值会计涉及的几个问题，特别是对如何改进公允价值信息披露进行讨论。

公允价值计量

在金融工具计量的不同方法中，为什么公允价值计量最重要？这是因为公允价值的信息相关性，它不受资产的历史因素影响，不受持有者身份地位的影响，也不受其未来用途的影响。在时间线上，在企业内部，或各个企业之间，这是最无偏见的计量基础。因此，如果财务信息的使用者知道了金融产品的公允价值，知道它的基本条款和风险，他就拥有了理性作出经济决策的基本信息。我们认为，公允价值计量是会计理论从收付实现制走向权责发生制后的最重要的进步，对会计信息的可比性提供了可靠基础。

公允价值是交换资产和清偿负债所支付的金额。这就意味着，在会计报表中用公允价值计量是指以假设的知情和自愿的双方的交易价格为基础的市场"退出"价格的估计。市场退出价格是美国会计准则FAS157中新提出的概念，即公允价值并不是为了获得某项金融资产或承担某项负债而将要支付的金额，而是基于当前市场状况对已经持有的金融资产或已经承担的金融负债在退出市场时真实经济价值的计量。这种估计需要大量的判断，管理层在这方面对公允价值判断的影响是很大的。因此，坚持严格的市场纪律（包括金融工具分类和风险披露）就显得更加重要。

公允价值计量的另外一个前提假设是"持续经营"，不是破产会计。企业在确定公允价值时，包括许多假设：没有意向进行清算，没有大规模地减少生产设施的计划，也不会在恶劣的市场环境中接受不平等的交易条款。所以，公允价值不是企业被迫出售或企业破产出售资产或偿付债务的价格。

还有一个关于公允价值的假设是绝大部分金融工具的公允价值都是能够可靠计量的，仅有极少金融工具除外。这也是公允价值能够得以广泛应用和推广的原因。然而，这种计量过程是十分复杂的，并且带来许多问题。我们要承认这些问题，并逐步找到解决这些问题的方案。

面对上述复杂的公允价值计量问题，国际会计准则委员会在39号应用指南中，就公允价值计量的相关考虑作出了进一步的解释，并将公允价值的来源按照金融工具的特点分为两类：

(1) 对在活跃市场中交易的金融工具，使用市场报价计量；

(2) 对没有活跃市场交易的金融工具，采用估值技术计量。估值技术包括最近的公平交易市场价格、实质上相似的其他金融工具的当前市场价格、贴现现金流分析、期权定价模型等。

另外，适当的估值技术应当采用可观察到的市场数据，包括：

- 资金的时间价值 (例如无风险利率)；
- 信用风险；
- 外汇价格；
- 商品价格；
- 股权价格；
- 波动性；
- 提前偿付风险；
- 对金融资产/负债的未来服务成本。

国际会计准则要求估值技术应当建立在普遍的市场参与者如何对该金融工具估值的基础上，尽可能地采用市场数据，而尽量减少使用企业自身的数据。正是由于公允价值代表金融工具的市场退出价格，只有按照市场参与者普遍采用的方法进行估值，得出的公允价值才是可实现的。

公允价值信息披露

为了让信息使用者能够对以公允价值计量的会计信息质量进行判断，对其市场变化的敏感性进行度量，国际会计准则委员会提出了改进金融工具公允价值计量披露的建议。国际财务报告准则第7号要求企业：

- 披露每类金融工具的公允价值是基于活跃市场报价还是估值技术的；
- 如果采用了估值技术，那么需要进一步披露估值模型中所使用的假设和重要参数；
- 针对上述估值模型中的使用的假设和重要参数，披露这些假设和重要参数是可观察的市场数据还是企业自身的数据，并就基于企业自身数据的估值结果进行敏感性分析，披露这些非市场的假设或参数一旦变化对企业财务报表的重大影响；

改进公允价值信息披露

● 最后，披露所有基于估值技术得出公允价值的金融工具在报告年度的公允价值变动金额。

可以看出，国际会计准则理事会的目标非常明确，就是要求企业将其确定每类金融工具公允价值的过程清晰地揭示给财务报告的使用者。特别是对于基于估值技术得出的公允价值，因为估值技术中往往引入了企业自身的会计判断和估计，所以上述公允价值的计量过程的披露包括敏感性分析就更重要。

比国际会计准则更超前一步的，是美国会计准则FAS157：公允价值。该准则明确了公允价值是市场退出价格，并将公允价值分为三个层级，对公允价值的披露提出了更为复杂的要求，包括将每类金融工具按照公允价值层级进行汇总披露；对第三级的金融工具公允价值当期变动情况进行披露；披露估值技术的重要假设和参数等。具体来说公允价值计量的三个层级列示如下：

(1) 第一级：公允价值采用了反映活跃市场上相同产品 (不需要对这些产品进行修改或重包装) 市场报价的可观察市场数据；

(2) 第二级：公允价值直接或间接采用了除第一级以外的可观察市场数据，包括活跃市场上类似金融资产或负债的市场报价，同类金融资产或负债在非流动市场的报价，或者利用估值技术，但公允价值计量的参数输入大多基于可观察到的市场数据；

(3) 第三级：公允价值估值技术主要采用了企业自身的假设而并非基于可观察到的市场数据。

可以看到，因为第三级公允价值计量中利用了重大的不可观察的市场数据，涉及不可独立复核的情况，企业需要对这种判断及判断的结果，敏感性和事实及金额进行全面披露。在扩大企业对公允价值披露的范围和深度的同时，会计报表变得更为透明，更便于报表使用者进行分析和作出决策。

对中国金融企业的启示

金融企业未来关于公允价值计量和披露的经验会积累得越来越多。这样，公允价值计量的可靠性会越来越高。通过上述修订，国际会计准则理事会建议的公允价值计量的三个层次信息披露的做法也与美国的做法趋于一致。会计准则的发展，对企业的估值能力和财务报告披露提出了更高的要求。观察国际先进银行在金融工具公允价值计量方面的实践，我们认为对中国金融企业的启示包括下列几点：

(1) 金融工具的估值方法、流程和相关部门的职能分工一般都经过银行董事会、审计委员会和管理层讨论确定，并形成相应的政策和文件，成为银行估值工作的纲领和指导。目前国内金融企业实践中，还没有将这一工作的重要性给予明确并提升到必要的高度。

(2) 估值技术并非是一成不变的，应当根据特定金融工具市场状况的变化而进行定期修订和完善。企业应当在实践中，定期对所持有的全部金融工具的估值技术进行总结回顾，对金融工具估值结果和最终实现价格进行比较，并就较大的差异进行分析；对于由于市场状况发生变化而使原有估值技术不适用的，应当及时调整。

(3) 估值工作也要有独立验证机制，应当对估值验证工作的程序和频率形成政策，并就重大差异报告机制和后续跟进措施作出规范。估值验证团队应当独立于前台业务部门，并由具备相关知识和经验的人员担任，一般向金融企业的财务总监报告。

(4) 公允价值的披露进一步要求对各类市场风险进行准确计量，并披露市场风险敞口对财务报表的影响。因此，应当对金融工具各种市场风险的情景分析、压力测试、风险价值、风险限额等作出必要的规范并落实职能分工，获取可靠的风险信息。

为了符合会计准则对公允价值信息日益复杂的披露要求，满足财务报表使用者对透明会计信息的需求，企业应当从公司治理、风险管理、人力资源等各个方面进行配套跟进，向着公允价值会计的国际先进目标迈进。

国有商业银行改革篇

Walking in the Forefront of
Accounting Development and Bank Reform

> 我们必须努力寻找一个平台，通过这个平台来帮助四大国有商业银行转变成为真正的商业银行。这个平台就是银行上市。上市可以推动银行摆脱政府的干预、加快加深对资本充足问题的认识、朝向真正的商业化机构发展并借此来发掘和留住中国最好的银行业人才以及加强市场对银行业务活动的监督。

改革中国国有商业银行
——一份改革路线图

对于中国的四大国有商业银行而言，它们面临的诸多问题都与它们庞大的规模有关，这一点已是尽人皆知的事实。它们需要改革，需要通过改革来更好地应对眼前和未来的挑战，来确定工作重点和发展的方向与步骤。要确保改革进程的有序推进，它们必须有一份纲要性的"路线图"来指导改革工作。在这一路线图中，三条主线相互作用、齐头并进，分别对应的是三大工作领域：营运重组、重新资本化及透明可靠的财务报告。

营运重组

中国的四大国有商业银行"脱胎"于政府的现金出纳。它们的机构是根据国家行政区划设置的，采用由上至下的管理及权力架构体系。长期以来，银行业务工作的重心需要根据政府的大政方针及行业发展的需求进行调整，因此，银行开展业务不是以客户服务为中心的，银行没有自身的发展战略，银行在制定战略过程中，没有依据任何严格的调研工作，或者针对不同的客户群体悉心设计。

国有商业银行的省级分行被赋予了(或更确切地说通过自组、争取及聚积等方式而具备了)高度自主的决策权力,并且在经营上受到省级地方政府的干预。例如,中国建设银行湖北省分行就可以完全剥离出来作为湖北建设银行独立经营,而该分行及北京的总行在结构上并不需要作太大的变动。因此,在通过省级分行从总行到面对客户的分支行这种垂直运转模式下,银行的控制往往是很薄弱的,控制链条很长,总行制定的统一的政策和制度在分支机构推行的难度很大,在分行的业务单位难以扎根,许多重大舞弊案件都发生在地方分行。

对组织结构进行改造使之同银行的战略和经营管理目标相一致,这将是国有商业银行管理层面对的一项首当其冲的重要工作。结构改造必须还要考虑内部审计和风险管理等独立的监督约束职能的建立。同时,应在董事会的更高层面,通过建立健全的监督约束职能,独立地向董事会成员进行常规工作报告的机制,加强银行的公司治理能力。

国内银行的总体业务发展水平还处于比较初期和原始的阶段,但它们对于国计民生而言仍然发挥着重要的作用。银行贷款仍然是国内企业获得资金的主要渠道。在四大国有商业银行中,信贷业务占据银行总体业务的比重巨大。显然,信贷业务领域的改革是银行改革中的重点。贷款流程的重整必须实现前台(信贷业务人员)、中台(风险管理人员)及后台(贷款档案及客户信息数据库维护职能)的分离,从而提升风险意识,改善信贷操作流程,加强信贷监控和强化自主的客户关系退出工作。只有那些把今天的各项工作做好做实、在贷款流程的各个阶段和步骤强化信贷风险管理操作和不给将来留尾巴的银行,在将来才能实现辉煌的业绩。

营运控制的另一个方面是控制的宽度。四大国有商业银行的组织结构在地域管理上是扁平的,即总行管辖着30多家省级分行,而30多个省级分行的行长以及同等人数或更多的总行各部门的负责人都直接向银行行长汇报工作。然而,在整个组织结构的部分,管理人员的下层控制人数却陡然缩减。相比国际上领先银行界一名高级管理人员由4名至5名经理提供支持的情况，国内一名高级管理人员控制的范围仅是其辖下的2名至3名经理。另外，我们也注意到其他一些有趣的情况：银行的高级管理层往往薪酬水平过低，反之，很多较低级别的职位的薪酬水平却过高。这是一种不为高层岗位提供激励的薪酬体系，也是平均主义哲学的一种反映。这可能也是一些有能力的银行家将其银行家所应恪守的忠信尽职的职责抛于脑后的部分机制原因之一。

在对上述情况进行合理客观审视之后，我们可以清楚地看到，银行只有在对其组织结构进行重大变革，通过组织结构把全行战略及基层的业绩表现相连接和落实，它们的整体控制水平和经营效率才能得到切实地提高。改革之路可能十分艰辛，而且万事开头难，但是只要坚定改革的决心和行动，一些立竿见影的效果、近期的改革成果以及远期的长久效应将会一一实现。

重新资本化

这是简单算术就可以说明的问题。要了解银行的资本水平和资产负债表结构，最主要的指标是根据《巴塞尔资本协议》计算的资本充足率。《巴塞尔资本协议》规定的最低资本充足率水平是8%。抛开复杂的论证不提，资本充足率的真谛是：如果你想开展100元的银行风险业务，作为股东，必须先将8元放在一边作为资本并首先承担风险损失，然后才能使用存款客户92元的资金来开展银行业务。换言之，银行最高可以运用其自身资本12.5倍的资金，这是很高的资本负债率/杠杆率。

根据公布的数据，中国的四大国有商业银行的资本充足率目前刚刚能达到8%的最低要求。另外，根据四家银行改革前对自身不良资产（包括不良贷款）的评估（未经外部机构复核）和监管机构有经验人士的估计，20世纪90年代末，不良资产至少占银行总资产的20%①。银行必须针对100元银行资产提取20元来作为不良资产的减值准备，消化不良资产。目前国内相关法规规定的准备金计提比率为风险资产余额的1%，银行已积累的资产减值准备最多为1元，因此，银行准备金计提的缺口将是19元。

如果将这19元从银行现有的8元资本金中刨除，那么银行的资本账户金额将为-11元。因为银行仍是国有企业，全部利润均要上缴，银行的业主权益科目几乎没有任何余额，没有自身的资本积累。这些银行在技术层面上是破产的，仅靠隐含的国家财政支持维持生计。国家如果想要有效运营和维系银行业的信心，银行必须进行重新资本化以达到《巴塞尔资本协议》最低8%的要求。在确认问题资产损失后，对于剩余的资产，银行还需要额外6.4元的资金注入（即核销不良资产后剩余80元总资产的8%）。因此，为资产负债表中的不良资产补提减值损失及为其银行业务重新注资二者合计，银行资产负债表上每100元资产所需的拯救资金将达到17.4元。

这个数值意味着什么呢？2001年12月31日，整个中国的银行资产总额约为15万亿元人民币，17.4%就是2.61万亿元，银行对不良资产核销和重新资本化即需要约2.61万亿元人民币。

许多人认为重新资本化问题可以通过金融机构所创造的利润来化解，也就是说顺应中国的大好经济增长形势而导之。以2002年四大国有商业银行列报的计提准备前合计利润约为1372亿元②为例，要想通过这种方式来解决问题需要至少十多年的时间。中国等不起这十多年。

许多人冀望西方投资者会帮助解决这个问题。这也同样是幼

---

① 20世纪90年代末，我国银行业的不良资产率在30%左右，有经济学家称中国当时的银行业在技术上已经破产。见易纲：《中国银行业改革的内在逻辑》，载《当代金融家》，2009（8）。本文仍沿用笔者在2002年关于不良资产率约为20%的估计数字为分析基础。
② 董登新：《中国国有银行改革历程全景分析》，载《武汉科技大学学报：社会科学版》，2004，（2）。

稚的想法。根据我们的市场调研，亚洲每年在追逐不良资产的活跃资金约在50亿美元水平上。这样，即使所有的这些资金都流入中国，把上述问题理顺也需要50至60年时间。这还没有考虑不良资产要按照市场价值进行定价且初期损失要在国有商业银行的损益表中予以确认的情况。

最终，问题的解决还要依靠中国政府。国内银行重新资本化需要政府支持，这一点是毫无争议的。世界上也没有其他什么商业机构能够有能力接手中国银行业中存在的如此庞大的问题资产。

上述的计算仅仅是粗略的演算。对于银行而言，它们现在着手要做的就是对其问题资产进行识别和报告。在2003年10月，中国银行业监督管理委员会向四大银行发出通知，要求它们上报各自资产负债表上的不良非信贷资产。我们理解，在此后的6至9个月内，中国银监会还将发文要求四大国有商业银行对其不良贷款资产的情况进行进一步汇报。这对于掌握不良资产总体状况是重要的一步工作，而只有掌握了不良资产的情况并进行准确量化，日后的清理工作才能够得以开展，才能形成政府和银行共同努力的机制，找到解决不良资产的处置良方。

不论我在演算过程中得出的17.4元的结果应该是15元还是25元或更多，量化和确认银行资产负债表上的财务漏洞是一个重要的环节，而所有银监会要求的这些举措都是合理准确进行不良资产消化处理所需的必要前提工作。

财务报告改革

透明和可靠的财务报告是健康公司治理的关键组成要素之一，这一点可以通过日本的例子来很好地说明。日本经济受到了其不完善的金融体系（主要由银行构成）的拖累，而其金融体系又受到由于缺乏可靠的财务报告而导致的信心危机的拖累。就此而言，中日两国政府在银行业面临的困局是一样的，那就是清理不良资产。对不良资产进行准确量化，是清理不良贷款的前提条件。不良资产的量化报告必须首先能够赢得投资者的信心。

中国已经采取了大胆的举措来对其财务报告体系进行改革及引进良好的会计实务和制度。远在安然和世通丑闻爆发之前，中国前总理朱镕基就对我的中国会计同行们提出了不要做假账的要求。在2001年末，财政部颁发了新的金融企业会计制度，我将之称为"中国金融企业会计准则的升级版"。实质上，新版金融企业会计制度的准则规定同国际财务报告准则相去不远，吸纳了计提资产减值准备、公允价值会计处理、规范表外科目、管理层对会计估计的责任以及按照交易的初始意图进行会计处理等概念。现在需要着力解决的问题就是新准则的实施。

有鉴于四大国有商业银行沉重的历史包袱，它们可以有四年的过渡期，只需在2005年12月31日以前全面执行新准则。这就意味着，我在上面演算得出的17.4元必须在这个截止日期以前要么计入损益表，要么在权益表中反映。

最近，我们看到了中国正在发生的一些令人鼓舞的事件。中国建设银行和中国银行都在积极联络国际会计师事务所来担任它们的审计师。这表明，银行在执行新会计准则的工作中态度是积极而严肃的。聘用外部审计师按照国际审计标准来对银行的财务报表进行审阅必将大大增强投资者和存款客户对中国金融系统的信心程度。透明、具有可比性的可靠信息将逐步恢复各方对中国金融系统的信心。只有强大的中国银行机构，才有强大的中国金融体系。

银行上市

上述的分析提出了一个根本性的问题——在中国现有的银行所有制结构下，公司治理结构能够真正健全吗？这些改革工作能否令中国的四大国有商业银行转变成为真正的商业银行？

我们必须努力寻找一个平台，通过这个平台来帮助四大国有商业银行转变成为真正的商业银行。我认为这个平台就是银行上市。上市可以推动银行摆脱政府的干预、加快加深对资本充足问题的认识、朝向真正的商业化机构发展并借此来发掘和留住中国最好的银行业人才以及加强市场对银行业务活动的监督。

结语

在并不遥远的1989年，我必须将一整年的积蓄 (还有家庭资助的钱款) 在黑市中兑换成美元，并借以访问学者身份造访香港之机 (这还是拜我以前工作单位——对外经济贸易部的安排)，才能得到进口配额用于为我那20平方米的蜗居配置一台亮闪闪的东芝冰箱。现在，中国已然是世界级冰箱的制造大国。普通的中国人已经不必再像我当时那样历尽辛苦才能拥有一台冰箱。这是15年间发生的改变，而实现这一改变的途径正是改革开放。实践证明，如果中国的哪个行业能够真正开放起来并接受市场竞争，那么变化将立竿见影，而效益将显著而深远。

在15年后的今天，我们在国内各地能否随处享受高标准的银行服务？我们在国内各地能随处享受如同在位于香港皇后大道中1号的汇丰银行那里体验的高水平银行服务吗？相比而言，服务体验能够达到什么程度并不重要，更重要的是国内银行的储蓄能否在祖国的经济建设周期中得到妥善的利用，累积如山的不良贷款能否得到处置，新的金融体系是否会避免走日本的道路？那时，贷款的决定是否能够严格依据商业原则制定，从而使国内的资金成本逐步降低？

这一切都决定于中国银行业领导人的眼光、勇气和道德操守，而改革路线图可以帮助他们明晰工作重点、坚定前进方向。在此还要提醒一句，根据我们的经验，有效的改革战略必须在这三大密不可分的变革领域的特定目标之间找到恰当的平衡。三大领域相互依存、相互作用，如果不能周全规划，那么银行的改革目标将无法实现。

(本文初稿写于2002年10月，香港，原稿为英文，吴洋波翻译)

改革中国国有商业银行——一份改革路线图

案例

普华永道献图　暗绘中国银行业改革秘笈①

　　菲尔·瑞特等人在拜会中国的监管机构领导、各大商业银行行长时，带去了一份由普华永道设计的"国内银行改革路线图"。

　　菲尔·瑞特在2002年岁末第三次来到中国。

　　作为普华永道全球银行业与资本市场主管合伙人，菲尔·瑞特毫不掩饰自己身为一个外国人却选择在新年之际访问中国的非常意义。

　　促使他此次中国之行的竟是中国的各家大商业银行。

　　正处于改革进程中的中国国有商业银行急需汲取来自全球各地银行业改革的经验，而普华永道此前已经在世界各地为不同经济体的国家提供过银行业改革方面的帮助或建议。菲尔·瑞特此行正是冀望通过一系列的访问使普华永道成为中国银行业改革的参与者。

目标锁定中国银行业

　　"普华永道愿意与中国分享改革经验。"

　　菲尔·瑞特向《财经时报》坦言："我们在银行业改革方面已经积累了很多经验，譬如在韩国、印度尼西亚、墨西哥，普华永道都参与了当地银行业改革，普华永道也愿意与中国分享改革经验。"

　　一直专注于金融服务领域的菲尔·瑞特，曾担任英国许多著名投资银行和其他金融业客户的项目或项目主管合伙人，并且还负责许多特殊用途的衍生工具机构和对冲基金的服务项目，其涉足的金融领域包括：商业银

---

① 记者邓妍，发表于《财经时报》，2003-01-13。

行、企业和投资银行、商品和衍生工具交易和资产管理。

值得注意的是，菲尔·瑞特这一次并非单枪匹马杀至北京。与他同时出现的，还有普华永道中国银行业主管合伙人钟嘉年、普华永道全球资本市场中国地区主管合伙人安迪生、普华永道金融服务部合伙人吴卫军、郭礼贤等。普华永道的员工笑言：从全球到中国，公司内部操刀银行业改革的专家几乎悉数来齐。

《财经时报》了解到，以菲尔·瑞特为首的银行业改革"专家队伍"的北京之行并不仅是在这里召开一个全球金融工作会议那般简单。在停留的一周时间里，他们不仅拜访了中国人民银行、中国证监会等监管机构，还拜访了几乎所有中国规模较大的银行，并与各家商业银行的行长进行了交流。

此次交流之后，"专家队伍"中的一些成员，如全球资本市场中国地区主管合伙人安迪生等人将常驻北京，为普华永道中国银行业改革计划做进一步的梳理。安迪生此前曾参与美国、韩国、日本的金融改革，是国际会计准则和银行上市方面的专家。

特殊礼物

"初步的资本化是改革的第一步。因此，财务重整非常重要。"

虽然在北京只是进行为期一周的访问，普华永道的前期工作却开展得如火如荼。菲尔·瑞特等人在拜会中国的银行业监管机构领导、各大商业银行行长时，带去了一份由普华永道打造的特殊礼物。这就是由普华永道设计的"国内银行改革路线图"。

菲尔·瑞特向《财经时报》详细介绍了这份"改革路线图"的内容。

他说，这套路线图为中国的银行将要面对的改革，在三个独立领域提供了参考标准。三个独立领域分别是：营运重组、财务重整、财务报告。他强调说，"这三块内容不可分割，互相联系，互相依赖"。

其中，营运重组包括经营计划和战略、组织结构和分行框架、信贷流程的重整、业绩考核、公司治理等步骤。

菲尔·瑞特指出，如果要将银行转变成为一个有效的商业运作实体，就需要有一个良好的公司治理机制，这个公司治理机制不是一个大话，而是需要实实在在做的事情，包括建立有效的公司组织架构和业绩考核制度等。

财务重整的内容涵盖确认不良贷款、解决不良贷款、初步的资本化、上市四个部分。

菲尔·瑞特特别指出："中国银行业不良贷款数额较大，这已经不是一个秘密。改革的关键是要解决不良贷款问题，使得商业银行有充足的资本开展新的业务。我们认为，初步的资本化是改革的第一步，因此，财务重整非常重要。"

财务报告部分也被称做"会计报告国际化的改革"，包括中国会计准则的法定审计、采用新会计准则编制法定会计报表、确认中国会计准则与国际会计准则的差异、将中国会计准则进行调整转换成国际会计准则、流程的实施及推广等内容。

菲尔·瑞特笑着表示，他们是会计师，所以这一部分内容是普华永道的特长。

他同时强调，会计报告国际化并不像人们所说的简单采用国际会计准则，或将会计报表翻译成国际会计准则的报表那么简单，最关键的是要在中国的商业银行中落实一个系统。这个系统能符合国际会计准则的核算要求，通过这一系统在今后产生的信息是可比的、可靠的。这一系统最终还能提高公司治理水平。

银行改革不等于上市

"一年、两年的时间，中国的银行没有办法成为花旗银行。"

普华永道中国银行业主管合伙人钟嘉年具有20多年在伦敦和香港地区负责金融业客户审计的经验。他对中国的银行体系和现状十分了解。

他借《财经时报》提出这样的警示：在中国的银行界目前存在一种错误的观点，即很多人将中国的银行业改革等同于将中国的银行在A股市场或者海外股市上市。

"实际上，中国银行业的改革远不只是上市那么简单。"钟嘉年加重语气说，"银行改革的关键是要有方向感。这主要体现在银行的发展战略上。有些银行可能在公司业务上比较优秀，有些银行可能是在零售业务上比较优秀，有些银行可能两方面都比较优秀。因此，银行最关键的是要了解自己的优势和弱势。"

钟嘉年同时表示，商业银行有了明确的战略目标之后，还要有与之相适应的组织架构；如果银行是以零售为主，就应该发展具备一定财富的客户，与之相适应的是，这种银行的组织架构就应该集中在商业城市中。

他指出："中国银行业改革并不是来一场科技改革就能彻底解决问题，没有这样的灵丹妙药！我们今天知道很多商业银行在谋划上市，但如果不把前面的营运重组改革做好，上市只能是一句空话。中国的银行再也负担不起重新积累不良贷款的代价。"

钟嘉年形象地比喻说，如果银行业改革是造房子，营运重组部分就是最重要的基石。

"中国的银行家很愿意谈'花旗银行是我们的目标'，但是一年、两年的时间，中国银行没有办法成为花旗银行，只有踏踏实实地做好基本的改革，才能有成为花旗银行的可能。"钟嘉年判断说，"商业银行中，明天的胜利者就是今天不把贷款做成坏账的银行。"

"最大的风险是不改革"

在这些资深的银行业专家眼中，中国银行业改革的最大风险是什么？

在普华永道高层一个星期的北京之行结束后，将要长时间留驻北京的美国人安迪生认为，现阶段能与中国银行业分享的最主要的改革内容，就是"财务报告国际化"。

他对《财经时报》说，中国在实现会计准则国际化方面进程非常快；2002年，中国财政部和中国人民银行已经发布了适用于国内财务机构的会计及披露准则，其中在很多的关键领域都同国际会计准则保持了一致。

但安迪生强调，中国的会计准则向国际会计准则靠拢虽属必然，但在部分基本问题上会产生大量的不确定因素。如果不能处理好这些不确定因素，那么，就不应该启动向国际会计准则转换的过程。他诚恳地告诉中国的银行业，在完全接轨于国际会计准则的过程中，国内的银行有可能碰到许多挑战和困难。

"事实上，这也是一个被国内银行业所忽略的方面。"安迪生客观地分析，中国银行业与国际会计准则如果接轨不好，会产生两方面的后果。

首先，按照中国的会计准则和国际会计准则做出来的财务报表，银行的业绩和成果等财务数据会有很大的出入，如果不做处理，中国的银行体系在国际上的声誉可能会受到影响。

其次，按照国际会计准则要求披露的一些信息，目前在中国一些银行中还不具备，要想将这些信息累积起来，并非一朝一夕的事情。

安迪生就此建议：中国的商业银行应该对现有的银行会计报表做"诊断性的分析"，知道到底差距在哪里，到底该如何解决，然后再动手。

他向《财经时报》阐述自己的判断："中国银行业改革的最大风险就是不参与改革。对金融体系改革的成本，远比不改革的成本要小得多。"

普华永道全球银行业与资本市场主管合伙人菲尔·瑞特则认为，银行业的改革与政府的支持密切相关。他强调说，中国商业银行的规模决定了银行业的改革不可能一蹴而就，不可能是一种短期行为；而且，在改革的实际操作过程中，还需要有大量的对改革项目具有优秀管理能力的人才。

　　"实际上，无论是外国人还是中国人，对于中国银行业改革的态度都应该是一样的——既要有鼓励，也要有耐心。"他说。

> 以四大国有商业银行为核心的金融企业改革的重要性不言而喻，如果没有一个健康的金融体系，国家经济的长远发展是不可能的。也是中国经济实现第二次增长和飞跃的经济体制基础。本轮银行改革体现了我国领导层推进改革的决心，这些上市国有商业银行已被推上了深化改革的不归之路。今后的改革重点应是加强营运重组，达到良好公司治理的目标。

经历国有商业银行改革
——中国银行篇

2002年3月16日，时任国务院副总理温家宝在中国银行建行90周年金融研讨会上指出，"股份制是公有制的一种实现形式，国有商业银行改组为国家控股的股份制商业银行，完善治理结构，进而在条件成熟时上市，是建设现代金融企业的一条重要途径。"当时，中国银行香港的重组上市工作正进入攻坚战，但是我意识到金融体系改革的真正舞台在内地，如何改造在国民经济和社会发展中具有举足轻重地位的国有商业银行，是中国金融体系改革的真正战场。

为了协助中国银行业迎接改革前进道路上的各种挑战，普华永道于2002年底为中国银行业在三大关键领域的改革设计了"改革路线图"，旨在为中国的银行改革工作提供基准参考。图1说明的是银行在努力发展成为具有竞争力的世界领先银行的过程中，在每个关键工作领域必须要实现的阶段性目标。

经过四年多的不懈努力，随着2006年6月1日中国银行在香港

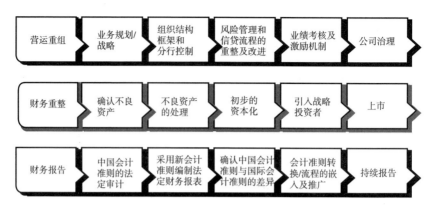

图1　为改革工作提供基准参考的银行改革路线图

上市及目前积极准备A股上市，中国的银行业改革的第一阶段打了非常漂亮的一仗。交通银行、建设银行、中国银行走入国际资本市场，为工商银行、农业银行在改革路线图上的路径选择树立了样板。如果工商银行和农业银行也能在未来三年走完改革路线图的财务重组路径，中国金融体系的银行基础将走上一个崭新的平台。

因为我们的银行在政府资助为主导的财务重组和清理资产负债表后尚没有经历过一个经济周期，尚没有充分的历史经验证明它们是否会真正摆脱重走"大发展—大不良—大剥离"的老路。国有商业银行改革尚任重道远，还没有完全成功。但至少有一点，"大剥离"的优惠待遇再也不会有了，这些上市银行必须面对用股东资本抵御不良资产的资本监管要求。因此，这些上市国有商业银行已被推上了深化改革的不归之路。

中国的国有商业银行在突破了体制上的束缚后，银行改革还要深入，银行上市绝对不代表银行改革的完成。目前从股价上来看，上市的国有商业银行几乎比肩汇丰银行和花旗银行，但是在内功上二者又能有多少可以比肩？要维持住股东的这种期望，我们的银行还需要深入的再造。这一点我是发自内心的。因为这次的银行改革主要是外部引导的改革，一些根本性的银行内部的利益关系并没有触动。重新审视普华永道提出的银行改革路线图，我认为国有商业银行目前的改革重点是加强营运重组，达到良好公司治理的目标。

财务重组至关重要

中国的国有商业银行在会计和财务重组过程中，对财务状况进行了比较严格的尽职调查和审计，摸清了家底并进行了注资重组，解决了历史上诸多悬而未决或不规范的问题，使其财务报表向国际会计准则看齐。

第一，以中国银行为例，如何处理1999年剥离到东方资产管理公司的2 000多亿元资产？当时的剥离，是由东方资产发行企业债券以面值收购这些不良资产。但问题是，未来东方资产管理公司很可能无法还本付息。按照国际会计准则的要求，如果不能确认这一点，东方资产发行的企业债券就不能按照优质资产计算，东方资产管理公司甚至要以特殊目的实体的形式并表到中国银行的账上来。最终，财政部出具了正式的函件表示对这一资产作担保，解决了历史遗留问题。

第二，1998年财政部发行2 700亿元特种国债作为四大国有商业银行的资本金。但历史上，这类特种国债的还本付息一直处于"空转"的状态；当时以7.25%利率发行的特种国债记在银行账上，其利息事实上又以专项上缴的形式返还财政。2004年，全国人大常委会将这一空转的特种国债修正成普通国债，利率为2.25%，最终使得这一部分资本金做实。

第三，妥善地处理了员工福利负债。对于员工福利负债会计上有两种形式，一种是中国银行原有的方式，即所谓"设定收益计划"，其基本结构是"较低退休工资+补充退休福利"；要维持固定的福利水平，这对银行来说是一个巨大的负担。另一种形式是"设定付款计划"，即给予固定的供款费用。最终，中国银行对员工福利制度进行了改革，采用了后一方式，通过企业年金计划确定未来的员工福利费用，斩断了设定收益计划给银行带来的不确定性。

第四，递延税资产确认问题。国有商业银行在过去几年利用经营利润消化了不良资产，因此缴纳所得税很有限。税务优惠成了隐性的改革补贴。银行改革的一个重要目的，是重新确认银行的正常纳税人地位，包括对今后的不良资产核销是否可以在税前抵扣等关键的税务政策问题予以清晰规范。税务会计和财务会计对不良资产的核销规范是不同的，通常在不良资产的税前抵扣时间上存在差异，税前抵扣的调整时间通常递延，迟于会计处理上确认不良资产的时间。因此，由于准备金可以在未来进行税务抵扣，在财务会计报表上计提的不良资产准备金，可以确认相关的递延税资产。

此外，通过财务重组，中国银行也对诸如剥离给信达资产管理公司的不良资产、中国银行与汇金签署的外汇期权交易等资产按照国际会计准则计算了公允价值，使其符合了国际资本市场的要求。夯实的资产负债表，是中国银行进入资本市场最重要的信心保证。

公司治理挑战重重

公司治理的挑战——在众多利益相关者之间取得平衡。

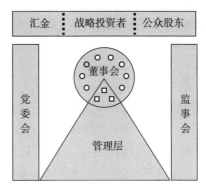

图2　公司治理所面临的利益关系

讲到公司治理，我们认为它包括了以下五个方面：

(1) 董事会的成员组成和董事会的有效运作。

(2) 战略，公司治理关注的应该是战略方向，以及如何在战略上与企业能力有机结合起来。

(3) 风险管理，提升收集向前看的风险信息及规范内部控制和权力约束的能力。

(4) 持续有效的高质量及透明的信息披露。

(5) 体现企业社会责任。

现在对上市国有商业银行来说，在公司治理的以上方面面临的挑战，有几点是很实在的。

一是加强董事会的有效性。企业是机械的组织，只有赋予治理才有生命。董事会是银行治理的最终责任人。要加强公司治理必须提高董事会的有效性。目前上市商业银行的董事会运作时间比较短，董事会文化正在逐步形成，与管理层沟通与交往也需磨合，双方的信任关系有待检验。另外，上市国有商业银行董事会的构成有许多独特性，例如，来自国内国外的股权董事，国际独立董事和代表管理层的执行董事。这三个组成部分的董事有各自关注的利益中心。董事会的运作形式是"会"。在董事会召开的时间里，有的董事太注重一些小问题，忘了大局面；有的董事水土不服，提出的建议与中国的实际情况脱节；有的董事仅关注一个类别股东的利益，忘记了董事的责任首先是对公司，其后是对股东。只有把银行办好了，股东利益才能得到保护，股东价值才能得到创造。当然，管理层也不习惯有董事会在上面监督，对董事会召开准备不充分，向董事会提供的管理信息不适合董事会作出决策。这些问题是双向的。管理层渴望董事会给予战略指导，给予教练鼓励，但有时得不到这种经验的传输，而董事会成员有时也很有挫败感，没有足够的信息监督管理层的工作，所讨论的问题可能都是新冒出来的问题，他们没有准备。因此，我建议银行的董事会及其下属委员会必须每年对自己的有效性进行评估，在给管理层打分的同时也给董事会打分，董事会和管理层共同努力提升其有效性。

二是尊重和爱护银行家。我想强调的是一定要奖励、支持我们的银行家，要培养我们自己的一代银行家。在公司治理架构上，我是一个管理层中心主义者，要加强董事会和管理层的平衡，但目前要鼓励更多的优秀的银行高级管理人员进入董事会。我认为借鉴美国的董事会形式，大部分董事会成员由非执行董事担任，与管理层比较独立且保持一定距离，这种董事会形式，尚不适合中国国有商业银行的管理。中国的商业银行管理需要有银行管理经验的人才进入董事会，要鼓励和支持银行家正在进行的艰苦卓绝的深层次改革，董事会需要更多起到教练的作用，而不是批评家俱乐部。

三是执行稳健和一致的会计政策。国内会计准则与国际会计准则最大的一个区别就是：从历史成本会计走向市值会计，按公允价值核算。在国际会计准则下，大部分资产和负债项目的呈报都是基于公允价值的。银行资产负债表的95%是金融资产，金融资产在当前的市场中都有公允价值，国际会计准则下对相当一部分金融资产都须按照公允价值进行计量，如果不以公允价值核算的话，就可能出现资产负债表的金额与现在的市场价值不相符的情况。传统会计走历史成本的道路，对于公允价值与历史成本的差别部分不进行会计调整，在资产负债表中留有水分。我们不能允许国有商业银行的资产负债表再有机会隐藏不良资产。这一点当然也需要高质量的独立审计的监督。

四是风险管理。在中国，风险管理和"问责"联系得很紧。而"问责"变成了一种行政纪律的简单体现。例如，谁放的贷款坏账了，谁就有可能被问责，甚至被开除。我认为，这种过于定性的问责制的做法是不对的。作为问责制，应该是银行设定一个风险防范目标，通过一系列风险控制原则把风险控制在设定的范围内，然后在一定的风险水平下，赚取利润。如果员工没有执行银行制定的风险控制原则，那是员工违背了银行的政策和原则，是其道德上有问题。如果简单地把"问责"等同于不能放一笔坏账，那不要开银行，不要经营风险。风险管理是全行范围的，包括从市场风险到营运风险、信贷风险、名誉风险、操作风险，必须在风险和报酬之间寻找平衡。提升公司治理的挑战就是需要在这些方面做功课。只有这样，中国的银行才能成为未来在世界金融市场上的胜利者。否则，我们的银行将不会有创造力，不会有企业家精神。

五是要加强银行监管，因为银行是服务公众的行业，因为它只需要8%的资本充足率，即做100元的风险生意，只需要拿出8元的资本金，有12.5倍的杠杆比率，因为银行肩负经济资源的重新分配的功能。不是说现在银行监管做得不好，而是需要持续地加强监管。改革完成后，国有商业银行改革领导小组可以撤销，但银行监管却必须加强，因为国有商业银行能否在正常的银行经营轨道上改造营运机制，提升治理能力，维护符合商业原则的资产负债表，这

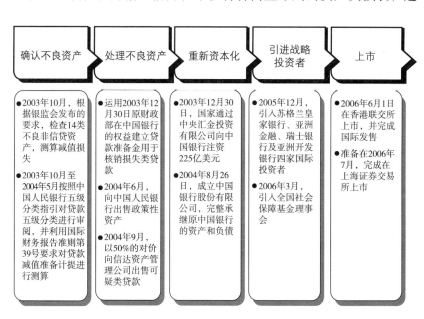

确认不良资产 | 处理不良资产 | 重新资本化 | 引进战略投资者 | 上市

- 2003年10月，根据银监会发布的要求，检查14类不良非信贷资产，测算减值损失
- 2003年10月至2004年5月按照中国人民银行五级分类指引对贷款五级分类进行审阅，并利用国际财务报告准则第39号要求对贷款减值准备计提进行测算

- 运用2003年12月30日原财政部在中国银行的权益建立贷款准备金用于核销损失类贷款
- 2004年6月，向中国人民银行出售政策性资产
- 2004年9月，以50%的对价向信达资产管理公司出售可疑类贷款

- 2003年12月30日，国家通过中央汇金投资有限公司向中国银行注资225亿美元
- 2004年8月26日，成立中国银行股份有限公司，完整承继原中国银行的资产和负债

- 2005年12月，引入苏格兰皇家银行、亚洲金融、瑞士银行及亚洲开发银行四家国际投资者
- 2006年3月，引入全国社会保障基金理事会

- 2006年6月1日在香港联交所上市，并完成国际发售
- 准备在2006年7月，完成在上海证券交易所上市

资料来源：中国银行股份有限公司全球发售招股书（2006年5月18日）。

图3 中国银行财务重整大事记

都将是银行监管的责任。另外，银行监管包括母公司监管。股东或控股公司在银行的经营行为上起到了十分重要的作用。国际上，银行监管不仅限于有银行牌照单位的监管，银行控股公司也纳入银行监管的范围。这一点值得我们监管当局借鉴。我个人认为非银行企业对银行的持股比例不能超过5%。我希望商业银行有个比较简单的股权结构，让银行能建立起良好的信贷文化。让股东也尊重监管，尊重存款人的利益。

以四大国有商业银行为核心的金融企业改革的重要性不言而喻，这体现了我国领导层推进改革的决心，也是中国经济实现第二次增长和飞跃的经济体制基础。如果没有一个健康的金融体系，国家经济的长远发展是不可能的。

我想借此机会称赞参与和领导国有商业银行改革的银行家和政府官员，他们熟知国有商业银行的历史包袱和营运困难。因此，当他们领导国有商业银行改革时，稳健睿智。作为一个全过程参与了一家国有商业银行改革的中立的会计师，回顾这不平凡的经历，感慨万分，我们的国家是幸运的。

(写于2006年6月)

> 国家为四大国有商业银行改革所承担的成本是巨大的。这表明国家对银行改革是负责到底的，但财政部作为"股东"的角色和作为"金融体系最后拯救者"的角色要分开，银行监管需要将股东纳入其监管范围。农业银行在战略定位上面临着挑战，但银行管理的重点在加强内控，防范案件。要获得长远的成功，农业银行必须注重建设有利于银行家成长的激励机制和企业文化。对如此庞大规模的农业银行，改革和发展的重点需要简单明了，深入人心。

经历国有商业银行改革
——中国农业银行篇

农行成功上市，表明了经过改革，可以接受资本市场的检验，这可谓是里程碑式的成就。由于历史包袱沉重，管理链条纵深，组织架构分散，加之"三农"政策涉及的银行战略的不确定性，农业银行改革中面临的困难尤其艰巨。上市并不代表国有商业银行改革的结束，而是新征途的起点。

财务重组代价

农行财务重组的成本，占到国家为四大行承担财务重组成本约40%。按账面现金量统计，国家为四大行的改革所承担的成本达35 956亿元，其中农行的相关金额为13 842亿元（见表1）。

在农行改革中，财政部沿袭了在工行首创的"共管基金"模

表1　国有商业银行改革的成本汇总

单位：百万元

项目	中国工商银行 2005年 12月31日	中国银行 2005年 12月31日	中国建设银行 2005年 12月31日	中国农业银行 2009年 12月31日	合计
资产管理公司债券（剥离不良资产）	312 996	160 000	247 000	345 800	1 065 796
中国人民银行专项票据（出售不良贷款）	430 465	73 430	63 354	150 020	717 269
中国人民银行专项票据（置换政策性资产）	—	18 100	21 000	—	39 100
财政部特别国债（补充资本金）	85 000	42 500	49 200	93 300	270 000
应收财政部款项（处置不良资产）	246 000	—	—	665 093	911 093
小计	1 074 461	294 030	380 554	1 254 213	3 003 258
资本金——汇金公司	124 000	174 129	181 580	130 000	609 709
	1 198 461	468 159	562 134	1 384 213	3 612 967
减：资本金——退回财政部	—	17 362	—		17 362
合计	1 198 461	450 797	562 134	1 384 213	3 595 605

数据来源：四大国有商业银行年报、上市招股说明书。按账面现金量统计。

式。农行的发起人为财政部和中央汇金公司投资公司（以下简称汇金公司），当时各出资1 300亿元。汇金公司以等值美元现金出资，财政部的1 300亿元资本金并非现金出资，而是来自和农行共设的"共管基金"。农行在财务重组中剥离了8 157亿元不良资产，其中1 506亿元由央行再贷款置换，其余6 650.93亿元对应的是15年期的应收财政部款项，年利率3.3%。

"共管基金"的资金来源包括农行在"共管基金"存续期内所缴纳的企业所得税、农行向财政部派发的现金股利、财政部委托农行处置不良资产回收的净现金、财政部减持农行股份获得的收入、财政部等部门拨入的其他资金、"共管基金"产生的利息收入等。

这意味着，即使农行没有盈利，不能缴纳所得税，没有现金流派发股利，财政部仍然需要每年向农行支付219.48亿元的利息，并且在共管基金到期时采用"共管基金"延期、给予资金支持等方式解决应收财政部款项的资金缺口问题。因此，在应收财政部款项得以清算前，财政部在农行的投资将没有现金流回报，财政部通过共管基金仅仅累积了1 300亿元在农行的资本金。

"共管基金"是项会计创新，实质是国家利用其信誉和财政能力，为银行改革借取时间。财政部没有动用现有的财政资源，没有涉及现金流，以在工行、农行的资产负债表上确认"应收财政部款项"，填补了不良资产造成的资本窟窿。这时，财政部扮演的是"股东(投资者)"和"国家财政(国有商业银行的拯救者)"的双重角色。

　　这表明，国家对银行改革是负责到底的。但是，对这种会计创新的用处必须框定边界，不到万不得已不建议采用。主要理由是：第一，这对改革银行注资的资本质量不高。虽然这项资产没有信用风险，但没有流动性，而且15年期的债券年利率3.3%的收益率较低。第二，"共管基金"是财政部建立的一个特殊目的实体，承载了国家财政对农业银行的债务及承诺。国家财政是否已将其负债合并管理？如果这样的特殊目的实体越建越多，债务越滚越大，对国家财政显然是个负担。对银行的投资毕竟存在较大风险。第三，此类工具除非是服从金融改革的宏大命题，并经过相应的法定程序，否则必须慎用。银行股东的资本金投入的体现仅仅是未来的现金偿还承诺，这种现金承诺在目前的安排下在很大程度上依赖被投资者今后的盈利，是典型的"借鸡生蛋"的安排。试想，民营企业是否能够用"应收股东款"来替代股东注资的现金款？

财政部的角色冲突

　　农行上市前的基本股权结构占比是：财政部48.15%，汇金公司48.15%及社保基金理事会3.7%。财政部拥有社保基金理事会的投票权，合计享有51.85%的投票权，占多数。这种格局在上市后也基本不会改变，即国有股权的股东代表有两个：财政部和汇金公司。

　　国有银行的股东是国家，但是在股权管理上，所有者的监督管理长期缺位。在改革前，银行的董事会和管理层基本合二为一，无法落实企业管理问责制。2003年底成立汇金公司的主要目的是改革所有者缺位，提升其公司治理水平、做实出资人职能。这一做法在中行和建行的改革中得到全面运用，但没有在工行和农行的改革中进行延续。

这种国有股东两个代表单位的做法，可能会增加银行监管成本和公司治理成本，不利于巩固银行改革成果，其主要矛盾关系表现在以下几点：

银行监管需要将股东纳入其监管范围，但在财政部和汇金公司同为股东的局面下，银监会与财政部同为平级的政府机关，银监会将财政部作为股东的监管的影响力有限。

财政部的角色自我冲突还体现在国家财政作为银行破产拯救者的同时，又扮演了股东、投资者，在市场的形象仍是政企不分。更为严重的是，今后将比较难处理财政部股东和市场上的百姓股东之间的关系。假设极端情况下，一家国有商业银行因为政府融资平台贷款引起不良贷款的增加而濒临破产，需要财政部出手拯救，将其国有化。这时，如果社会股东(包括海外股东)要求财政部赔偿其投资亏损怎么办？这可能不是一个不合理的要求，因为财政部与政府融资平台是明显的关联方。

财政部和汇金公司的关系亦是一个公司治理的难题。作为股东，无论大小，在公司治理架构中是平等的。但汇金公司和财政部是隶属关系，在中国等级森严的行政体制中，汇金公司和财政部能实现作为股东的平等吗？汇金公司的专业作用也将因此受到限制。

解决上面的矛盾，在目前的格局下，要提升财政部对国有商业银行的股权管理的透明度，明确作为股东的责任和作为国家财政的责任应相对分离。财政部不应该以"财政部"的名称出现在上市公司的股东登记册上。财政部应该支持汇金公司做大做强，让汇金公司成为股东的代言人。财政部应该有信心通过合理的机制来监控汇金公司这些投资。

汇金公司的定位应得到更进一步的明确。将其作为以投资获利为基本目标的中国投资公司 (以下简称中投) 的子公司的安排值得商榷。中投与汇金公司的合并会计报表特别是利润表将很难反映两大机构的真实业绩。

考虑到上述股东关系的矛盾,为金融体系的长治久安,建设管理国有金融机构股权的统一平台,有其必要性。

清算退休员工福利

与其他三家国有商业银行相比,农行的员工人数最多,历史上曾超过100万人。据农行招股书的披露,农行2009年12月31日拥有员工44万余名,其中,年龄在50岁以上的员工2.9万名。但农行招股书没有披露目前已退休的员工数量。尤其值得注意的是,对在2008年12月31日前退休的员工,由农行负责支付补充退休福利,包括统筹外养老金和补充医疗福利。农行为此计提了应付退休员工的补充退休福利负债386.37亿元。

这笔支出已经在改革中计入银行的会计报表,不给新股东造成负担。因此,农行于2009年对此以等额资产进行清算。清算后,该项资产和福利负债纳入农行企业年金的专门账户运作。农行不再对退休员工承担补充退休福利的支付义务。农行的这种安排与工行一致,但与建行和中行的做法不同。建行和中行没有将相应退休员工的福利负债移出资产负债表,仍然在表内记账和管理。

但应该关注的是,农行与退休员工的福利负债义务能够真正一刀两断吗?能否真正将其清算出资产负债表吗?这是否仍将构成农行的或有负债?

这一在农行和工行的资产负债表外建立的补充退休福利基金,金额高达数百亿元,关系到普通退休员工生活,如何能够管理好这些基金、使其不为农行和工行未来的发展造成财务负担,是个十分重要的问题。可见，农行和工行的年金理事会承担了相当重要的社会责任，其治理水平的提升和相应的监督应引起充分重视，例如基金的投资政策，托管安排和员工福利的公平分配等。农行需要在这方面提高透明度。

战略选择

农行在战略定位上面临着挑战。在政策支持上，农行需要把自己标榜为"农村、农民和农业"服务，农行将县域业务称为"三农金融业务"，但究其实，这是地区分部，并非业务分部。农行经营的仍是基础商业银行业务，面临的最大挑战是信贷风险管理和操作风险管理。为了巩固农行改革成果，应该继续坚持稳健的会计政策，比如，严格按照会计准则的要求和银行监管的要求计提贷款准备金。而内部控制、风险管理和公司治理是加强银行管理的三个层面不同重点，农行应积极实施财政部的内部控制规范，进一步梳理流程，加强内控，防范案件。农行亦应重视人才引进和培养，建设有利于银行家成长的激励机制和企业文化。对如此庞大规模的农业银行，改革和发展的重点需要深入人心，简单明了。

(写于2010年7月)

> 『 国有商业银行庞大的资产负债表上，累积了很多与中国经济改革和转型相关的不良资产，直接承继了国有企业改革的一部分经济成本。银行改革因此面对着巨大的困难。审计师最大的挑战不是审查企业账内的资产负债，而是账外的资产负债。 』

国有商业银行改革的艰巨性
——会计师的视角

在2002年前，中国经济改革的部分成本落在了银行的资产负债表上。因为中国经济改革和转型，许多经营效率较低的国有企业，在市场经济发展的过程中被淘汰。历史上，这些企业的资本金非常少，经济活动大部分靠银行贷款 (有些是计划经济时代留下的各种资金划拨形成的贷款) 支持。当部分国有企业破产重组时，银行庞大的资产负债表上，累积了很多与这些企业相关的不良资产，直接承继了国有企业改革的一部分经济成本。当然，银行没有管好，放贷过程受到干预 (包括地方政府的干预)，也是原因，不可否定。因此，银行改革面对着巨大的困难，特别是在财务、银行内部控制和公司治理领域。

清理资产负债表

在银行的资产负债表上，不仅存在不良贷款，而且在其他会计科目中，也隐藏着不良资产。中国国有商业银行的改革，在我看来是由银监会要求清理不良非信贷资产开始的。银监会很清楚，要一刀直入解决包括不良贷款在内的银行不良资产的负担是不可行的，因此要求先把资产负债表上除了贷款以外的会计科目理清楚。这些不良非信贷资产包括：

1. 固定资产/局部闲置资产；

2. 拆放同业；

3. 员工福利负债红字；

4. 员工住房基金/住房补贴；

5. 待清理投资和自办实体资产；

6. 应收法律诉讼费用/待处理案件纠纷垫款；

7. 抵债资产；

8. 过渡账户或未决账户、各分行之间及各总分行之间的调节项目；

9. 逾期表内应收利息；

10. 待处理房改资产；

11. 待清理已划拨至资产管理公司接受的资产；

12. 人民银行融资中心拆借款。

上述会计科目的名称反映了许多历史问题，每个科目后面都有许多故事。历史上，银行在这些科目里隐藏了许多不良资产。例如，一些案件损失包括在应收法律诉讼费用中。员工福利负债红字，是已经花费了的员工福利开支，不可能从员工那里再收回来的。这些资产科目对银行已不存在任何经济利益，全部要清理、要核销。

贷款资产质量问题的严重性就更让人担忧了。2002~2003年，应几家银行和银监会的要求，普华永道参与了银行的贷款资产质量检查工作，清查了几万笔贷款。对政策性贷款提出划归政府的处理方法；对其他贷款，按照基本的贷款五级分类要求，区分合格资产和不良资产，并按照国际会计准则的要求，计提减值准备。

在完成了不良非信贷资产和信贷资产的清理后，银行开展对不良资产核销合规检查工作，保证查清责任，在贷款和其他问题资产档案封卷前有所交代。例如，一家国有商业银行的领导很负责任，要求银行全面地一笔一笔核销不良资产。在改革进程中，保证事事落到实处。除整体清理资产负债表外，银行改革在财务会计方面还着重处理了下列问题。

1. 把账外资产纳入表内，保全国有资产

审计师最大的挑战不是审查企业账内的资产负债，而是账外的资产负债。

银行加强动员和进行全体干部的思想教育，落实问责制，把企业的账外资产包括小金库统计起来，根据银行的纪律和程序纳入表内。例如，有一家支行，在出售抵押资产时，把出售价高于账面价值的差额，留在账外，准备购置职工住房。总行领导得知后，严肃处理，绝不姑息。像工商银行、建设银行和中国银行这么大盘子的银行，能够很快地把企业的账外资产统计起来，建立规章制度，落实集中管理，反映了银行高层的决心和改革的推动力。改革中的商业银行规定最后日期，过去违规的小金库如不及时如实上报和纳入表内，一律按法律追究，执行力十分强大。

这些工作还不包括对衍生金融产品合同和其他表外业务，如银行对外提供担保等，进行逐一对账及全部纳入账内的要求。过去，有的银行开出银行担保的管理程序不完善，造成银行隐藏着许多表外负债。银行和审计师都采用了"笨"方法，对衍生产品合同和其他表外业务，全部执行独立的外部对账程序，将其统一记载在会计账目中。

2. 确认产权

银行还通过资产评估工作，理清和确认企业对固定资产的产权。针对许多物业，过去银行的权证不齐全，存在着资产的来龙去脉不明晰的情况。通过盘点、清查，理清了这些物业的所有权关系，建立了落实对国有资产进行保值增值的基本账目。在过去的发展阶段上，银行在一些经济业务交易方面留下了问题，有些资产和负债的历史记录不清楚。例如很多银行都持有黄金。即使在黄金这

个科目上，银行管理层都需要很认真地去清查，理清历史记录，保障国有资产的完整记载，统一建账，在法律上明确产权归属。清理产权还包括与国有股东财政部及其他政府机关往来余额的清查和整理。财政部对各商业银行的股东权益变动表投入大量精力进行清理，为商业银行改革摸清家底，解决了许多历史遗留问题。

3.处理与员工的关系

改革前，员工福利负债在许多国有商业银行是赤字，因为国家安排的预算不够员工的开支。在银行改革的过程中，不同的银行也不同程度地落实了一些对员工的福利安排政策。比如说，有的银行制订了内退计划。有的银行，对已退休员工的福利和医疗待遇在不同的省份和城市按照当地的做法，相对进行了规范。但是，所有银行的福利方案，全部采用现金收付制的做法。银行没有为已退休的、已内退的和在职的员工安排应有的退休福利准备金。这对有着几十万名员工 (甚至接近百万名员工) 的大行来说，是个很大的行政和经济负担。例如，改革后，工商银行就成立了员工退休金管理理事会，管理在国家政策许可范围内计提的全部养老金。

对在职员工，银行还专门研究和计提过去员工服务年份累计的福利负债。为了银行的未来，没有一家银行延续过去的"福利待遇安排和做法"，而是通过"斩尾"计划及设计企业年金计划对现有的福利制度进行补充。这既解决了员工的后顾之忧，又没有给银行留下负担。

4.剥离投资实体，完成金融系统往来对账

另外一个困难是，银行持有几千家实体的债务和股权清理。例如，在中国银行2003年年报中，中国银行披露的历史上形成的待清理投资项目共计289个。在改革开放初期，我国在银行监管方面没有经验。但是，当时企业自由化经营的趋势和内在动力十分强大，银行 (主要是在分行) 经营的业务范围从开办招待所到进口重工机械设备，什么都有。商业银行开办了许多自营实体。到2002

年，虽然经过清理，但每家国有商业银行都还拥有数百家的自营实体。银行需要从法律上关闭这些实体，落实债权和股权关系。通过法律尽职调查，外部财务尽职调查和管理层对隐藏的风险的尽职调查和排查，银行在上市前彻底关闭和剥离了这些实体。

银行还承担金融体系的清算支付这一重要的功能。在2002年前，金融体系的支柱——支付清算体系内部还存在许多没有理清的余额，包括往来账。这些余额涉及银行与银行之间的、银行与人民银行地方清算中心的及银行内部的往来款。支付清算体系就像资金流的高速公路，但历史上形成的很多往来余额在高速公路上被堵了，没有落地。这些历史遗留问题需要人工对账，一笔一笔落实。银行在改革过程中，聘请会计师事务所对这些账龄过长的往来余额逐笔进行了清理，并与对手方进行了书面确认。每家银行都有新的在支付清算体系都确认的初始余额。

5. 执行新的会计准则

银行在改革过程中，从原来执行1993年的会计制度，改革实施新的金融企业会计制度。分析与国际会计准则的差异，逐步向国际会计准则靠拢，最后全部实施国际会计准则。例如，为了支持中国银行的改革，在证券投资领域的会计处理上尽量与国际会计准则靠拢，财政部专门发布文件——《关于债券资产处理问题的批文》(财会函2004年第61号)，允许中国银行率先执行金融资产分类的规定，大力支持银行改革，并为国际会计准则在中国的实践积累经验。在会计准则执行上的三级跳，是国有商业银行进入资本市场的基础。

内部控制制度的梳理

为了银行上市，接受资本市场检查，银行开始对内部控制制度进行检查，一遍又一遍地清理和排除舞弊案件。对银行的内部控制制度的梳理是个艰苦的过程，银行把所有的从总行到一级分行，再到二级分行及三级分行的内部控制制度全部整理出来，找出关键控制点，在全行范围进行比较，记录最佳做法。这些仅仅是书面的工作。银行还安排不同分行的内部审计小组跨行进行独立检查，验证内部控制制度的落实。在内部审计检查过程中，始终贯穿排除舞弊案件的主线，有一个查一个，抽丝剥茧般地把以前遗留及当前隐藏的案件揭露出来，以保全银行和国家金融体系在改革后的声誉。

建立公司治理机制

　　银行改革还涉及许多公司治理相关领域，现对此作简单介绍。

　　1. 任命董事和建立公司治理机制。在建立了股东控制企业的治理框架后，股东单位通过股东大会任命了董事。这些董事都是有实际领导和管理经验的专业人士。有的从国外大型银行聘用，有的来自国内的政府机关，虽然董事们的合作需要磨合期，但有一点是共同的，大家都赞同银行改革的目标，理解银行改革的意义。有矛盾的时候，只要提醒他们什么是银行改革的目标，大家都会排除自己的议题回到争论的重点上。董事会的任命是银行改革十分重要的里程碑。当时的国家副总理曾在两家国有商业银行 (中国银行和中国建设银行) 董事任职的第一天接见了全体董事，给予勉励，这是对深化银行改革中国最高行政领导力推动和支持的具体表现。

　　在干部的考核方面，银行和相关部门对现有管理班子和人才储备进行了比较详细的摸底，培养和提拔品质优良、有技能的年轻干部上岗，改变银行管理人才缺乏的局面。

　　2. 配套监管体系和"铁三角"的合作关系基本形成。历史上，中国银行业的人才和知识主要存留在人民银行、银监会和财政部。在银行改革过程中，这三个部委的功劳不可磨灭。银监会在银行改革过程中，全力支持银行管理层，而且知道监管分寸，该管的严格管理，不该管的放手让银行去做。在改革过程中，相信和支持银行管理层的这种态度为银行改革营造了良好的气氛。前面说过，银监会通过清查不良非信贷资产开始，启动了银行改革的具体步骤。银监会还建立了通过与管理层访谈、参加董事会、审阅党委会关于银行经营和改革的纪要（这是任何党外其他机构都看不到的），参与到银行改革的具体实践中。银监会还约见所有参与改革的其他顾问机构，包括会计师事务所、律师、投资银行专家、董事会候选人等了解情况，以促进改革。

财政部的参与非常专业，他们在银行改革的关键问题上从不含糊，理清了银行与国家的财务关系。在2002年前，会计体系是从国有企业的基金会计逐渐进步为核算企业的资产负债的现代会计体系的，但在这过程中，银行的股东权益变动表中，包含的内容十分繁杂。为了理清这些账目，财政部的相关部门加班加点，调动档案，在一些复杂的会计问题和资产权属划分问题上，果断决策；在税务关系上，确定了保护国家权益、处理历史问题、支持银行改革和向前看的大原则。这些内容都对银行改革起到了规范和推动作用。

国有银行改革领导小组的办公室直接设在人民银行。人民银行是整个银行改革的牵头部门，从利用外汇储备进行投资，到改革方案的设计，再到成立汇金公司并且任命专业人士担任领导，人民银行的组织领导为中国银行业的改革赢得了时间。人民银行在改革方案的设计和落实中起到了主导作用，为中国金融体系的稳定发展作出了巨大的贡献。

最重要的是中国人民银行、财政部和银监会这三者的"铁三角"的合作关系得到加强。这种关系后来在应对国际金融危机中，表现优异，赢得了世界对中国金融体系的信任。

结语

银行在进行上述改革的过程中，仍然要专注市场，专注客户，银行还要改造计算机系统，改造基础设施；银行面对新形势、新环境，需要寻求发展方向，为未来发展确定战略。真可谓改革和发展两不误。在短短的几年中，因为有坚强的领导和银行家们的无私奉献，银行改革克服了面对的艰难险阻，三家新的现代化的商业银行在中国初具规模。

> 『　成立汇金公司是在国有商业银行这一实体上面把股东监管的职能做实，以汇金作为中间控股公司对所投资的国有商业银行进行管理，落实所有者的权利。因此，成立汇金公司的决策是十分英明的。　』

国有商业银行改革
方案设计的智慧

本文主要介绍国有商业银行改革方案设计的智慧。

银行改革是一项复杂的系统工程，涉及许多利益相关者。国有商业银行改革领导小组和积极参加改革的大型国有商业银行的高级管理层在设计改革方案时，综合了各方意见，包括普华永道设计的银行改革路线图为国有商业银行的改革提出的重要关注点，稳健和宏观地考虑问题，在改革方案设计上注入了他们的经验和智慧。他们对中国银行业改革的贡献和成绩是值得称赞的，具体体现在以下几方面。

1. 坚持国有商业银行整体上市的方案

许多国有企业改革都走了一条分拆上市的道路。有的企业把优秀的资产剥离出来，或以此为基础成立新的公司，或将其装入一个上市公司的壳中，然后编制"模拟会计报表"，只反映优秀资产的回报率，通过这样的包装将企业上市。所以，许多国有企业虽然改制成了一家上市公司，按市场机制运行，但它把一些社会问题留给了没有上市的被剥离出去的老企业中。这种企业改制有成功的一面，让新企业轻装出征，但是必须看到，还是有部分历史问题不得不留给政府，留给社会。

在为国有商业银行设计改革方案时，多家投资银行向有关方面提出了银行分拆上市的建议。有的建议将沿海地区的各家分行联合起来，如成立"华东工商银行"或"华东建设银行"等，在地域上分拆上市。有的建议将部分优良资产业务分拆上市，如设立零售储蓄银行，把大部分贷款业务全部划归政策性银行管理。

领导国有商业银行改革的相关部委在听取了多方面的意见，特别是各家国有商业银行领导的意见后，决定不采取将国有商业银行分拆上市的方案，而是下定决心对各家国有商业银行进行整体改制。事实证明这一决策完全正确，因为整体上市维护了银行网络和品牌的价值，为中国金融体系的发展，建立了强大的经营体制基础。

2.成立汇金公司，发挥对国有商业银行的股东监督作用

成立汇金公司的重要职能是改革所有者缺位的所有制管理体系。国有商业银行的股东是国家，但是在股权管理上，所有者的监督管理基本是缺位的。在改革前，银行的董事会就是管理层，徒有虚表，企业公司治理层面的责任被全部交在管理者手中。大家都是给国家打工，而国家是人民所有的，所以管理者对所有者的认同是管理者也是所有者，这样就没有办法落实企业管理问责制。

成立汇金公司是在国有商业银行这一实体上面把股东监管的职能做实，股东不再是空洞的概念。汇金公司的角色就是一家中间控股公司。银行的最终控股公司是国家。但是国家在所有权上，通过设立汇金公司作为中间控股公司来对所投资的国有商业银行进行管理，提升其公司治理水平，落实所有者的权利。因此，成立汇金公司的决策是十分英明的。

3.动用外汇储备，为银行改革借得时间

外汇储备事实上是借来的钱。我国是外汇非自由兑换国家。

当接受外汇资产投资或拥有外汇资产时，无论是企业还是个人，它（他）们都需要将外汇卖给国家，向国家的外汇管理代理机构——国家外汇管理局结汇。这时，国家获得了外汇资产（主要体现在外汇储备上），企业或个人获得了人民币资产。但是如果有一天，它（他）们需要外汇资产的时候，它（他）们可以向国家外汇管理局卖出人民币，买入外币。所以，外汇储备是一种流动的财富，归外汇管理局保管，但不属于国家所有。

动用外汇储备是考虑到该资金在中国的稳定性和规模，向外汇储备借出资金，投资国有商业银行的股权，以帮助国有商业银行重新资本化。这种借款安排为中国国有商业银行的改革借得了比金钱更珍贵的时间。如果不动用外汇储备，而是走财政拨款的路，我不敢想象这样做会耽搁多少改革时间。

4. 主动选择注资时机，揭开银行改革攻坚战

国家选择了在2003年12月30日向中国银行和中国建设银行注资450亿美元（约4 000吨黄金的价值），作为汇金公司在这两家银行的股权投资。这一安排在时间上的决策是需要勇气的。在亚洲金融危机后，国家领导意识到金融体系强大安全对国家经济体系的重要性。但是，没有强大健康的银行机构，何以有强大健康和安全的国家金融体系？所以，本着只能成功不能失败的原则，决策者毫不犹豫地在2003年12月30日向两家国有商业银行注资，将其彻底重新资本化，开始了银行改革的攻坚战。在这种外部领导力强有力的推动下，中国国有商业银行踏上了改革的征程。

5. 要求引进战略投资者

在国家对商业银行注资后，银行并不缺乏资金，而是缺乏管理技术和经验。在进入国际资本市场的过程中，银行也缺少引路者。战略投资者对中国国有商业银行的投资合约除了股权投资外，还包括另外专门签署的技术合作和协助的合约。当人们把关注的重点放在财务合约上，需要提醒的是对技术合作的成果和收益是

外界看不到的。

国有商业银行利用战略投资者的业务发展和管理经验，通过培养人才，引进理念，为己所用，带动银行的改革往更深层次迈进。国有商业银行与其战略投资者就合作成效定期进行总结讨论，在一些重点领域定期进行检讨，在对推动国有商业银行的发展方面起到了积极的作用。

在战略投资者作出向国有商业银行投资的决策前，他们按照国际资本市场的做法，对投资对象进行尽职调查。这实际上是协助国有商业银行在进入资本市场前完成了法律、财务和业务控制等方面的准备工作。国有商业银行管理层通过与战略投资者进行交流，获取了银行管理和资本市场的经验和信息。

> 　　中国国有商业银行改革需要的是先进的银行管理经验，而不
> 是资金。中国需要提供技术和管理经验的战略投资者，而不是财
> 务投机者。战略投资者的参与，可以帮助国有商业银行为国际市
> 场所认知，为进入国际资本市场提供信心。用人民银行领导的话
> 语来说，是嫁女儿"抬轿子"的作用。

国有商业银行
引进战略投资者的意义

　　引进战略投资者是国有商业银行改革路线图上重要的一步。只有
在完成了银行改革的初步目标，国有商业银行才有资格向国际商业银行
发出邀请，准备出售一部分股权。国际市场上真正有意图并且有财务
能力投资中国国有商业银行，作出战略合作贡献的国际大型商业银行不
多。亚洲的地区性银行和大部分欧洲的地区性银行规模太小，不可能成
为对等的，能够促进中国国有商业银行改革的战略合作伙伴。能够上名
单的有如下几家：

　　(1) 汇丰银行 (已与交通银行合作) ；

　　(2) 美国银行；

　　(3) 摩根大通；

　　(4) 花旗银行；

　　(5) 苏格兰皇家银行 (RBS)；

　　(6) 德意志银行；

　　(7) 瑞士银行。

　　有几家上述银行也曾到中国国有商业银行考察，但看到改革
的艰巨性，来过一次就打退堂鼓了。所以引进战略投资者是很不

容易的工作。应该说,即使我们发出邀请,他们也不一定参与投资。中国工商银行最后引进的战略投资者,不得不是高盛组成的投资团队。讲老实话,高盛是证券公司,不是商业银行。但是,高盛和AIG等机构答应用其特有的在金融市场的其他优势来协助中国工商银行发展和创新,而中国工商银行也明确认识到自身的优缺点,决定利用战略投资者的优势来改进其比较弱势的业务单元。最终,这样的合作还是双赢的。

引进战略投资者的目的

我认为,引进战略投资者的主要目的有以下两点:

(1) 引进先进的银行管理经验和技术。许多国家的银行改革需要的是资金,但中国国有商业银行改革更需要的是时间和先进的银行管理经验,而不是资金。所以,银监会的领导说过,中国需要提供技术和管理经验的战略投资者,而不是财务投资或财务投机者。国有商业银行需要与战略投资者共同培养人才,提升银行的创新能力,在产品开发和客户服务方面更进一步,凝聚银行改革和发展的推动力。国有商业银行也需要向战略投资者学习先进的内部控制和风险管理技术,为银行的可持续发展打下基础。

(2) 在进入国际资本市场的过程中,提供市场信心支持。国有商业银行进入国际资本市场的目的不是集资,而是将银行置于市场下,通过资本市场的监督,提升透明度和公司治理水平,实现可持续发展。战略投资者对其候选对象进行了全面深入的尽职调查。因此,战略投资者的进入是对银行改革的一次阶段性考试,是进入国际资本市场的窗口通道。战略投资者的参与,可以帮助中国的国有商业银行为市场所认知,为进入国际资本市场提供信心。用人民银行一位领导的话语来说,是嫁女儿"抬轿子"的作用。

引进战略投资者的谈判矛盾

国有商业银行在引进国际战略投资者时，双方谈判的矛盾主要在以下方面。

(1) 是否夯实了资产负债表？这一点正是银行改革的出发点。虽然有的国有商业银行当时仍然存在资本不足的情况，但国有商业银行有信心能在短期内通过营业利润补足。

(2) 公司治理机制是否能建立起来并按照董事会的章程，各委员会的章程和议事规则运作。因此，战略投资者坚持要在董事会中占有席位，并参与风险控制委员会和审计委员会等重要委员会。有的战略投资者派出的董事是公司的"一把手"。他们来参加董事会前，已有自身的银行团队对议题进行研究，为董事在会上的表现提供支持。战略投资者还坚持聘用高水平高质量的独立董事。战略投资者派出的董事的表现是多元化的，他们在国有商业银行的董事会里，代表股东的利益，因为他们是投资者。但是，他们自身(或者说他们在战略投资者的母体公司)的地位是银行家。因此，在发挥公司治理作用时，一方面，他们强调股东利益，另一方面，他们也深刻理解管理层的压力。这种平衡作用对国有商业银行的改革和董事会文化建设是有积极作用的。比如说，有一家战略投资者的董事代表，每一次参加董事会会议前都去与国有商业银行的董事长见面，交流双方的管理心得和对当前金融形势的担忧点，讨论银行管理的重点。在董事会里，他会说，请向管理层为今年取得的业绩致以感谢。这份鼓励对董事会体谅管理层的文化建设注入暖流。

(3) 管理机制。过去国有商业银行频频出现的案件，在国际市场上造成了很坏的印象，破坏了国际金融业对中国国有商业银行管理机制的信心。我在纽约一家大型国际商业银行的总部访问时，坐在这家银行的首席风险官的办公室里，他很低声地问我，"为什么在行政控制能力十分强大的中国会出现如此众多的偷盗银行的案件？"他用"偷盗"两个字来描写在银行的舞弊案件，在他眼中舞弊就是偷盗。这一点对我们的教训是很深的。有的战略投资者的合作因为案件频发而差点破裂。所以，国有商业银行痛下决心，加强防范案件的措施。

(4) 社会制度差异给企业的负担。在对员工福利制度，税收制度和政府对银行业务的干预等方面，国际战略投资者的认识和担忧是可以理解的。国有商业银行几十万在职员工的规模和庞大的退休人数，早退和内退安排，地方性福利待遇差别等都让他们感到挑战。税收制度的不透明性体现在不良贷款核销需要审批，税务自查通知安排等方面。这些战略投资者看不懂的领域，也需要国有商业银行进行一轮一轮的解释。

除上述价格因素外，与战略投资者谈判的后期技术问题主要在反稀释条款和锁定期两方面。

反稀释条款是指给予投资方一个期权，承诺在未来其股权被稀释时，投资方还能以某一价位购入老股或新股，如果达不到这个比例，大股东还要转让一部分股权给投资者，以保持其拥有一定的股权比例。战略投资者希望得到这一期权。期权是可以获利但且不需支付额外成本的一种安排，因为期权的成本已包含在整个投资计划谈判中。

锁定期是指投资后，投资者约定的退出前的持有期。投资方往往不希望锁定期太长，而汇金公司则希望锁定期越长越好。

战略投资者在上述两个方面是矛盾的，一方面要保持最大的持股权，另一方面又要有退出机制的时间宽松安排。这就是较量智慧和远见的商业行为。

驳斥"贱卖论"和"金融安全论"

市场上对引进战略投资者的批评很多，最主要的焦点是"贱卖论"。对贱卖论，作为会计师，我的意见有两点。第一，价格没有低于每股净资产的价值就不可以说是贱卖。卖没卖到好价钱是另外一回事，我在下面会分析。第二，有人说，没有卖到好价钱。那么我问，什么是好价钱。这种批评是事后论英雄，把引进战略投资者的重点放在价格上是非常片面的。中国的国有商业银行改革是成功的，这次金融危机中，改革后的三大国有商业银行为中国金融制度的稳定和国际经济体系对中国金融企业的信心起到了顶梁柱的作用。如果在国有商业银行改革中，政府无所作为，任其自然演进，中国就不会有现在这么强大的中国银行、中国建设银行和中国工商银行，国际经济体系对中国金融制度的信任和期望就不会有这么多。

对引进战略投资者批评的第二种声音是"金融安全论"。从金融体系参与者的个体来看，如果没有优秀的商业银行，何以有健康稳定的中国金融体系。从金融系统方面看，只有开放的系统，才能是相互促进的，有合作效率的。随着中国经济的发展，中国经济参与国际经济市场的成分越来越高。如果国有商业银行与国际资本市场绝缘，与国际投资者完全分割开来，那么国有商业银行永远是二流的银行。让国有商业银行从治理层面到业务层面与国际先进的企业和投资者合作，需要勇气和能力。只有这样，金融体系安全的目的才能实现。

案例

国有商业银行与战略投资者合作的内容及成果回顾

国有商业银行在其2008年年报中，对与战略投资者合作的内容及成果进行了回顾总结，有不少业务发展，风险控制和公司治理改革的亮点，具体如下。

1. 公司治理。在公司治理领域，高盛派驻专家为中国工商银行的信息披露和投资者关系管理提供支持，并提出合理建议。中国工商银行的股票价格的增幅是几大上市国有商业银行中最大的，与其先进的投资者关系管理不能说一点没有关系。

2. 风险管理和内部控制。RBS集团为中国银行提供了零售信用风险管理信息及预测、信用风险政策框架、信贷审批授权体系、零售贷款信用评分卡、项目融资环境风险评估以及司库和财务预算管理等方面的咨询与支持，协助中国银行进一步提高交易账户风险分析、外汇期权产品市场风险控制、监管变化应对、反洗钱可疑交易识别等领域的能力。虽然RBS在这次金融危机中因为业务过度扩张而遭受重创，但是RBS仍然是一家值得尊重的银行。一家国际银行能在信用风险政策框架、信贷审批授权体系、零售贷款信用评分卡等核心技术方面与国有商业银行分享，对提升国有商业银行的风险管理水平起到的积极作用是不可低估的。

在风险管理领域，高盛及其聘请的国际知名咨询公司与中国工商银行开展了信用风险压力测试、市场风险价值 (VaR) 计量方法论、操作风险高级计量法 (AMA) 以及财务控制等12 个合作项目。压力测试，市场风险价值计量和操作风险高级计量法等都是国际先进的风险管理理念和工具。如前所述，工商银行在引入战略投资者时，有的放矢，利用的就是对方的强项。

3. 业务管理、产品开发和市场营销。中国银行在其2008年年报中，针对与战略投资者的合作，在公司金融，个人金融，金融市场和综合管理等四个领域，进行了详细的讨论。例如：

● 与RBS集团继续在银团贷款、房地产融资等融资领域寻找联合交易机会，并启动了供货商融资项目试点，为境内外中高端客户提供融资及配套服务。

● 在富登金融专家的协助下，不断改进、完善在上海、福建泉州两地试点的中小企业金融服务新模式，模式复制推广的准备工作已基本就绪。

● 与RBS集团继续推进在英国和美国的客户互介和服务工作，与RBS美国子行Citizens在美国联合举办了11场中国论坛活动，为中美双方的企业提供包括流动资金贷款、国际结算、贸易融资等多项金融服务。

● 在RBS集团派遣工作人员的技术支持下，继续加强信用卡产品创新、成本核算、风险管理、运营服务和信息科技等方面的技术合作，发卡目标超额完成，信用卡不良率、电话放弃率等各项营运指标持续改善；本行北京、上海两家私人银行部运营流程不断改善，客户规模和产品能力稳步提升，专业私人银行家队伍逐步壮大。

● 2008年，与RBS集团继续推进在外汇、固定收益、QDII等全球市场业务领域的紧密合作关系，RBS集团继续通过培训、交流、访问等形式与本行分享在固定收益、资产证券化等业务运作方面的经验。

● 与瑞士银行联合开发了多款结构性理财产品，双方还在QFII领域进行了多次交流。

中国工商银行与其战略投资者的合作，在业务领域有以下几项：

● 与美国运通在合作发卡、市场营销、业务培训、风险管理以及客户服务等方面加强合作。2008年末，牡丹运通卡发卡量超过60万张，年消费额超过100亿元。双方合作开展了"境外旅游精选"等系列市场营销以及重点集团客户服务项目回顾活动。中国工商银行还与运通公司密切配合，成功阻止了多起境外网站欺诈交易。

● 与安联集团子公司——中德安联人寿保险公司(简称"中德安联")在银保代理、资产托管、网上保险、人员培训等方面积极展开合作。自2006年以来,中国工商银行累计代销中德安联的银保业务量超过30亿元。2008年末,中德安联在工商银行资产托管净值超过17亿元。

中国建设银行与战略投资者的合作开始的时间最长。三年多来,在借鉴和引进先进的技术、方法、流程和产品的同时,建设银行已经开始积极促进试点推广、经验转化和人才培养。在2008年,中国建设银行与美国银行在零售与公司银行业务、电子银行、信息技术、风险管理等领域实施战略协助项目16个,列示如下。

● 在成功推广零售网点转型的基础上,理财中心、财富管理中心改进试点获得成功并开始推广,个人业务网点服务与销售流程全面优化,专业化、差别化服务水平明显提高。

● 网上银行客户体验改进项目以代理保险业务为试点,在国内银行业中率先实施产品和服务发布前的客户可用性测试,提高了客户使用的有效性、效率与满意度。

● 在中小企业产品和服务创新方面,利用美国银行小额无抵押循环信用额度贷款产品研发项目的经验。

● 通过数据管控、信息技术战略规划、网络转型、灾备建设等方面开展的合作项目,促进中国建设银行基础管理水平的提高。

4. 员工培训

员工培训和领导力提升是这次引进战略投资者最为看重的内容。各家银行都派出了业务骨干,与战略投资者形成对接团队,分享经验和接受知识转让。笔者作为咨询行业的工作者,深知项目合作和在职培训是提高经验分享成果和效力的最好途径。在员工培训方面,引进战略投资者的三家国有商业银行披露的具体成果如下。

中国银行的披露最为具体,包括:

● RBS集团继续通过培训、交流、访问等形式与中国银行分享在固定收益、资产证券化等业务运作方面的经验。

● 富登金融协助本行培养高端个人理财队伍，中国银行已有40人获新加坡财富管理学院颁发的私人银行证书，并有6人参加财富管理硕士文凭课程学习。

● 富登金融协助中国银行开展了市场风险管理模型咨询项目及市场风险管理、财务模型与估值方法等专题培训，分享了并购与投资管理等领域的经验。

● 瑞士银行为中国银行提供了业务连续性计划以及并购后整合专题培训。

● 亚洲开发银行向中国银行提供了国际银行在公司治理、环境保护、社会风险管理方面的先进经验培训。

中国工商银行的披露指出，在员工培训领域，高盛为中国工商银行员工提供了信息披露与控制、外汇期权产品、海内外并购相关定价技术、估值模型等专业技能培训及针对美国次贷危机等事件的专题讲座。

中国建设银行的披露指出，中国建设银行与美国银行在零售与公司银行业务、电子银行、信息技术、风险管理等领域设立经验分享和培训项目42个。

我不厌其烦地陈述国有商业银行引进战略投资者在业务合作方面取得的成绩，是让读者体会到，上述成绩是可以度量考核的，实实在在的成绩。虽然在锁定期满后，有的战略投资者已出售了其持有的国有商业银行的股票，但笔者相信各家银行将继续致力于与战略投资者已发展的各方面的业务合作关系。它们建立的商业合作关系会持续，互相的交流还会继续开展，为中国银行业的长期发展作出贡献。

『　　国有商业银行股份制改革涉及财务重组等对信息使用者产生重大影响的会计事项。对这些重大事项进行准确、如实、妥善的会计处理和信息披露，是监管当局、投资者、社会公众对银行信息披露真实准确的信心所在，是国有商业银行进入资本市场的前提条件。　　　　』

国有商业银行股份制改革中若干重大事项的会计处理

　　中国国有商业银行经过了多年的探索与改革，在国家的强大领导力的推动下，四大国有商业银行完成了向现代股份制商业银行以及进入资本市场的改革和机制转变。

　　2005年10月27日，中国建设银行H股成功在香港发行。

　　2006年6月1日，中国银行股份有限公司在香港联交所主板市场成功挂牌上市。7月5日，中国银行又正式登陆国内A股市场。

　　2006年10月27日，中国工商银行成功在香港和上海同时上市。

　　2007年9月25日，中国建设银行成功回归A股，在上海证券交易所挂牌交易。

　　中国农业银行的股份制改革方案已于2008年10月21日经审议并原则通过，2009年1月9日中国农业银行股份有限公司宣告成立。

由于国有商业银行具有特殊的历史背景和职能沿承，股份制改革的机制转变在操作过程中牵涉面广、问题复杂且影响重大，其中涉及财务重组等重大决策及诸多对信息使用者产生重大影响的事项。因此，对这些重大事项进行准确、如实、妥善的会计处理和信息披露，不仅是合理计量及呈报的关键，也是监管当局、投资者、社会公众对银行信息披露真实准确的信心所在，是国有商业银行进入资本市场的前提条件。

本文以国际财务报告准则的要求为出发点，针对国有商业银行在股份制改革过程中普遍存在的重大财务和会计事项，总结并分析其复杂会计处理和信息披露问题的性质及解决方案，为今后国有商业银行提高执行国际财务报告准则的实践水平提供参考，并对其他银行在改革中执行国际财务报告准则有所借鉴。

本文涉及国有商业银行股份制改革过程中有关会计处理的主要问题有：特种国债；出售不良贷款及购入央行专项票据的公允价值问题；员工退休福利负债的确认和年金计划；确认递延税资产；战略投资者交易以及资产管理公司发行的债券。

特种国债

1998年，财政部通过定向发行特种国债的形式，向四大国有商业银行注入2 700亿元人民币的资本金，以改善银行的资本状况，提高资本充足率。特种国债的期限为30年，票面年利率为7.2%。发行特种国债的条款中规定银行不能出售该等特种国债，即该等特种国债是不流通的国债。另外，针对特种国债的利息，每年底由财政部将该项债券的利息付给银行，银行同时以"专项上缴"形式等额将利息上缴财政部。在实际操作中，银行在会计处理上对特种国债利息不确认收入，也不确认等额上缴中央财政的支出，即不做会计传票处理。因此，特种国债的利息和"专项上缴"实际上从未进行过现金支付。

在国际财务报告准则下，"资产"定义的要素需要考虑企业拥有的资源是否能为企业带来未来经济利益的流入。如果以没有利息收入的现金流证明，那么确认特种国债作为资产的前提就失去了。这样的话，特种国债需要从银行的资产负债表中剔除，而且，1998年的注资行为在会计上可能被视为无效，为银行改革加重财政成本。

针对上述挑战，有关部门做了大量工作和解释。由于银行受到国家的资金支持（1998年注资的背景是将国家给予四大国有商业银行的政策性再贷款转换为资本金）而降低了银行原有的大额资金成本，因此银行须向财政部上缴特殊款项以补偿国家的资金成本。该特种国债的利息在2004年12月之前虽然没有实际现金支付，但对于银行而言，实际上既存在利息的收取，也同时存在向财政部上缴特殊款项的义务。另外，按照国际财务报告准则的要求，银行"应收利息"和"应付财政专项上缴款"在双方同意有合约规定并且有具体可辨认的现金流的前提下可以进行抵消，在资产负债表中按净值呈报。这样，特种国债利息支付安排的经济实质，即注资和利息支付都是实在的，经济效果是一致的。

2004年12月，根据《全国人民代表大会常务委员会关于批准〈国务院关于1998年特别国债付息问题的报告〉的决议》，财政部对该等国债进行了重组，从2004年12月1日开始，新的债券的利率由7.2%调整至2.25%，并以现金支付利息。同时，财政部终止了向商业银行收取"专项上缴"的安排。

2004年12月1日，经重组的特种国债的利率及付息方式发生了变化。变更后的特种国债与原有的特种国债在风险和收益上均存在着重大的不同，比如，新的特种国债已纳入国家国债计划，因此可将其视为两种根本不同的金融工具。新的特种国债的年利率2.25%是中国政府在大额政策性贷款中通常采用的利率，可被视为市场利率，应以票面价值确认变更后的特别国债，且在确认日不存在任何首日交易损益。

按照国际财务报告准则要求的精神，对该特种国债采取的会计处理方法总结如下。

第一，1998年特种国债发行时，可以以其票面价值进行初始确认。因为特种国债的票面利率7.2%可以被认为是当时的市场利率，所以其票面价值也可以被作为其公允价值。

第二，特种国债利息的支付方式非常特殊。尽管在国债发行后的相当一段时间该特殊国债没有利息现金流，但特种国债作为银行改革进程中的探索和尝试，这一利息的支付方式和支付机制安排是可以理解的。在按照国际财务报告准则编制财务报表时，该项债券初始确认后，银行应按特种国债的票面利率7.2%逐年计提利息收入，同时，银行应按财政部通知确认等额专项上缴财政款（列作费用，与税务成本相对等）。在资产负债表上，"应收利息"和"应付财政专项上缴款"进行抵消呈报。

第三，2004年12月1日特种国债经过重组后，其票面利率2.25%是与同期的大型政府债券相当的，即是中国政府进行或指导类似交易所通用的利率。这种财务重组，不是因为中国政府面临财务困难进行的财务重组。自始至终，中国政府没有财务困难。发行新的特种国债的目的是规范国家与银行的资金关系，因此，这是一项支持改革、意义重大的债券重组。这样做，旧的债券可以终止确认，而新的特种国债将按其票面价值（即公允价值）得到初始确认。此后，利息收入应按调整后利率2.25%在利润表中确认。

出售不良贷款及购入央行专项票据的公允价值问题

根据2003年12月18日中国人民银行和中国银监会向国务院提议的《中国银行、中国建设银行股份制改革实施总体方案》，中国人民银行和银监会要求两家银行动用不同资源，核销损失类贷款。作为资金来源，除了全部核销财政部以前在两家银行的股权外，中国人民银行通过发行央行特种票据，来支持国有商业银行不良资产的剥离处置。具体安排的方式有以下两种：一是直接向商业银行定向发行央行票据，用于置换政策性不良资产；二是国有商业银行向资产管理公司出售不良资产，所得资金用于定向购买中国人民银行发行的专项中央银行票据。未经中国人民银行批准，上述专项中央银行票据不能流通、转让、质押和过户，不能用做债务的抵押物。中国人民银行可选择提前兑付部分或全部专项票据。

国际财务报告准则下，金融工具的终止确认和对央行票据 (新的金融工具) 的初始确认应以公允价值进行。事实上，在国际财务报告准则下，所有有关金融工具的交易的初始确认均需按照公允价值计量。公允价值应按照下列方法进行确定：①如果该金融工具被视为在活跃的交易市场中进行交易，即交易价格可从交易所、交易商、经纪商等途径随时或定期获得，且该交易价格可以反映实际和有序发生的公平市场交易，则该交易价格可作为公允价值；②如果该金融工具不存在活跃市场，则公允价值可通过估值方法来确定公允价值。比如参考近期发生的公平交易中所使用的估值方法，参考与该金融工具本质上相同的另一个金融工具的当前公允价值，参考贴现现金流分析和期权定价模型等。

由于特种央行票据不存在活跃市场，银行决定采用贴现估值法。该方法的关键是确定对未来现金流 (即按照票面利率计算的利息和到期日应收回的本金) 进行贴现的适当市场利率。特种央行票据的期限是3年至5年，利率是1.89%。参考同一时点市场上类似期限票据的市场回报率，这样的利率水平似乎低于市场利率，但是由于期限较短，债券的规模巨大，因而其流动性对市场价值的影响难以确认，特种国债的票面利率被视同为市场利率。另外，即使可能存在不同的市场利率，因为票据期限较短，产生的利率差额对规模巨大的资本基础来说不重大。

国有商业银行出售不良贷款的另一个会计问题也应该在此作出说明。按照政策安排，国有商业银行以50%划一的对价向资产管理公司出售可疑类贷款。事实上，按照国际会计准则的要求进行减值评估后，这些可疑类贷款的可回收金额低于账面价值的一半，按50%的对价出售产生了溢价收益。即所售贷款扣除减值准备后的账面价值小于银行通过该交易取得的专项票据账面价值（其取得日的公允价值）。对此，国际财务报告准则中明确说明与金融资产出售相关的收益和损失，即被出售金融资产的账面价值净值与出售所得的公允价值的差异，应在出售日计入利润表。

但是，考虑到这些交易行为是作为经国务院批准的一系列银行重组改革和注资计划的内容之一，并按政府指示进行，遵循"实质重于形式"的原则，该经济利益应被确认为资本公积，因为不良贷款组合出售属于国家财政支持的安排，若将其产生的经济利益计入利润表与经济实质不符。结果，这种差异的确认调整到了注资日（即财务基准日）的权益中，以反映当时进行的重组安排。

员工退休福利负债的确认和年金计划

国有商业银行拥有众多的员工，在核算员工退休福利时，一贯采取现金收付制原则，即在员工退休后实际支付退休福利时才确认费用。因此改革中的一个重大会计问题就是如何按照国际财务报告准则的要求，对员工退休福利进行权责发生制核算，预计员工退休福利负债。

为什么要采用权责发生制核算原则呢？按照国际会计准则的精神，员工是企业拥有的资源，其为企业创造的利润与企业为其发生的支出应当在其服务期间配比，即符合"成本与收入配比原则"。但是，国内银行的做法却是在员工退出服务后，仍然继续确认退休员工成本，这就违背了上述配比原则。因此，国际财务报告准则规定，员工退休福利应当在员工服务期间作为一项负债进行计提，并确认费用。未来支付时，只是对负债的冲减，不再确认费用。

员工退休福利计划包括设定受益计划和设定提存计划两种。

两种计划下企业所承担的义务和所承受的风险有着明显不同。

设定受益计划：该计划下员工退休后享受的退休福利水平是固定的。为了保证员工能够获取这些退休福利，企业向另一个机构(养老保险基金等)支付资金，这个机构按照约定对这笔资金进行投资管理。如果发现资金池不足以支付员工的退休福利，企业将进行补充支付。设定受益计划下，企业承担着退休福利计划的精算风险和投资风险。如果精算损益变动或者投资表现不及预期，那么企业的支付义务将增加。

设定提存计划：该计划下企业支付的退休福利金额是固定的。企业向另外一个机构支付固定的资金，该机构同样对该笔资金进行投资管理。但是，即使资金池不足以支付员工的退休福利，企业也不再有法定和推定的义务进一步补充资金池。因此，员工承担了退休福利计划的投资风险(该计划下因为不需要引入精算假设，因此不存在精算损益)，而企业的支付义务是固定的。

国有商业银行通常存在以下对退休职工的法定和推定的福利义务。

(1) 提前退休福利，即向提前退休的员工支付基本工资和社会保障福利(包括养老金、住房公积金、失业保险等)，直到提前退休员工达到政府规定的退休年龄。

(2) 补充养老金，即向退休员工(包括提前退休员工达到法定退休年龄后)支付当地政府养老金计划和行业内养老金计划之间的差额，及银行结合政府相关规定支付给退休员工的其他补贴。

(3) 补充医疗保险，即全部或部分承担对退休员工基本医疗保险计划所不予支付的医疗费用。

银行在内退员工签订内退合同日起到其达到法定退休年龄期间，向内退员工支付提前退休福利属合同法定义务，这是因为银行与内退员工签订了内退合同。根据国际财务报告准则19号的要求，与退休福利相关的合同义务或推定义务均将作为即期负债确认体现在资产负债表中。因此，银行应根据权责发生制原则，在其内退合同签订日确定内退员工福利负债。

补充养老金和补充医疗保险等补充退休福利根据银行的做法，虽然没有法律的约束，但是属于银行的推定义务。推定义务来自于《国际财务报告准则19号——员工福利》，企业不仅应当核算其有合同约定的员工福利法定义务，而且对于非正式的实践中所承担的员工福利推定义务也应当进行核算。非正式的实践导致推定义务的产生，使得企业除了支付员工福利外没有其他可行的替代方案。推定义务的一种情况就是企业如果改变这种非正式的实践，将严重损害员工关系。根据IAS19的精神，虽然银行并未与其在职员工签订任何合同协议承担员工的这些退休后养老和医疗福利，在职员工也没有合同权利对银行进行索赔，但是如果银行选择不承担此类员工退休福利的话，会引起员工队伍不稳定，导致严重后果。银行不可能选择不承担此类员工退休福利的支付义务，因此该推定义务必然存在。在会计上该推定义务也应按负债在资产负债表中予以计提。

综上所述，国际财务报告准则要求对补充退休福利立即确认为即期负债。

对于在2003年12月31日（国家对银行的"注资日"，被认定为改革基准日）前退休的员工，这种补充退休福利是改革前国家有制度规范的法定义务；对于在2003年12月31日后退休的员工，这种补充退休福利是推定义务。

银行针对退休福利，原来采用的是收付实现制，在现金支出时入账。随着退休员工的增加，企业的退休福利负担增加。如果没有为这种退休福利按权责发生制原则计提退休福利负债，企业已有的经济负担不能按权责发生制确认，财务改革就不是彻底的。

因此，银行在员工薪酬和福利改革中，形成了下列方案和解决措施。

（1）"老人"。对在2003年12月31日前退休的员工，按设定受益计划处理。全部福利负债需要进行精算，包括退休养老及医疗等，一次性提足。

（2）"内退员工"。在员工内退时，内退人员已不再为银行提供服务，应该在内退时，一次性将内退期间的所有支出和负担提足，包括支付给社会保险统筹机构的部分。

（3）"新人"，对在职员工和在改革后加入银行的员工，按照企业年金的办法，由企业年金解决补充养老问题。这也是原有的补充退休福利计划的废止和新的年金计划实施的交接，是对旧的负债的"斩尾"工程。

在银行改革的过程中，对员工福利负债采取了如下会计处理方法。

第一，退休员工及在职员工的补充养老金、补充医疗费用和内退人员在其内退时间内的各种福利费用，如果符合设定收益计划的定义，需通过精算，得出员工福利负债的全部金额在会计报表中确认为负债。

第二，如果将来可能对上述部分福利进行结构性调整，在调整正式完成并与员工正式沟通之前，该等员工退休福利负债仍应予以确认。只有在福利计划进行结构性调整并与员工进行沟通后，被调整的负债才可以在结构调整之日进行转回，而相应的福利削减所得在国际财务报告准则会计报表中确认为当期利润。

国有商业银行改革后，开始采用企业年金计划取代补充退休福利，即用该计划向员工提供由管理层决定的超出社会基本退休福利的补充退休福利。银行原有的属于设定福利受益的补充退休福利，随着企业年金计划的实施而终止。企业年金计划作为养老金设定提存计划，银行和员工同时向企业年金缴款，员工退休后可从企业年金中支取补充退休福利。但如果在年金计划不具有足够的资金来支付上述员工补充退休福利时，银行不负有进一步支付养老金的法定或推定义务。

这项改革对银行改革和社会稳定作出了巨大的贡献。现将中国建设银行（2007年年报）中关于员工福利的会计政策摘录如下，可以看出上述改革思路的具体体现。

1. 内部退养福利

本集团与未达到国家规定退休年龄，申请退出工作岗位休养的员工达成协议，当上述员工停止为本集团提供服务时，本集团将与这些员工有关的所有负债的现值确认为当期损益。估算假设变化及福利标准调整引起的差异于发生时计入当期损益。

2. 退休福利

按照中国有关法规，本集团员工参加了由当地劳动和社会保障部门组织实施的社会基本养老保险。本集团以当地规定的社会基本养老保险缴纳基数和比例，向当地社会基本养老保险经办机构缴纳养老保险费。上述缴纳的社会基本养老保险按照权责发生制原则计入当期损益。员工退休后，各地劳动和社会保障部门有责任向已退休员工支付社会基本养老金。

另外，本行员工在参加社会基本养老保险的基础上参加本行依据国家企业年金制度的相关政策建立的《中国建设银行企业年金计划》（"年金计划"），本行按员工工资总额的一定比例向年金计划缴款，相应支出计入当期损益。

3. 补充退休福利

本集团为2003年12月31日及以前离退休的国内员工提供国家规定的保险制度外的补充退休福利。本集团就补充退休福利所承担的责任是以精算方式估计本集团对员工承诺支付其未来退休后的福利的金额计算。这项福利以折现率确定其折现现值。折现率为参考到期日与本集团所承担责任的期间相似的中国国债于资产负债表日的收益率。如果资产负债表日累计未确认精算利得或损失超过责任现值的10%，差异确认为当期损益，否则该利得或损失不予确认。

确认递延税资产

国际财务报告准则要求对企业所有应税暂时性差异进行确认，即进行递延税款的会计处理。

各个国家的税收制度与会计制度是不同的。比如说会计准则在全球越来越趋同，但税务制度是根本的主权制度，受各个国家的历史和经济演变影响，存在巨大差异。因为税收制度和会计制度的差异，计算出来的应纳税利润与会计利润会存在差异，每年实际缴纳的所得税金额不同，因而企业的实际税率在各个会计年间可能引起波动。

另外，财务会计以采用权责发生制为根本原则，而税务会计允许采用现金收付制。税务会计还因政府在不同时期采用不同的财政政策，在时间上给予企业回收资金等优惠鼓励。例如，允许企业加速折旧，在计算纳税利润时，在投资的前期可以多计入折旧费用。这种做法的结果是企业每年的税后利润——在不对税务影响进行全面分析的前提下——就无法进行比较。税后利润是企业会计最重要的核算指标。因此，国际财务报告准则要求对税务制度和会计制度存在的时间性差异按债务法进行核算。两者之间的永久性差异将在发生的当前在会计报表中直接反映。

按照国际财务报告准则所得税会计的要求，企业在取得资产、负债时，应当确定其计税基础。资产的计税基础是指企业收回资产账面价值过程中，计算应纳税所得额时按照税法规定可以自应税经济利益中抵扣的金额；负债的计税基础是指负债的账面价值减去未来期间计算应纳税所得额时按照税法规定可予抵扣的金额。资产、负债的账面价值与其计税基础存在差异的，应当确认所产生的递延所得税资产或递延所得税负债。企业当期所得税和递延所得税应当作为所得税费用或收益计入当期损益。

递延所得税的概念和计算体现了资产负债观，在所得税的会计核算方面贯彻了资产、负债的界定，并符合权责发生制的原则。交易或事项在某一个会计期间的确认，与相关的所得税影响一致。采用资产负债表债务法实施所得税会计，递延所得税表示为未来少付税款而准备的资产，或为未来应多支付税款而预提的费用。

国有商业银行原来大多采用应付税款法，即使有些银行可能采用了纳税影响会计法，也大多采用损益表法。而国际财务报告准则要求银行全面采用递延税款法，并按照资产负债表法分析账面价值和计税基础之间的差异并进而确认递延所得税。这对银行改革中执行国际财务报告准则是个挑战。

国有商业银行产生递延税的主要暂时性差异包括贷款损失准备、非信贷资产损失准备、员工住房改革损失、向资产管理公司转让不良资产产生的损失、员工福利负债、证券投资和衍生工具的公允价值、固定资产重估增值后的折旧额等。

以贷款准备金为例，会计核算上要求，对已经发生的减值损失，银行要及时计提准备金。但是，在税务上（特别是在2003年开始的银行改革时期），除新增贷款按1%计提的贷款准备金可以在税务上抵扣外，坏账损失只有在税务机关批准核销后才允许确认。这样，按税务原则确认的贷款坏账准备金和按会计原则计提的减值准备金存在巨大的差异。银行累积了大量在会计上已经计提但在税务上尚没有核销的坏账准备金。

这种坏账准备金如果在今后可以得到税务部门的批准进行税务抵扣，那么银行未来的税负就会减少。这种现在存在的未来银行可以受益的具有确定性的安排，就是递延所得税资产。根据国际财务报告准则第12号、所得税的规定，对所得税的核算只能采用纳税影响会计法，根据资产负债表内一项资产或负债的账面金额 (如计提准备金后的资产价值较小) 与其计税基础金额 (不允许超过计提1%的减值准备) 之间的差异进行分析计算而得。

另外，很重要的一点是，递延税资产确认的前提是企业未来将有足够的应税利润可供抵扣。银行通过预算分析，确认了这一假设。后来，上市银行的巨大基础利润的实现也证明了这一点，因此，这种判断是稳健的。

当时，国有商业银行改革缺少的是时间。如果在政策上能够明确，银行的不良贷款准备金今后在税务上可以作纳税抵扣，那么这种未来的收益必须在现在的会计报表上进行确认，在资产负债表上列作资产。更重要的是，这样做扩大了资本基数，为改革赢得了时间。

战略投资者交易

引进战略投资者是国有商业银行改革的重要组成部分。2005年，多家海外战略投资者与国有商业银行及中央汇金投资有限公司 (简称汇金) 签订了投资两家国有商业银行的战略投资协议。除了与该等交易相关的股份购买在商业上通用的表述和保证及向被投资银行董事会推举董事的权利以外，该等协议并没有强加给银行其他义务或赋予战略投资者其他权利的条款。但是战略投资协议中包括了汇金对战略投资者提供的一定的保护机制，即股权价值保护机制。

股权价值保护机制主要包括战略投资者享有将所购股份以成本价出售给汇金的权利。如果银行净资产减少导致每股价值低于战略投资者投资成本时，战略投资者可以要求汇金补偿其投资差价，即汇金应当选择以现金或银行股票向战略投资者支付银行净资产价值的减少部分；如果银行未来的投资者购买银行股票的价格低于战略投资者购买银行股票的价格，同样汇金应当选择以现金或银行股票向战略投资者支付差额部分。

国有商业银行股改所涉及的股权价值保护机制是由汇金提供的，银行没有因该等保护机制的存在而对汇金承担任何隐含的或外在的义务。因此，股权价值保护条款的存在并不影响银行将战略投资者的投资确认为权益。但是，银行对此应在会计报表中作充分披露。

例如，在《中国银行股份有限公司首次公开发行股票 (A股) 招股说明书》中，中国银行就汇金向战略投资者提供的净资产值保障作出的披露如下：

以本行截至2004年12月31日的合并每股净资产值为比照基础，若按照国际财务报告准则确定的本行截至2005年、2006年或2007年12月31日的合并每股净资产低于2004年12月31日的合并每股净资产值，则汇金将向RBS China、亚洲金融、瑞士银行及亚洲开发银行补偿其投资价值减少的部分。鉴于我国银行对于内资银行中外资所有权比例的限制，汇金可考虑酌情选择以股份、现金或股份加现金的方式作出补偿。

如果战略投资者有权将所购股份回售给银行 (或其代理)，或者银行与汇金就提供股权价值保护条款的结算与清偿事宜存在隐含的或外在的协议，就战略投资者投入的资本金，银行的会计处理将会受到很大影响或结果可能根本不同。根据国际财务报告准则的规定，如果金融工具的持有者有权要求发行人以现金或额外的股票赎回该金融工具，应将该金融工具确认为负债而非权益。汇金作为股东承担股权价值保护机制责任的安排是非常重要的，否则战略投资者的投资最多只能被视做次级债，而非承担所有风险的普通股权益。

此外，银行承担的发行费用是与发行新股相关的，因此，该等费用不计入利润表，而是从权益中扣减。银行不应承担与战略投资者购买老股相关的任何费用，这部分费用应当由股东承担。与战略投资直接相关的发行新股的费用（主要包括法律及其他专业顾问费用）在股本溢价中扣除。

资产管理公司发行的债券

1999年组建的华融、长城、东方、信达四家资产管理公司，是经国务院决定设立的收购国有商业银行不良贷款、管理和处置因收购国有商业银行不良贷款形成的资产的国有独资非银行金融机构。我国金融资产管理公司的成立，具有其特殊的时代背景，是我国从计划经济体制向社会主义市场经济体制转轨过程中，为了深化国有企业改革，处置银行不良资产、化解金融风险而专门采取的一种对策性措施。

组建金融资产管理公司要达到三个目的：一是收购国有商业银行的部分不良资产，改善国有商业银行的资产质量，使其办成真正意义上的现代商业银行；二是运用金融资产管理公司特殊的法律地位和专业化的优势，通过资产回收责任制及其专业经营，实现不良资产回收价值的最大化；三是对符合条件的企业实行债权转股权，支持国有大中型企业深化改革，摆脱困境。

国有商业银行向资产管理公司转让不良贷款，资产管理公司向国有商业银行发行附息金融债券作为代价。由于这些资产管理公司的股权资本不多，每家资产管理公司的股本分别约为100亿元人民币，但发行的债券金额达数千亿元，处置不良资产的收入非常有限，因此对商业银行就其发行的债券到期还本付息是困难的，而且有经验表示，资产管理公司对其发行的债券没有及时付息，有欠息的历史。这种事实涉及两个非常重大的会计问题。

（1）资产管理公司是否应当作为特殊目的实体与银行合并？

（2）如果不需要合并，那么资产管理公司发行的债券因为其欠息的历史和未来利润和财务状况的不确定性，是否需要对其计提债券减值准备。

在国际财务报告准则下，资产管理公司在最初成立时，可能被视为是一个特殊目的实体。它是为了处置四大国有商业银行的不良贷款而专门成立的。当时四大资产管理公司的董事长分别由四大国有商业银行的副行长担任，所有从四大国有商业银行调过去的员工的福利待遇还可以回到银行领取。如果没有政府的支持，资产管理公司很有可能无力偿付其发行债券的本息，银行因为持有资产管理公司债券，实质上将面临所有与资产管理公司有关的财务风险。国际会计准则要求，如果某个机构控制了一个特殊目的实体，则需要对其进行合并。控制的其中一个重要标志就是该机构是否实质上承担了几乎所有与特殊目的实体相关的剩余风险或所有权风险。如果银行需要对资产管理公司进行合并，将已经从银行会计报表上剥离的不良资产重新纳入表内，这将加大银行改革的难度，产生不利的财务和政治影响。

就此而言，依靠财政部对未来资产管理公司的债券本息偿付提供支持的承诺是一个至关重要的问题。只有这样，银行才能证明资产管理公司是财务独立的。财政部为了支持银行改革，明确表示："财政部将在金融资产管理公司支付债券本息所需资金范围内向其提供资金支持。"

同时，资产管理公司在其自身的改革中也迈出了步伐，完全独立于原有的四大国有商业银行，其用人制度是独立的，业务范围通过创新也得以扩大，因此，银行可以不对金融资产管理公司进行合并。由于财政部的支持，在国际财务报告准则会计报表中也无须对该金融债券计提减值准备。

但是，鉴于该金融债券数额巨大，且政府支持具有关联方交易的性质，因此在国际财务报告准则会计报表中对政府支持进行全面披露是必要的。现将工商银行2007年年报中有关资产管理公司发行的债券的披露摘录如下，供读者参考：

华融债券为一项中国华融资产管理公司（以下简称华融公司）于2000年至2001年期间分次向本集团定向发行的累计金额为人民币329.96亿元的长期债券，所筹集的资金用于购买本集团的不良贷款。该债券为10年期不可转让债券，固定年利率为2.25%。根据《财政部关于中国工商银行所持有金融资产管理公司债券本息有关问题的通知》（财金函〔2005〕80号），对本集团持有华融公司债券的本金兑付，必要时财政部将给予支持；另从2005年7月1日开始，如果华融公司不能足额支付债券利息，财政部将给予资金支持。

『　在执行会计准则、选择会计政策方面，金融企业是有空间的。因为企业文化和会计报告文化的不同，金融企业可以对其投资采用不同的金融资产分类、会计计量基础、估值方法和确认时间。　』

战略投资者对国有商业银行投资的会计处理

本文从会计政策和披露方面，分析国外主要战略投资者对其向国有商业银行投资进行的会计处理。从战略投资者财务报告的角度，理解战略投资者的投资意图和它们的会计文化，并为我国的商业银行和监管机构提供借鉴。

国有商业银行的战略投资者

国有商业银行引进国际金融企业作为战略投资者而形成的战略联盟主要有四对。它们按引入战略投资者的时间顺序排列分别是：美国银行与建设银行；苏格兰皇家银行与中国银行；高盛与工商银行及汇丰银行与交通银行。其交易时间、投资比例、认股价格等情况请见表1。

战略投资者对国有商业银行投资的会计处理和披露

按照国际会计准则要求，对股权投资，可分为以下几类进行核算。

战略投资者对国有商业银行投资的会计处理

167

（1）如果对被投资的企业拥有控制权（一般来讲，股权或表决权比例超过50%），那么这种股权投资应作为子公司投资按照成本法核算，并进行集团会计报表合并处理。国际战略投资者对中国国有商业银行的投资不属于此类投资，股权比例远远没有达到控制中国国有商业银行的水平。

表1　　　　　战略投资者对国有商业银行的投资情况

	交易	投资金额	限售解除时间
汇丰银行与交通银行	2004年8月18日认购7 774 942 580股股份；2005年6月23日，H股首次公开发行中购入1 340 060 000股股份；入股比例为18.6%	17.47亿美元（投资2004年8月18日认购的7 774 942 580股）4.30亿美元（购买2005年6月H股发行认购的1 340 060 000股）	2008年8月18日
美国银行与中国建设银行	2005年6月17日签署购买协议，并于2005年8月29日向汇金公司购入17 482 209 346股股份；2005年10月27日，H股首次公开发行中购入1 650 765 000股；入股比例为8.19%	25.00亿美元（投资2005年8月协议中的17 482 209 346股）5.00亿美元（购买H股公开发行中的1 650 765 000股）	2008年10月27日
苏格兰皇家银行与中国银行	2005年8月购入20 942 736 236股股份；入股比例为8.25%	30.48亿美元	2008年12月31日
高盛与中国工商银行	2006年1月27日订立股份购买协议。2006年4月28日完成认购股份16 476 014 155股；入股比例为4.9%	25.82亿美元	2009年4月28日及2009年10月20日

（2）合营企业和联营企业是指投资者对被投资的企业虽然没有控制权，但与其他投资方具有共同控制或者在财务和业务政策方面有重大影响（一般的股权或表决权比例在20%~50%，但并不绝

对)。会计准则要求对这类投资进行权益法核算。权益法核算要求在初始确认时，以投资成本入账；在后续计量时，投资方将其享有的利润和股东权益变动部分分别计入利润表和股东权益。

(3) 其他股权投资 (即没有控制、共同控制或者重大影响，股权或者表决权比例一般小于20%的股权投资) 可再细分为两类核算：①按公允价值计量且公允价值变动计入利润表，主要是分类为交易类的证券和指定为按公允价值计量的证券；②可供出售类证券——按公允价值计量核算，但公允价值的变动不计入利润表，在权益表中单独列示。对不流通的股权投资，如果公允价值难以确定，企业可以按照成本计量，并对按这种计量方法核算的股权投资作出披露。

国外战略投资者根据其投资的实际情况和自身持有这些投资的意图，对国有商业银行的投资进行了分类，并采用了不同的会计政策即美国银行、苏格兰银行和高盛对其投资按其他股权投资处理；汇丰银行按投资联营企业核算。有关各家战略投资者对国有商业银行投资的会计处理 (包括会计政策和披露) 请见案例，这些会计处理全部摘录自美国银行、苏格兰皇家银行、高盛和汇丰银行的年报。为了节省篇幅，在这里只摘录了那些有重要变化年份的会计信息披露。按照一致性原则，如果没有重大变化，这些投资的会计处理在投资持有期是一致的。

分析、评论和借鉴

应该看到，国外战略投资者对国有商业银行的投资在财务上讲都是重大的。对该类投资的会计处理的重点主要是选择计量基础。计量基础是指对股权投资按成本价或按公允价值计量的会计核算基础。

美国银行和苏格兰皇家银行对其在国有商业银行的投资按其他股权投资处理，在初始计量时，以投资成本入账。美国银行对计量基础的改变选择，即从成本法计量到按公允价值计量，以取消转让限制的日期作为分界点。在取消转让限制生效日12个月之前的同一日期，美国银行将记账基础从按成本计量转为按公允价值计量。在会计报表中，我们没有见到美国银行对剩下的12个月限售期对投资的公允价值的影响加以考虑。我个人认为这是因为美国银行认为这段时间比较短，且其认为市场的交易价是其所持股份的市场价格的最佳估计。另外，报表披露内容也讨论了投资合约的一个重要特征——转让限制。因此对财务报表的使用者来说，这种披露是充分的、稳健的。

苏格兰皇家银行选择的计量基础转换分界点为上市日。在上市之前，其所持股份以成本价入账，而在上市之后，该行立即使用公允价值作为其股权投资的计量基础。在财务报表中，苏格兰皇家银行并未披露与股份转让限制有关的条款。看上去，这家银行有点急不可待地将按公允价值计量带来的升值确认在会计报表中。没有披露与股份转让限制有关的条款这种做法至少在披露上是有失全面的。

高盛则一贯使用了公允价值为其投资的计量基础，但在转让限制期前，将它的投资列为"转让能力受限制"的股票。高盛针对限制性证券所采用的估值方法似乎更加科学，应当是使用了股权计价模型计算"转让能力受限制"的价值折让，即转让受限制对股票价格所产生的价值影响，并将其从市场标价中刨除，之后进而得到限制性证券投资的估值。但高盛将这笔大型投资直接分类为"自营投资"，接近或等同于交易类证券，按公允价值计量，市价变化直接进入了利润表。可以想象，这样做可能造成的利润表的波动。但是，中国工商银行的股票上市时间不久，没有足够的股价波动性历史数据，对"转让能力受限制"的价值计量是否可靠，这正是公允价值计量的困难。另外，高盛没有对中国工商银行的投资和"限售"相关的公允价值进行分项披露。应该注意，高盛当时在美国的公司地位是"证券交易商"，不是银行控股公司（目前已改变为银行控股公司形式）。因此，它在持有工商银行股票后，即采用公允价值计量方式也可以理解。

汇丰银行对其在交通银行的投资按照联营企业处理。汇丰银行将其包括在投资联营企业中，按照投资成本入账，所分享的利润按联营企业投资收入计入利润表，并按投资的账面价值（含所分享的利润）呈报。另外，汇丰银行对这一投资的公允价值也进行了披露。

汇丰银行因为在交通银行的投资比例为19.9%，在董事会中占有2个席位，在银行业务发展和财务管理的政策方向上能够对交通银行起到重大的影响作用，所以汇丰银行可以按照联营企业核算其在交通银行的投资。汇丰银行的这种做法是稳健的、长期的，它的目标是分享交通银行的改革和发展成果，是一种联姻。

应该强调，除了汇丰银行外，其他国际投资者对国有商业银行的投资，都满足不了"对联营企业投资"的定义，不能按联营企业核算计量，因为国有商业银行巨大的资产负债表和权益基础，没有几家国际银行有能力对中国国有商业银行进行如此重大的投资。从这一点，我们也可以看出国有商业银行引进战略投资者是个艰苦的过程。

如上所示，不同的金融机构对其投资采用了不同的金融资产分类、会计计量基础、估值方法和确认时间，其财务结果的影响是巨大的。从根本上看，这是不同企业文化和会计报告文化的一种反映。虽然这是一个单项案例，但它为金融企业今后进行财务报告的改革提供了很好的分析基础。在执行会计准则、选择会计政策方面，金融企业是有空间的。无论是董事会、审计委员会还是银行的管理层、财务总监，应该认识到建设稳健的会计文化对企业的长期发展是有好处的。

会计处理的对称性及会计报表日选择

有好奇的读者还会问，战略投资者对其投资的处理不同，按照对金融工具"对称"核算的原则，各家国有商业银行对从战略投资者引入的资本的核算是否不同。因为讨论的内容是"股权"投资，企业实体和股东实体是分离的，企业是股票的发行人，无论股东大小，他们持有的是企业的股票，股权持有人的会计处理对发行人的账目是没有影响的。

好奇的读者会问，为什么高盛的会计年结日是11月而非12月。在华尔街上，投资银行 (或者证券交易商) 选择11月30日作为会计年结日。因为这时，如果它们的资产负债表的流动性不好看的话，它们可以在市场上以比较便宜的价格拆入资金。而在12月31日，它们要这样做的话，就必须和所有大型商业银行一起在资金市场上竞争。因为这时大型商业银行也需要维持其会计报表流动性的门面，资金成本就会很高，甚至借不到。可以看得出来，在金融危机前，美国投资银行的流动性管理靠短期融资支撑长期资产投资的业务模式已经不是可持续的了。自2009年开始，高盛的会计报表日已改为12月31日。

案例

战略投资者对国有商业银行投资的
会计政策和处理披露摘录

美国银行——对中国建设银行的投资

摘自美国银行2005年年度报告

根据2005年6月17日签订的协议，美国银行同意用30亿美元购买中国建设银行9%的股份。根据该协议，25亿美元于2005年8月支付，5亿美元于2005年10月支付。这些股份在建设银行首次公开发售后的三年内，即在2008年10月前不可转让。美国银行在未来五年有权利增加其在中国建设银行权益的19.9%。截至2005年12月31日，投资中国建设银行的30亿美元记录在其他资产项下。

摘自美国银行2006年年度报告

根据2005年6月17日签订的协议，美国银行同意购买中国建设银行191亿股，大约占建设银行总股本的9%。这些股份在建设银行首次公开发售后的三年内，即在2008年10月前不可转让，因此在会计处理时以成本入账。

美国银行所持有的建设银行股份目前以成本入账，但根据会计准则的要求，将须作为可供出售类别的权益类证券进行会计处理，并在2007年第四季度开始以公允价值计量，公允价值与成本的差异将在累积的其他综合收入（即权益表）内反映。

摘自美国银行2007年年度报告

美国银行持有中国建设银行191亿份普通股，约占建设银行总股份的8%。在会计处理时，这些股份作为可供出售类权益证券按公允价值入

战略投资者对国有商业银行投资的会计处理

账。由于存在在2008年10月前不得转让的限制，上述股份在2007年第四季度以前以成本入账。截至2007年12月31日，美国银行对中国建设银行投资的成本和公允价值分别为30亿美元及164亿美元。

苏格兰皇家银行——对中国银行的投资

摘自苏格兰皇家银行2005年年度报告

2005年8月，苏格兰皇家银行与中国银行签订战略合作协议，通过子公司用31亿美元购买中国银行10%的股份。

摘自苏格兰皇家银行2006年年度报告

公允价值无法可靠计量的无标价权益性投资按照成本入账并归类为可供出售类金融资产。苏格兰皇家银行持有的此类资产包括其在中国银行2006年上市前对中国银行的投资。

苏格兰皇家银行持有的上市权益性股份包括其对中国银行的投资。在中国银行于2006年成功上市后，对中国银行上市权益性投资以公允价值入账，并显示该投资在当年取得了增值40亿英镑的表现。

摘自苏格兰皇家银行2007年年度报告

作为可供出售类金融资产，2007年对中国银行的股权投资公允价值及权益项下可供出售资产准备减少8亿英镑。

高盛——对中国工商银行的投资

摘自高盛2006年年度报告

高盛持有的中国工商银行普通股是高盛最大规模的自营上市股票投资项目。对于此项投资，高盛按照考虑转让限制之后的公允市值进行估值。高盛持有的中国工商银行普通股受到转让限制，其中包括在2009年4月28日之前不得以出售、处置或其他任何形式进行转让。在2009年4月28日至2009年10月20日之间，高盛可转让不超过截至2006年10月20日累计所持中国工商银行普通股50%的份额，而剩余部分可在2009年10月20日之后转让。高盛的此项投资的一部分由高盛经营的投资基金持有。

截至2006年11月（注意高盛的会计年度是以11月为截止日的，下同），对中国工商银行股权投资的账面价值为51.94亿美元，其中包括高盛管理的投资基金所持有的32.8亿美元，2006年公允价值变动收益为9.37亿美元。

摘自高盛2007年年度报告

截至2007年11月，对中国工商银行股权投资的公允价值为68.07亿美元，其中包括高盛管理的投资基金所持有的43亿美元，2007年公允价值变动收益为4.95亿美元。

汇丰银行——对交通银行的投资

摘自汇丰银行2005年年度报告

2004年，汇丰银行取得交通银行19.9%的股权，2005年6月，交通银行首次公开发行，汇丰银行再次投资4.3亿美元，维持19.9%的股权比例。

截至2005年12月31日，对交通银行的股权投资账面价值为24.8亿美元，公允价值为41.43亿美元。

摘自汇丰银行2006年年度报告

截至2006年12月31日，对交通银行的股权投资账面价值为27.1亿美元，公允价值为110.65亿美元。

摘自汇丰银行2007年年度报告

截至2007年12月31日，对交通银行的股权投资账面价值为39.57亿美元，公允价值为129.92亿美元。

「 资本收益率能够反映出股东利用杠杆所获取的盈利水平。银行为了应对风险，必须保持充分的资本基础和流动性，降低杠杆率，那么股东必须降低其资本回报率期望。净息差反映了资本金的财富效应，而不能纯粹地反映市场利率及其变化对经营成果的影响，这使得更多的分析师倾向于重点使用净利差作为考核银行管理业绩的指标。」

衡量商业银行业绩的关键指标

当银行管理层将财务报表提交董事会提请董事们审阅的时候，作为银行的董事需要关心哪些主要的业绩考核指标？如何通过分析财务指标来洞悉银行的经营水平？这些都是银行董事希望了解和掌握的知识。本文从反映商业银行盈利能力、资产质量、资本充足程度和流动性等方面的关键财务指标出发，阐述这些指标的含义、用途及内在联系，旨在为银行董事阅读财务报表提供指导和参考。

盈利能力指标

1.杠杆率是联系资产收益率与资本收益率的桥梁

资产收益率 (Return on Assets，ROA) 一般是指平均总资产税后收益率，其计算公式为：ROA=净利润/平均总资产。该指标反映

注：本文与张丽男合作完成。张丽男曾在普华永道中天会计师事务所担任高级经理，现任北京华世建宁企业管理咨询有限公司创始合伙人。

了某个期间内银行资产的获利能力，该指标越高，表明银行资产利用的效果越好，说明银行在增加收入、节约资金成本及资产组合配置等方面取得的效果良好。报表使用者可以利用银行的ROA与同业进行横向比较，也可以与该银行的历史状况进行纵向比较，从而分析银行的资产盈利水平在同业所处的位置以及银行自身的发展趋势。资产收益率是应用最为广泛的衡量银行盈利能力的指标。

衡量银行盈利能力的另一指标是资本收益率 (Return on Equity，ROE)，它是指股东权益的税后收益率，其计算公式为：ROE=净利润/平均净资本。该指标反映了某个期间内银行股东权益的获利能力，该指标越高，表明归属于银行股东的利润越高，银行为股东创造的利润水平越高。

对ROE与ROA的主要区别和联系我们需要从银行的资金来源角度进行分析。银行的资金供给主要来自两个方面：股东的投资，即银行的股东权益和银行利用财务杠杆，通过举债的方式 (包括存款) 融得的资金。ROE能够反映出银行利用财务杠杆原理所获取的盈利水平，而ROA却不能反映这一特点。

具体说明如下：净利润/平均净资本= (净利润/平均总资产) × (平均总资产/平均净资本)。其中，平均总资产/平均净资本即是银行的财务杠杆比率 (也称杠杆率)。ROE=ROA×杠杆率。

在分析银行盈利能力时，一定要对ROE进行解剖，了解较高的ROE是否因较高的杠杆率的作用产生。通常，银行经营业绩的不良表现可以通过较高的杠杆率来掩盖。比如：两家银行同样实现了20%的资本收益率，但实现这一比率的方式却可能完全不同，即一家银行的资产收益率可能为1%而杠杆率为20倍，而另一家银行资产收益率为2%而杠杆率为10倍。可见，在银行业高杠杆经营的背景下，只有结合银行杠杆率指标分析ROE，才能全面衡量银行的盈利能力。

2.净利差与净息差的区别在于资本金的财富效应

净利差 (Net Interest Spread, NIS) 的计算公式为: NIS=平均生息资产收益率 (以下简称生息率) –平均计息负债成本率 (以下简称付息率)。其中, 生息率=利息收入/平均生息资产, 付息率=利息支出/平均计息负债。它主要反映了银行资金运用的收益率与银行借贷资金来源 (包括存款) 的利息成本率之间的差额。平均生息资产是指能够给银行带来利息收入的资产的时间加权平均余额, 一般包括发放贷款和垫款、债券投资、存放中央银行款项、存放同业款项及拆出资金、买入返售金融资产等资产。平均计息负债是指银行为债权人支付利息的负债的时间加权平均余额, 一般包括吸收存款、同业及其他金融机构存放款项和拆入资金、卖出回购金融资产、应付债券等负债。

净息差 (Net Interest Margin, NIM), 也称做净利息收益率, 其计算公式为: NIM=净利息收入/平均生息资产, 其中净利息收入是利息收入与利息支出的差额。NIM主要反映了银行生息资产的整体盈利能力, 表明银行整体生息资产获利能力。

在传统的商业银行经营管理中, NIS所反映的是当前的利率水平和银行定价能力及应对市场竞争环境的差异。NIM反映了全部生息资产的净利息收入水平, 这些生息资产中有部分是由股东权益提供资金来源的, 而这部分资金来源是不计算利息成本的。因此, 一般而言, NIM值要比NIS值高。

NIM与NIS的上述差额被称为免费基金效应, 这个效应又一次反映了资金来源中无息的资本金的作用。NIM包括了资本金的财富效应, 而不能纯粹地反映市场利率及其变化对经营成果的影响, 这使得更多的分析家倾向于重点使用NIS作为考核银行资产负债管理业绩的指标。在实际运用过程中, 应该全面地分析上述两个指标, 以便对银行盈利能力的真实表现进行更准确的判断。

3.成本收入比率是银行运行效率的风向标

成本收入比率是业务及管理费与营业收入的比值，即赚100元的营业收入需花费多少业务及管理费用。该指标反映了业务营运和管理成本金额占营业收入的比率，这项指标体现了银行的运行效率。通常，成本收入比率越低，表明银行运行的效率越高；反之，则表明银行运行的效率低，为取得相同收入而支出的成本高。

商业银行经营除了资金成本和信贷外，最主要的支出就是业务及管理费。业务及管理费一般可细分为三大类：①人事费用，包括工资、奖金、员工培训费用及其他职工福利费用等；②IT和场所占用费用，包括IT费用、折旧、租金、水电费和其他与财产维护及保养相关的费用；③业务运营及发展费用，包括客户开发，业务招待费等。在分析成本收入比率时，要对业务及管理费的组成部分进行解析，关注成本变动的原因，考虑公司总体策略变化对成本的影响，剔除指标中可能引起误导的内容。有一些成本指标是领先性指标，例如员工培训费用的支出，今后会给银行带来收益。有一些成本指标是滞后性的，无法给银行带来价值。例如，电脑系统打补丁的费用。银行管理层要能够分清这些费用的性质，在审批时加以区分管理。

尽管成本收入比率是衡量银行运行效率的有效指标，且在实践中得到广泛运用，但是，对成本收入比率也需要进行深入分析。成本收入比率是资产成本比率和资产收入率计算之后的结果(其中，资产成本比率=业务及管理费/平均总资产，资产收入率=营业收入/平均总资产)。单纯地从成本收入比率来分析一家银行的运行效率可能会掩盖部分成本或收入问题。举例来讲，一家银行的成本可能较低(这可以通过其资产成本比率来体现)，但其资产收入率也低，也就是说这家银行可能在控制成本上很有效，但在创造收入方面却效率很低。如果这样，通过这两个比率计算出来的成本收入比率就可能会给管理层和投资者以错误的信号。

同时，需要提醒的是在运用成本收入比率进行横向对比分析的时候，将相似业务结构的银行进行比较才有意义。比如：我国城市商业银行成本收入比率最低，国有制银行比率居中，股份制商业银行比率最高①。我们不能因此就简单得出城市商业银行的运行效率最强，股份制商业银行运行效率最弱的结论。因为不同类型的银行的发展策略和业务组成是不一样的，业务及管理费的构成也因此而存在较大的差异，银行获利能力也不同。

资产质量指标

1.不良贷款率反映已经给银行带来损失的贷款的规模

不良贷款率是不良贷款在贷款总额中的占比，是反映银行信贷资产质量的重要指标。根据中国人民银行发布的《贷款风险分类指导原则》，商业银行对贷款采用以风险为基础的分类方法，把贷款分为正常、关注、次级、可疑和损失五类 (以下简称五级分类)，后三类贷款合称为不良贷款。

具体来说，"正常类"是指借款人能够履行合同，没有足够理由怀疑贷款本息不能按时足额偿还；"关注类"是指尽管借款人目前有能力偿还贷款本息，但存在一些可能对偿还产生不利影响的因素；"次级类"是指借款人的还款能力出现明显问题，完全依靠其正常营业收入无法足额偿还贷款本息，即使执行担保，也可能会造成一定损失；"可疑类"是指借款人无法足额偿还贷款本息，即使执行担保，也肯定要造成较大损失；"损失类"是指在采取所有可能的措施或一切必要的法律程序之后，本息仍然无法收回，或只能收回极少部分。综合上述分析可见，不良贷款 (包括次级、可疑和损失类贷款) 是已经给银行带来损失的贷款。

---

① 杨大强：《我国商业银行盈利水平及影响因素研究》，载《金融理论与实践》，2009 (2)。

在实践中，用不良贷款率分析银行资产质量指标时，除用该指标与同业水平进行横向比较或与自身历史水平进行纵向比较外，可以将该指标细化，如可以按照贷款的产品类型（如企业贷款、零售贷款等）、借款人所属行业（如金融业、房地产业等）、贷款投放区域（如东北地区、华北地区等）及借款人类别（如内资企业、外资企业等）等不同口径分析不良贷款率，以便明晰不良贷款产生的原因和所在，找出提高信贷资产质量的可靠方法。

因为我国有关不良贷款核销的财经纪律和税法限制十分严格，我国商业银行的不良贷款率与国际商业银行的不良贷款率存在不可比的情况。国际上的做法是商业银行可以自主进行不良贷款的核销，因此，不良贷款在资产负债表上的呈报金额在核销后得以减少，不良贷款率因而降低。当然，不良贷款的回收工作不会因为账面核销而受影响，即账销案存，催收工作依旧进行。但是，在中国因为不良资产核销工作的合规限制，不良贷款在资产负债表上存在的时间较长，不良贷款率也因而较高。

不良贷款率是有关银行资产负债表的指标。现在让我们来看看与不良贷款相关的利润表指标——信贷成本率。

信贷成本率是财务报表期间发生的贷款减值损失与贷款平均余额的比率，这个指标显示了银行的信贷资产在当期所承担的相关信用风险损失情况。该指标的分子就是利润表中"贷款减值损失"。按照《企业会计准则（2006）》的列报和披露要求，在"资产减值损失"项目下，除贷款减值损失外，还归集了与债券等其他金融资产的减值损失，因此报表阅读者可能无法直接从利润表上看到贷款减值损失的金额，而需要在财务报表附注中"资产减值损失"的详细披露项目中找到对应的数字。从这个利润表数字出发，报表阅读者还能发现它与资产负债表中"贷款减值准备"之间的勾稽关系。为了更好地帮助报表阅读者理解银行的贷款减值准备，通常银行会列示一张变动表，以贷款减值准备期初余额为起点，通过列示"本期计提"、"本期回拨"、"本期核销"等增减项目，得到贷款减值准备的期末余额，这其中的"本期计提"和"本期回拨"的合计数就是利润表中的"贷款减值损失"。信贷成本率的分母，贷款平均余额是财务报表期初和期末贷款余额的算术平均数。

另外，信贷成本率对理解银行贷款的风险定价管理能力有一定的参考意义。将净利差减去银行的信贷成本率，可以看到银行考虑信贷风险成本后的盈利能力。

2. 贷款准备金率反映银行信贷管理文化的稳健性

贷款准备金率是贷款准备金与全部贷款余额的比例。贷款准备金是银行根据对贷款可能发生损失的判断，在会计账上计提的风险储备。由于贷款是商业银行最重要的资产，及时了解贷款质量、保证贷款安全是银行风险管理的基础工作。从会计角度，贷款损失是一种成本，该成本应该在已识别并可以可靠计量时候确认。

贷款准备金的计提很大程度上依靠银行管理层的主观判断，因此贷款准备金率反映了银行信贷管理的稳健程度。比如，对于同一笔不良贷款，由于对损失程度的认识不同，计提的贷款减值准备可能不同。此外，在不同利益的驱动下，各利益方可能作出不同的处理。有的银行为了达到利润指标，就可能尽量少提准备金。而有的银行因为完成了盈利预算，又不想给下年预算造成太大的压力，就多提准备金。因此，在比较两家银行贷款准备金比率或比较同一家银行不同时期贷款准备金比率时，要更进一步考虑具体贷款业务情况，比如贷款五级分类的分布、历史迁移等指标。尽量排除对贷款准备金率理解的干扰因素，看清银行的基础资产质量。

3. 不能机械追求高拨备覆盖率

拨备覆盖率是期末贷款准备金与期末不良贷款余额的比率。自2008年以来，银监会对该指标提出指导，要求银行业金融机构须将拨备覆盖率提高到一定水平以上。因此，银行管理层极为关注这项指标。但是，需要注意的是，此指标的分子是所有贷款减值准备，其中包含对正常、关注类计提的减值准备，而分母是不良贷款余额。这一指标的变化是银行计提减值准备和识别不良贷款两个项目共同作用的结果。如果不仔细分析不良贷款的构成及各家银行的不良贷款迁移情况，片面追求该指标很可能会引起误导。

举例来讲，在资产负债表日，两家银行A和B的不良贷款金额一样，均为10亿元。但是A银行的所有不良贷款均为损失类贷款，A为这些损失类贷款计提100%的准备金即10亿元；B银行的所有不良贷款均为次级类贷款，B为这些次级类贷款计提30%的准备金即3亿元。假设A、B两家银行对不良贷款均是按贴现现金流的方法一笔一笔评估计算得出，那么两家银行对不良贷款计提的准备金是合理且适当的。同时我们假设A、B两家银行正常类和关注类贷款金额、结构及历史迁移率一样，因此两家银行可以对正常、关注类贷款计提一样的准备金，假设为10亿元。综上所述，A的减值准备余额为20亿元，拨备覆盖率为200%，B的减值准备余额为13亿元，拨备覆盖率为130%。我们能因此说A比B对信贷损失的弥补能力更强吗？基于前面的假设条件，不难得出否定的结论，因为两家银行对贷款计提的准备金均是恰恰能覆盖其风险损失的。A银行的拨备覆盖率高，是因为A银行的不良类贷款质量劣于B银行。

那么，是否在两家银行信贷资产质量一致的情况下，计提的拨备越高的银行越好呢？答案也是否定的。尽管谨慎性原则是企业会计核算的一项重要原则，但是谨慎的前提是会计报表公允的表达。因此，在计提准备金的时候，要对贷款质量情况有全面的分析，这样才能满足会计准则的要求，即针对有客观证据表明发生减值的贷款，应当确认减值损失，计提减值准备。

资本充足率指标

1.核心资本充足率较之资本充足率更能体现银行资本实力

资本充足率反映的是银行在存款人和债权人的资产遭到损失

之前，银行能以资本承担损失的程度。资本充足率是最重要的资本约束机制指标，对于银行的抗风险能力以及更广泛的金融体系稳定至关重要，资本充足率越高，表明银行抵御风险的能力越强，越有利于金融稳定。

资本充足率 (Capital Adequacy Ratio，CAR) 的计算公式为：CAR=资本总额/风险加权资产。其中，资本总额=核心资本+附属资本–资本的扣除项。核心资本包含股本、资本公积、留存收益及少数股权部分；附属资本包含重估储备①、一般准备②、优先股、可转债及长期次级债务③部分；资本的扣除项包含商誉、商业银行对未并表银行机构的资本投资及非自用不动产和企业资本投资。风险加权资产=资产负债表内资产×风险权数+资产负债表外资产×转换系数×风险加权数。风险权数是根据不同类别资产的风险性质确定的。例如：我国中央政府债权的风险权数为零，个人住房抵押贷款的风险权数为50%。

核心资本充足率 (Core Capital Adequacy Ratio，CCAR) 的计算公式为：CCAR= (核心资本–核心资本扣除项) /风险加权资产。CCAR与CAR相比，经济实质类似，只是在计算银行资本时不包括附属资本，且扣除项中对未并表银行机构资本投资及对非自用不动产和企业资本投资扣除率不是50%，而是100%。

根据中国银监会《商业银行资本充足率管理办法》的规定，

---

① 重估储备：商业银行经国家有关部门批准，对固定资产进行重估时，固定资产公允价值与账面价值之间的正差额为重估储备。若银监会认为，重估作价是审慎的，这类重估储备可以列入附属资本，但计入附属资本的部分不超过重估储备的70%。

② 一般准备：一般准备是根据全部贷款余额一定比例计提的，用于弥补尚未识别的可能性损失的准备。

③ 长期次级债务：是指原始期限最少在五年以上的次级债务。经银监会认可，商业银行发行的普通的、无担保的、不以银行资产为抵押或质押的长期次级债务工具可列入附属资本，在距到期日前最后五年，其可计入附属资本的数量每年累计折扣20%。如一笔10年期的次级债券，第六年计入附属资本的数量为100%，第七年为80%，第八年为60%，第九年为40%，第十年为20%。

商业银行资本充足率不得低于8%，核心资本充足率不得低于4%。达不到指标比率的银行在很多发展方面都会受到限制，比如不能增设营业网点等。

资本充足率与核心资本充足率的主要区别在于附属资本及其规模。目前，很多资本充足率低的银行通过发行可转债、长期次级债务方式增加附属资本，进而提高资本充足率。但是，因为可转债、次级债等具有债务融资的特点，不是纯粹的股权融资，因此对存款人来说，虽然有多一层次级债铺垫其抵御损失的能力，但这种次级债融资也提高了银行的杠杆率。因此，从衡量银行资本质量的角度讲，核心资本充足率指标比资本充足率指标更能体现银行资本实力。

从资本管理的角度，资本充足率也可以进一步演化为资本管理的工具。例如，CAR=权益资产比率/平均风险权重，即可以从这两方面因素入手分析资本充足率的水平及变化。其中，权益资产比率=资本总额/总资产；平均风险权重=风险加权资产/总资产。权益资产比率反映了银行自有资本占总资产的比例，该比例越高，银行的财务风险越小。平均风险权重反映了银行风险加权资产占总资产的比例，该比例越高，银行消耗单位资本的水平也越高。通过上述指标分析，可以看到管理层在管理银行资本方面的作为。

2.要理解资本充足率和股本回报率的反向关系

资本充足率指标过高，会降低股东的资本回报，相反，该指标过低，银行的持续经营风险会增加。杠杆率和资本充足率的关系是呈反向变化的，即杠杆率越高，资本充足率越低。财务杠杆是银行对负债的利用，杠杆率较高，表明银行对负债的利用程度较高，对资本的利用程度较低。如果负债经营使得银行每股收益提高，银行就获得了财务杠杆利益。银行适当地运用财务杠杆可以提高资金的使用效率，但借入的资金过多会降低资本充足率，增大银行的财务风险，特别是流动性风险。

银行必须保持充分的资本，降低杠杆率。但是这样，股东的资本回报率也会降低。

流动性指标

流动性，即银行用于应对资产增长或者债务到期的能力，是银行得以持续经营的关键。流动性不是银行的某项资产，而是银行的一种能力和状态，是银行具备充分的流动性储备去应对流动性需求的能力。通过比较不同的流动性资产，非流动性资产，稳定负债，不稳定负债和流动性结余等可以形成不同的财务比例，反映银行的流动性状况，例如存贷比，现金资本化比率，流动性比例，核心存款率和超额备付率等。本文主要讨论分析存贷比和现金资本化比率。

1.存贷比是衡量商业银行流动性的实用指标

存贷比是衡量银行流动性的一个简单而实用的重要指标，该指标是各项贷款总额与各项存款总额的比率。银行贷款是没有活跃市场的金融资产，因此，存贷比高，表明银行的流动性收紧。

存贷比高表明银行利用资金的能力较强，将更多的资金投放在贷款上，而贷款的收益较之其他生息资产通常较高。另外，存贷比高表明银行吸收的存款对应的贷款越多，对应的货币资金较少，银行的流动性就较低。

高流动性通常意味着较低的收益性。在流动性管理上，需要强调存款的多元化的重要性，将多元化的活期存款沉淀为银行的资本基础。

2.现金资本化率能够比较全面地体现银行的流动性

现金资本化率正在商业银行逐渐流行，将取代存贷比。这个指标直接用稳定负债比非流动性资产。稳定负债包括存款，股东权益和长期发行债券，同时扣除非稳定存款。非流动性资产包括贷款和其他非流动性资产。

与其他的指标方式比，现金资本化率能够更为全面地体现银行的流动性，这是银行因为现金资本化比率指标包含了长期负债，基础资本（包括股东留存收益），并考量了资产的流动性。它的计算公式是：稳定负债/非流动性资产。例如，某家银行对其计算内容的定义是，稳定负债包括股东权益，长期负债（包括次级债）和核心存款。非流动性资产包括贷款，经调整的（即对其流动性调整后的）证券投资和衍生金融工具及其他资产。复杂的银行还对贷款和其他资产的流动性进行调整。

不难看出，现金资本化比率高反映了流动性敞口较低，并在一定程度上反映了银行较好的流动性状态。

3. 单纯的财务指标已经不能满足现代银行对流动性管理的需求

自2008年国际金融危机以来，流动性风险成为银行业监管机构最关注的风险之一。越来越多的银行通过现金流模型、敏感度分析以及压力测试等多种手段来管理流动性风险，确保满足资金头寸的需求。由于这些方法所运用的数据不是单纯可以从财务报表中取得的，因此，流动性风险管理是银行内部的基础工作，外部分析看到的只是过时的信息，对流动性风险管理的认识相关性不大。例如，现金流量表在分析银行的流动性管理时的作用就不大。因此，作为银行董事，更加要关注的是银行内部的流动性风险管理和程序。

结语

为了能够透过财务指标看出商业银行真实的经营状况，在分析财务指标经济含义的时候，应该注意以下几个问题：第一，银行每天的资产、负债余额变化较大，一般应以某段期间内的资产、负债平均余额来衡量银行的财务状况；第二，应理解银行高财务杠杆经营的特性，对于银行的资本充足率指标格外重视；第三，应理解不同指标之间的内在联系，避免孤立地用单个指标判断银行的业绩水平。

同时需要强调的是，单一的指标管理不能支持银行长期可持续发展。创造银行利润与价值的驱动因素是银行有效的资产负债管理，在业务经营过程中，对各类资产和负债进行预测、组织、调节和监督管理，其目的是在资产负债总量上平衡、结构上合理的状态下，在风险可控的前提下达到最大盈利的目标。

> 审计委员会是公司治理结构的重要组成部分。金融机构具有内在的脆弱性，需要全面高效的内部控制体系。审计委员会应拿出更多的时间及注意力与管理层及内外部审计就内部控制进行讨论，约见管理层及外部审计师，对财务报告以及审计结果进行审阅。

金融企业审计委员会的职能与运作

本文根据普华永道的调研资料，对金融企业审计委员会的四个主要职能以及审计委员会的建立与运作进行了详细介绍。

公司治理结构的模式和审计委员会

公司治理是一种对工商企业、金融机构等进行管理和控制的机制。公司治理机制明确规定了公司的各个参与者的责任和权利分布，诸如管理层、董事会、股东和其他利益相关者，并且清楚地说明了决策公司事务时所应遵循的规则和程序。同时，它还提供了一种结构，用于设置公司目标及达到这些目标和监控运营的手段。

各国的公司治理结构模式大致可分为三类：美国式、日本式和德国式。美国式的公司治理结构模式属于市场控制模式；日本模式下，由于公司间交叉持股，对公司的监督与制约主要来自法人股东、集团内部企业及银行；德国模式下，银行则是控制公司的主要

注：本文与周忠惠先生合作完成。周忠惠先生原是普华永道中天会计师事务所资深合伙人，曾担任中国证券监督管理委员会首席会计师。

力量。本文以市场控制模式下的美国公司治理结构模式对审计委员会的职能和作用进行分析。因为日本、德国的公司治理结构模式属于内部控制模式，经营管理权力主要控制在经营者手中，容易导致公司内部相互勾结、掩盖存在的问题甚至出现欺诈行为，而且当经济衰退时，公司间又彼此拖累。

股东是公司财产的委托人及最终受益人，公司管理人员是财产受托人及代理经营者。根据经济学的代理理论和实务经验，委托人和代理人之间既存在密切的共同的利益，又存在不可忽视的利益冲突，这种统一和冲突之间的矛盾构成了公司治理的内容和需要解决的问题，因此处理好委托—代理关系是公司治理的主要任务之一。而审计委员会正是协调这种委托—代理关系的产物，它在处理这种利益和冲突相交织的关系中起着举足轻重的作用。审计委员会在公司治理中的职能过去一直没有得到明确的定义，同时也不为公司所重视。

1987年，美国泰威委员会对200多家作出虚假财务报告的公司进行了调查，调查结果显示，这些公司中多数审计委员会每年只举行一次会议，25%的公司甚至没有设置审计委员会，另外，审计委员会中有65%的成员不具备专业会计师资格或主管会计及财务报告的相关经验。该委员会发表的报告指出，审计委员会应起到对财务报告系统、公司内控机制、公司管理层、员工行为及道德操守等的监察角色。随后，由纽约证券交易所及全美证券交易商协会出资于1998年成立的蓝绸委员会 (Blue Ribbon) 于1992年2月向美国证券交易委员会提出了更多具体建议，进一步强调了审计委员会在公司治理方面的作用。审计委员会的作用也因此被认同和确立。

金融企业审计委员会的职能

根据普华永道对金融企业审计委员会的职能所作的系统性调查研究，审计委员会的职能主要有四个方面：①对公司内控机制的完善与否作出评价；②对公司财务报告进行审阅和复核；③确定公司有效地遵循有关法律、法规，并审阅对公司有重大影响的税务问题；④对企业各级管理人员行为规范的遵循监管程式作出评核。

1. 内部控制机制

金融机构具有内在的脆弱性，它必须面对由经济周期所带来的信贷回收的不稳定性、源于担保储蓄利率而导致的潜在的高风险投资、资产负债到期日错配产生的流动性风险及挤兑风险、担保和信贷的诈骗风险，等等。金融机构需要全面高效的风险内部控制机制。一般银行和证券公司等金融机构均设有如资产负债委员会、信贷委员会和风险管理委员会等机构，以制定风险政策并强调风险意识，而内部审计部门则会对信贷部门、资金部门等风险管理的内部控制执行情况作出具体审核。

我们认为金融企业审计委员会需要对以下几个方面的内控机制进行评审：

(1) 评估管理层，包括各个管理层下属委员会，是否已将内部控制机制的重要性有效地传达到每个员工，使每个员工可以清楚地了解自己的工作职责。

(2) 由于金融机构每月均需处埋大量客户、大批交易，因此，审计委员会需要关注内部和外部审计机构对电脑系统及其运作效果作出的评审，包括系统本身操作程序的安全性、稳定性，系统失灵后应变措施是否可靠、有效，等等。

(3) 向管理层了解内部及外部审计机构提出的关于改进内部控制机制的建议是否得到落实。

(4) 确保外部审计机构知道有关公司内部是否有欺诈等非法行为，或内部控制机制不够健全等问题，并作出恰当的安排。

(5) 审计委员会应拿出更多的时间及注意力与管理层及内外部审计部门就内部控制机制进行讨论，并取得管理层关于内部控制机制成效评定的书面文件，包括针对内部控制机制的管理层声明书。

2.财务报告

公司治理中最重要的作用就是对财务报告进行审阅和复核。金融机构每年均须公布、提交年度财务报告，上市金融机构还需提交年中财务报告。由于金融机构的运作相当复杂，报告须对信贷、投资、风险对冲、金融工具买卖等经营活动作出大量的数据分析及资讯披露，其中涉及许多主观判断。因此，审计委员会必须及时与管理层及外部审计机构沟通，了解财务报告的编制及其审计过程中所遇到的种种问题，并凭借自己对公司的认知，对财务报告的内容进行分析，就不合理处向财务主管及管理层提出质询。具体来说，审计委员会对财务报告负有以下责任：

(1) 审阅重大的会计及披露事项，考虑专业团体及监察机构最近发布的公告对财务报告的影响。例如关于证券投资的不同定价方法，对经营范围的不同划分标准等。

(2) 向管理层及内外部审计机构了解财务报告的制定和审计过程中所面对的风险及应对措施。例如，了解管理层是如何确保财务报告已考虑了所有信贷风险，并准确计提信贷风险的有关坏账准备金。

(3) 审阅财务报告，确定报告内容完整，并和审计委员会掌握的资料一致，以及评估报告是否基于适当的会计准则编制。

(4) 关注特别复杂或异常的交易，如发行衍生工具的账务处理、年末投机性产品的大额持仓交易等。

(5) 特别注意那些须经主观判断的资产或负债的定价，例如有关呆坏账准备、诉讼、担保、承诺及或有负债拨备等方面的会计及信息披露处理。

(6) 约见管理层及外部审计人员，对财务报告以及审计结果进行审阅。了解管理层对外部审计机构提出的审计调整的处理情况。在年度财务报告发布前，对报告中的管理层讨论与分析，以及其他各部分进行审阅。考虑公布的资料是否适当，是否符合审计委员会对该金融机构及其运作的了解。

另外，由于外部审计机构对财务报告的编制及公布进行独立的审计，其工作成效对财务报表的质量有重大的影响。因此，审计委员会也需要参与对外部审计机构的选聘工作。根据普华永道对上市公司审计委员会主席所作的一次调查，82%的审计委员会主席认为他们对外部审计队伍的领袖合伙人的信心是选聘的关键考虑因素。除此之外，审计委员会还需要了解及评审该外部审计机构提出的审计范围建议及审计方法，了解他们的工作表现、独立性、所提供专项服务的性质，对财务报告及审计调查结果的责任等。

3. 法律、法规及税务问题

各国金融监管机构凭借大量的、繁复的法律、法规对金融机构作出全面、迅速并且细致的监管。要确保金融机构全面遵循法律、法规，审计委员会需要做以下几方面工作：

(1) 对法律、法规遵循监控机制的有效性作出评审，审阅管理层对一切欺诈行为或异常会计处理行为的调查及跟踪情况 (包括监管机构提出的纪律处分)。

(2) 定期向管理层和董事会了解有关法律、法规遵循的最新情况。

(3) 确定在准备财务报告时所有相关的法律、法规都得到遵循。

(4) 审阅金融监管部门对该金融机构进行的一切调查结果。例如，银行监督机构或证券管理机构对上市金融机构进行信贷内部控制机制成效或资产质量等的专项调查，审计委员会必须审阅了解这些调查的结果及其影响。

4. 企业行为规范

只有设立清晰、明确的道德准则，制定有效的行为规范，才能培养员工尽忠守责的工作精神，从而保证内部控制的有效性和财务报告的准确编制。审计委员会应就企业行为规范的制定和落实负有以下几方面的责任：

(1) 确保金融机构制定出书面的行为规范，并传达到每个员工。

(2) 评估管理层是否向每个员工强调了行为规范及所规定的作业行为的重要性，并带头建立起良好的管理层作风。

(3) 对行为规范遵循监管机制的有效性作出评审。

(4) 定期向管理层及董事会了解行为规范遵循的最新情况。

如何建立高效运作的审计委员会

为确保审计委员会成功地执行上述职责，根据我们的经验，我们认为审计委员会的组成及运作必须具备以下条件：

1. 审计委员会章程

制定一份书面的审计委员会章程，清晰定义委员会的目标/使命、框架、开会次数及会议召开的时间、功能及职责，与管理层及内外部审计机构的关系，汇报责任和进行专项调查的权力。

审计委员会须能有效地利用该章程，例如，将其用做审计委员会会议议程的指引，定期检验审计委员会的目标实现与否。该章程还可用做向董事会汇报审计委员会工作的报告框架。

2. 委任符合资格的成员

审计委员会成员通常由董事会委任，我们认为挑选审计委员会成员时，公司需考虑以下三个方面的问题：

(1) 资格。审计委员会成员都须具备以下条件，例如，诚信，对审计委员会作为公司治理的重要职能部门的认同，熟悉公司运作、公司提供的产品及服务，理解主要会计准则，能够迅速判断新推出的会计原则及法律法规对公司的影响，熟悉公司面对的风险及相应的风险管理机制，具备作出深入分析的能力，有效提问及独立判断的能力，并能从多角度分析问题及作出建设性提议的能力。

(2) 能投入足够的时间和精力。审计委员会成员必须作出对时间和工作精力上的承诺，因为担任独立董事并出任审计委员会需要董事成员投入巨大的时间和工作精力。

(3) 委员会规模。审计委员会成员根据公司的规模及营运状况一般应在三人至六人。既不能太多，以免影响审计委员会的工作效率，但也不能太少，以免因委员们的观点及经验不足而无法有效地执行审计委员会的职责。

3. 委员的独立性

审计委员会的主要职能为对公司管理层、内部控制机制、法律法规及员工行为约束的遵循情况作出监察和评估。因此，审计委员会成员的独立性至关重要。资本市场的主要监管机构都对审计委员会成员的独立性作出了定义和要求，一般认为审计委员会成员应全部或多数由独立董事组成。所谓独立董事是指该董事并非该公司或其附属公司的管理人员，也不能与该公司或附属公司的高层管理人员有亲属关系，且在公司中没有股权投资。

4. 会议次数及其他

审计委员会的成员聘任期、会议举行次数、新成员的培训及审计委员会可利用的资源(包括审计委员会成员的薪酬)都会影响审计委员会的工作和成效。不同的公司应按照其实际经营运作情况作出适当的考虑。

(2001年秋季，写于香港)

金融企业审计委员会的职能与运作

> 　　银行改革还要深入，银行上市绝对不是银行改革的完成。一定要奖励、支持和培养新一代银行家，把银行改造成为与战略相匹配的有效组织。如何把以地域分布为主的分散型的架构改造成以客户为中心的、以战略业务体为依托的架构，这是很困难的问题。

银行要成为有效的组织机构

　　中国金融业的改革取得了辉煌的成绩。但是毋庸讳言，国有商业银行在很多地方与国际领先金融机构相比还存在着很大的差距。中国的国有商业银行有自己的管理特色，但是不能以特色为借口来掩盖缺点。在加入世界贸易组织后，中国经济日益融入全球经济。中国的国有商业银行在组织机构的有效性方面到底处于一个什么样的状况，它们的改革成效怎样，未来发展的方向如何确定？这是中国的银行家和金融行业工作人员包括会计师等需要好好思考的问题。

　　2005年12月，我与《国际融资》杂志社记者董本军展开了对话，记载了对上述问题的思考和探索，部分内容刊发于《国际融资》2005年第12期。

银行改革路线图

　　董本军：吴先生，您自从1989年加入普华永道会计师事务所以后，有着长期的服务于国际金融企业的经历，对国外成熟的金融体制运行方式也比较熟悉。再来看目前我国的金融体系和金融机构改革问题。目前，我国的四大国有商业银行都在全力向前推进改革，建设银行已经在香港成功上市；工商银行的股份公司也已经成立了。据您看来，四大国有商业银行的改革在我国整个金融体系改革中处于一个什么样的地位？四大国有商业银行改革对我国的其他中小商业银行会产生哪些影响？

吴卫军：以四大国有商业银行为核心的金融企业改革的重要性是不言而喻的，这体现了我国领导层推进改革的决心，也是我们中国经济实现第二次增长和飞跃的需要。如果没有一个健康的金融体系，国家的长远发展是不可能的。这从美国和日本的鲜明对比中不难看出。金融体系不够有效是日本在过去十多年中呈衰退趋势的一个很重要的原因。而美国的金融体系比较有效率，当经济陷入低潮的时候，它对资源重新安排的机制非常强，经济整体也就容易走出困境。因此，当资本在寻找出路和投资方向的时候，体系良好的市场就会比较有吸引力。

在开始金融改革之前，我国以前其他行业的改革都是非常成功的。现在又开始推进金融体制的改革，这是值得祝贺的，是我国在经济体制改革中里程碑式的成就。

目前，金融体系改革中，保险公司已经比较市场化了。而银行改革如果不动四大国有商业银行就等于没有动，因为四大国有商业银行资产加起来占整个银行资产的60%~70%。

金融体系改革中，现在唯一没有动的是证券业。历史上我们国家在证券行业方面的经验比较少，我们在这方面的文化沉淀也是比较少的，我们的民族血液里面流着挣短钱、快钱的投机欲望，这使得证券行业中道德约束较差。从重要性来看，银行改革重要，资本市场改革也很重要，但我们资本市场在改革的过程中走过弯路，有过波折。希望资本市场改革能够早日走出来，使我们的资本市场强大起来。

四大国有商业银行的改革对其他商业银行如股份制商业银行、城市商业银行的影响就更加明显，它们面临的对手更加商业化了。事实上，现在中国的银行在数量上不是太少，而是太多，需要有个效率的整合过程。我希望四大国有商业银行能够对一些城市商业银行进行整合并购，但是这个过程需要战略性的思考。对我们来说，现在更重要的是使四大国有商业银行分别成为一个有效的组织机构。现在的四大国有商业银行规模很大，但是其本身内部还称不上是一个有效的组织机构。

为了使四大国有商业银行成为一个有效的组织结构，普华永道在2002年下半年提出了一张国有商业银行改革的路线图。当时是2002年3月16日，温家宝总理在祝贺中国银行成立九十周年的时候说，"股份制是公有制的实现形式"，"国有商业银行必须要走股份制的道路"，就是要引进多元化的股东，来推进国有商业银行的改革。这个日子我印象深刻。

为了响应温总理的指示，我们当时在完成了中银香港重组的顾问工作基础上，提出了国有商业银行的改革路线图。路线图分四条线推进。第一条线是财务报告改革；第二条线是财务结构重整；第三条线是提升公司治理；第四条线是IT信息化。

财务报告改革分五个步骤。第一步完成中国会计准则下的独立审计。当时，四大国有商业银行都是花几万元、几十万元聘请一家会计师事务所对一个几十万人的机构进行检查。这是不可能有效的，就是盖了个橡皮图章。第二步是接近中国先进的会计准则。我国已经有2001年版的会计准则和《金融企业会计制度》，这是相对比较接近国际会计准则的。第三步是要找到与国际会计准则的差异。第四步是与国际会计准则转换或接轨。第五步是把国际会计准则的规范嵌入到银行业务流程里面去，使发布透明的会计信息的流程成为银行自己遵从的业务规范，内生成为它自己的能力。

中国银行、建设银行都已顺利完成财务报告改革。当然具体的流程内生过程还需要继续修炼内功。但能够完成财务报告改革是很值得骄傲的。

改革的第二条线是财务结构重整。这方面得到了国家的大力支持，当时我们认为财务结构重整会是银行改革最困难的一部分，但是在国家的大力支持下，这一流程也顺利地完成了。财务结构重整也分五个步骤。第一步是确认不良资产。银监会当时的做法值得表扬，它非常及时地颁布文件，要求四大国有商业银行把不良信贷资产和不良非信贷资产查出来，要按照国际会计准则来确认不良资产。确认了不良资产之后，就知道我们的银行有多大"黑洞"，这为下一步工作奠定了非常重要的基础。第二步就是解决不良资产，银行向资产管理公司出售或划拨不良资产，政府也承接了政策性贷款。第三步是注资，重新资本化，两次分别注入450亿美元和150亿美元。现在走到了第四步——商业化的资产负债表，要使四大国有商业银行的资产负债表符合商业原则，要让各个商业银行通过利润表来体现它是不是在挣钱了。第五步是引入战略投资者并公开上市。

请观察一下，在这条线上的不同步骤目前都有我们的国有商业银行在推进。建设银行、交通银行已经公开上市，工商银行正在组建股份公司，农业银行也开始迈出了改革的第一步。

改革的第三条线是提升公司治理，也是五个步骤。现在来说这一改革流程是最困难的。第一步是设定战略。对我们来说，银行不需要花三五百万元另请一个机构来做战略设计，银行自身从前面两条线做下来，经过董事会、管理层的有效沟通，银行的战略就能够确定下来。因为这是一个比较简单的市场，银行的金融服务产品也很简单，只需要确定银行的战略方向是什么就可以了。

最难的是第二步——把组织结构改造成为与银行的战略匹配的业务单元。因为银行目前的组织结构是小总行大分行，分行的独立性和自主权是相当大的。如何把以地域分布为主的分散型的架构改造成以客户为中心的、以战略业务体为依托的组织架构，是很困难的改革问题。从交通银行的招股说明书中可以看到它设置的组织结构，交通银行很谦虚，它没有说我们目前的组织架构就是这样的，而是说我们设计了这样的组织结构，准备往这个方向发展。同样我相信其他的银行也会慢慢往这个方向改革。作为银行，最大的风险是信贷风险，所以改革的第三步就是如何加强信贷风险流程的管理。任何银行不管发生多少。舞弊案件，但从损失的金额来看，最大的损失来源还是信贷风险，如果不把信贷风险管理好，今后还是会出问题。最后两步是绩效考核和公司治理。普华永道做过一项调查，在中国的商业银行的员工中，中下层员工的收入远远高于社会同级的平均水平，而高层管理人员的收入水平远低于社会同级的平均水平。在国有商业银行中，十几位银行最高领导的个人收入加起来也不及香港东亚银行总裁工资的一半。这样的收入水平股东如何能放心。国有商业银行建立科学公平的绩效考核和分配机制是改革银行长治久安的基础。

提升公司治理整个改革流程的完成，任重而道远。在银行家的强力推动和努力下，这一改革流程得到了不错的执行。但是，现在最大的挑战就是，公司治理改善是一个永无止境的道路，并不是说银行今天改革了明天就成为汇丰银行、花旗银行了。每一家商业银行都是在不同的发展轨道中前进的。

第四条线是IT系统的投入。对于很多银行来说，一定要很清晰地看到IT系统的重要性，这是未来的竞争平台。汇丰银行在20世纪90年代就相信电脑科技会是它未来竞争一个重要的支点，所以它花了很大投入开发自己的一个界面的客户服务系统。尽管它不是第一个做网上银行服务的银行，但是现在，我们可以看到它已在个人零售市场和网上银行的领先地位。IT系统如果我们不做好的话，国际商业银行来了只要在中国的任何一个城市放一台电脑系统，就可以找到并服务于他们想要的客户。中国很多商业银行说自己有500万个、1 000万个客户，但却不知道哪些客户挣钱，哪些不挣钱。但是外资的银行会找哪些是优质的客户——有油水的客户。它们能通过制定一些标准从而目标明确地向这部分客户提供服务。这样，未来的商业银行竞争就会逐渐不平衡。利润流向了有平台的外资银行，而无利可图的客户还留在国内的银行。这不但限制了国内银行服务水平的提高，更加使得它们在优质客户竞争上缺乏竞争力，从而成为非常恶性的循环。

国有商业银行最大的卖点

董本军：四大国有商业银行改革一个很大的难点是如何提升公司治理。在这条线上，目前四大国有商业银行都在走一条改革道路，首先是改制，然后是引入战略投资者并公开上市。在这个改革道路上，引入战略投资者是重要部分。对潜在的战略投资者来说，四大国有商业银行最大的吸引力或者说卖点是什么？

吴卫军：最大的卖点我想就是两个字，叫"中国"！在国家的经济发展上，我有信心我们国家会成为一个很有成就的经济体。当然会有很多困难、挫折，但是，世界上有眼光的人都能够看出来，未来的经济增长点应该是在中国。对一个有战略眼光的国际企业来说，它的战略中如果没有中国，它的战略可能就是不完整的。但是，对很多金融企业来说，进入中国如果意味着需要一个网点一个网点来建设推进，速度会非常慢，这种过程有可能给它们带来非常大的挫败。

所以像美国银行、苏格兰皇家银行，当它们把巨大的广告牌放在香港机场，使一到香港机场的乘客都能马上看到廊桥上醒目的广告，它们真正的目的还是要通过这一廊桥连接一个庞大的中国市场。那么，它们如何能够在中国享受经济成长的硕果呢？如果要一点一点把品牌和网络建立起来，不是不可能，而是还有更好的办法。要实现这一目标，它们可以通过寻找中国的合作伙伴，结成战略同盟，然后来分享中国的成长。我觉得这个是最大的吸引力所在。至于会具体选择哪家银行来合作，我觉得是缘分，也包括了市场化的因素。

当然，资本是有价格的，战略投资者把30亿美元放进来，他们是要回报的。这些有经验的投资者通过他们的专业分析，觉得这项投资是有风险的，但是风险对他们来说是可以控制的，于是他们就会来中国投资。有的国家的银行可能给出非常优惠的条件希望投资者去投资，但是战略投资者也不会过去。这也体现了世界对中国的信心。

专业服务公司在银行改革中的作为

董本军：像普华永道这样的专业服务公司，在中国的银行改革、战略投资者引进过程中，你们能够提供哪些方面的服务？给这些交易本身以及四大国有商业银行什么帮助和服务？

吴卫军：当你每天从美国飞往大陆、香港的时候，坐在你身边的可能是投资银行家、律师、会计师、哈佛的教授或者是其他企业的总裁。经济的热点在中国，中国现在的很多交易规模都很大，结果也很复杂，如此庞大复杂的资本市场的交易，绝不是一两个人所能够完成的，需要更多的专业人士参与其中。

现在中国的企业已经慢慢适应了国际化的复杂的大型交易。中海油也已经有底气向一个美国的大企业发出要约收购，这种自信既来源于企业家的成长和专业精神，也来源于在他周围的这些专业机构忠心的服务。作为会计师，我们的服务主要包括股东利益最大化原则下的一些内容，包括尽职调查、财务安排等。对我们来说更重要的是，银行家"走出去"后的自信。银行家一个非常重要的自信来源是——一张坚实的资产负债表，而这种信心是会计师给他的，是我们通过执行国际审计后告诉他——你的资产负债表和国际同行相比处于什么水平后给他的，我们的无保留审计意见给了他很大的信心。

这些是我们作为一个会计师所能够提供给顾客的专业的服务，我现在有自信站在公司的董事会，告诉董事什么是良好的公司治理，什么是稳健的会计准则。这种对知识以及先进做法的交流本身也能够对提高企业的管理水平起到一个很积极的作用。

董本军：当哪一天中国的工商银行、农业银行、中国银行和建设银行中的某一家成为了中国的花旗、汇丰的时候，问起它们在成长的过程中像普华永道这样的专业服务公司所提供的帮助，我想那时候它们一定会有很多的话要说。

最近公众关心的一个问题是，在战略投资者引入的过程中，是否会出现像大家担心的国有资产贱卖的问题。

吴卫军：首先，我们作为审计师是不给银行做资产定价的，资产定价是银行的评估机构、财务顾问的职责。审计师只作审计工作，否则会影响到我们审计的独立性。对这个问题我想说两点，第一要尊重市场。引进战略投资者是非常艰苦的过程。第二应该认识到中国这一代银行家有着相当高的素质和专业水准，而且在专业道德和专业判断上是相当有水平的。要相信这两点，而不是批评指责，事后论英雄。

银行公司治理的不足之处

董本军：根据国有商业银行改革的路线图，目前已经进展到差不多最艰难的阶段，就是提升公司治理。据您看来，四大国有商业银行目前在公司治理上还存在着哪些的不足需要接下来去推进改革的。

吴卫军：2000年的时候，普华永道得到联合国的资助，来中国做一个项目，就是如何提高中国大型企业的公司治理。

讲到公司治理，我们认为它包括了五个方面。第一就是董事会的成员组成和董事会的运作。到最终，公司治理是问责到董事会的；第二是战略，公司治理管的应该是战略方向，以及如何在战略上与企业能力有机结合起来走这条路；第三是风险管理；第四是信息披露；第五是社会责任。

现在对四大国有商业银行来说，其在公司治理方面面临的挑战，有几点是很明确的：

第一点挑战是加强董事会的有效性。其中包括两方面，一方面是如何向董事会提供有效的业务和管理信息，现在的董事会得不到一些信息，这些信息在中间断了，或者根本就没有这些信息。另一方面是董事会应该如何给管理层一些战略性的指导。现在银行的管理层在下面很饥饿，对"董事会希望我往哪走"很困惑。我们与很多的行长有过交流，他们感到很挫败的一点就是董事会对他们没有起到一个教练的作用，而是成为了一个经常批评小孩的家长。

第二点挑战是尊重和爱护银行家。培养一个银行家不容易，要使得银行家把他现在的职业当做他一个终生的事业来看。现在的银行家，至少是四大银行的领导都面对一个问题——他们都有一个潜在的政治前途。我希望通过让银行家挣到一千万元、两千万元，而使他不要想着去干另外一件事情。使银行本身成为银行家终身要造就的事业，这是很重要的。在公司治理结构设计的观点上，我是一个管理层中心主义者，强调董事会和管理层的平衡，鼓励和支持银行家正在进行的艰苦卓绝的改革。

第三点挑战是稳健和一致的会计政策。现在很多人把会计政策是否适用建立在于我有利的前提下，于我有利就遵从，于我不利则不去遵从。作为一个在资本市场运作的主体，一致和稳健执行会计政策相当重要。过去两年是披露银行坏账越多越好，因为国家会来清理。但是今年、明年要实行问责制了，可能就要对坏账进行一些粉饰门面的工作了，这是不对的。在这一点，我觉得我们的最高管理层是看得非常清楚的。银监会领导在一次高级研讨会上就明确提出：支持国有商业银行稳健地、一致地执行国际会计准则。

第四个很大的挑战是风险管理。如何使我们的行领导晚上能睡得着觉？会不会第二天起来某个分行出什么事情？会不会哪一笔贷款收不回来？他们晚上睡得着觉的前提是要有个良好的风险管理机制，能够把风险敞口量化，并能找出办法来管理它。银行没有风险是不可能的、银行没有坏账也是不可能的，但要建立一个机制将这种风险控制在可承受的限额内。

在此我想提一下中国银行业的问责制。在中国，"问责"变成了简单地执行行政纪律，银行工作人员放的贷款坏了，就有可能被问责甚至被开除，问责制达到了这样定性的程度是不合适的。作为问责制，应该是设定一个风险范围目标，通过一系列风险控制原则，把风险控制在既定范围内，然后在一定风险水平下，获取利润。如果没有执行银行制定的风险控制原则，那是员工在道德上有问题、违背了政策和原则。如果简单地把"问责"等同于员工不能放错一笔贷款，那不要开银行好了，不要经营风险。

风险管理是全行范围的，包括从市场风险到营运风险、信贷风险、名誉风险、操作风险。提升公司治理一个挑战就是需要在这些方面做功课。只有这样，我们的银行才能成为明天在世界金融市场上的胜利者，今天我们不是胜利者，只是国家帮助我们走上来的。

以上是四大国有商业银行在公司治理上的几大挑战。

董本军：您在上面的问题中提到目前中国很多银行的董事会没有得到足够的信息，这是为什么？

吴卫军：目前大部分的情况倒还不是管理层不想提供充分的信息，而是管理层根本没有这样的信息。因为，过去银行的信息系统完全是针对经济统计的数据需要设计的，数据分析维度是很少的。一笔交易信息是能够从几个、几十个维度来分析和提炼的，需要你从不同的维度上切下去。我们现在因为电脑系统的原因，银行虽然有这些信息，但是切不下去。如果要切下去，就需要大量的手工操作。所以，作为我们专业的会计服务公司来说，我们要推动的当然是银行信息系统的整合。有的银行可能有三十个聪明的系统同时在运行，但是可能这三十个系统之间却很少对话，或者压根儿就没法对话。当然，统一的信息系统的建立不是一天两天能够解决得了的。

中国的银行如何建立有效的内控机制

董本军：中国的银行还没有一个非常行之有效的内控机制，

在这些方面，普华永道有很多在此方面的经验，您对此有什么建议，能够提供给他们哪些帮助？

吴卫军：1999年的时候，曾经有一家股份制商业银行请我们去做审计投标。他们董事长的办公室有半个篮球场那么大，当我与他们财务部的经理交流的时候，他就问我：贷款五级分类我可不可以不做？当时我跟他说，贷款五级分类不是会计信息的需要，而是风险管理信息的需要，因为银行管理要看贷款哪些是正常的，哪些是次级的，哪些是有问题的。

当时，先进的商业银行都开始十二级、十五级分类了，而他还在问五级分类我可不可以不做。当时我的感触就很深，这样的银行，能够为我们存款人管理好存款吗？这是1999年的事情。果然，到2003年，这家银行已经需要通过与外资的重组来维持下去了。

所以，有一个健全的内控机制对商业银行的发展是很重要的，但是更重要的是高层的重视并确保内控机制落实下去。有时候并不是我们没有内控机制，我们的银行在用算盘计数和手工记账时代不是也可以很好地管理存款吗？

而且，内控机制的提升是个永无止境的过程，没有一张万能的药方。在美国实施404法案之后，美国证券交易委员会（SEC）对美国的上市公司进行了一项调查。结果有近15%的公司在内控方面是不合格的。就更不用说我们的正在往这方面改革的企业了。

所以，对于内部控制机制的提高，有三点是比较重要的。

其一，内部控制一定要与企业的文化建设、社会的道德建设连在一起。

其二，我们在提升内控机制的过程中，不要因一些孤立的事件遭受太大的打击，觉得银行内控什么也没有。在这方面国外也有失败的，我们要有信心和自信，继续在提升内控机制这方面推进。

其三，银行有两项独立的管理功能是相当重要的，一是内部审计，二是风险管理，要重视这两项独立的管理功能的建设，这对于银行内控机制的健全是非常重要的。

执行国际会计准则面对的挑战

董本军：中国的银行业越来越走向国际会计准则，您能不能给我们介绍一下国际会计准则与国内正在使用的会计准则的区别。如果四大国有商业银行要应用国际会计准则，需要我们作出哪些改变来适应？

吴卫军：国内会计准则与国际会计准则最大的一个区别就是：从历史成本会计走向市值会计，会计科目基于公允价值 (fair value) 呈报。银行的资产负债表中95%是金融资产，金融资产在当前的市场中都有公允价值，如果不以公允价值去计量核算，资产负债表就可能存在与现在的市场价值是不相符的情况。我们传统的会计准则是走历史成本的道路，对于公允价值与历史成本的差别部分也不会进行会计调整，这是最大的区别。

市值会计用英文讲是Mark to Market，但是应用市值会计也有两点挑战。一是Mark to Management，即管理层的意图成为会计核算的标准。管理层在做一件事情的时候就需要把目的定下来，然后会计按照管理层的目的来做账。

举例来说，有的企业买了金融债券，如果价格上去了，企业就说买进债券的目的是为了短期卖出的，需要公允价值计量，确认价值。但是如果跌了，他就说我买这只债券是为了长期持有的，不应该进行会计跌价准备计提。这种主观随意性破坏了会计核算的基础。

所以，很多时候，会计报表失当是不能责怪会计人员的，而是因为管理层意图影响了会计的核算。

另一挑战是Mark to Model，即按模型机械地记录金融工具的价值，因为金融资产都要进行市值核算，模型中系统的设定、参数的设计非常具有挑战性。国外有些公司以前在年底之前的几笔交易都是自己和自己做的，作出一个很好的价钱了，然后系统就认为这是市场的价钱，其实不是的。

第二个区别是大量的风险信息披露。财务信息是历史的，现在国际会计准则需要有很多向前看的风险信息披露。这导致了现在很多国内会计出身的人看不懂国际会计准则下的报表。

第三个是杜绝表外科目。以前银行往往是在这里挂一笔账，那里一个小金库，这种账外资产问题对银行来说是绝对不允许的。表外科目是指一些金融衍生产品等金融工具，一定要采取市值会计核算，将其纳入表内呈报。

这是国际、国内会计准则一些主要的区别，也是国际会计准则在中国银行业执行中最大的困难所在。

突破体制束缚之后应注意的发展问题

董本军：您对整个中国银行业的改革有个非常清晰的思路。最后，据您认为中国的银行业改革在突破了这些体制上的束缚之后，在未来四大国有商业银行的发展中，还需要我们在哪些方面继续提升，能不能给我们提出一些您的建议。

吴卫军：第一是要加强银行监管。因为银行是个服务公众的行业；因为它只需要8%的资本充足率，做100元的生意，只需要拿出8元的资本；因为银行肩负经济资源的重新分配的功能，所以必须要加强监管。不是说现在银行监管做得不好，是需要持续地加强监管。

第二我想强调的是一定要奖励、支持我们的银行家，要培养我们自己的一代银行家。

银行要成为有效的组织机构

　　第三是银行改革还要深入，银行上市绝对不是银行改革的完成。建设银行、交通银行任重道远。特别是建设银行，目前建设银行上市后市净率近乎两倍，在价格上建设银行几乎比肩汇丰银行，但是在内功上二者又能有多少可以比肩的呢？要维持住股东的这种期望，银行还需要深入的再造。这一点是我发自内心的。因为这次的银行改革主要是外部领导的改革，一些根本性的利益关系并没有触动，需要从银行内部更深入地推动改革。

　　最后一点就是要继续充分发挥包括会计师在内的中介的作用。巴克莱银行是我们一百多年的客户，JP摩根也是我们一百多年的客户。要认识到审计一家跨国银行是一个非常复杂的过程，从盘点黄金到衍生金融产品的交易检查，都需要高水平的专业人才。在中国，懂得国际会计准则的人才还是太少，远远不够。我们不是骄傲地说我们什么都懂，我们是与客户一起成长的。在与客户成长的过程中，为国家的经济发展作出我们的贡献。作为审计师来说，独立性和公正对我们来说是最重要的，我希望与我的同事、我的竞争对手一起在这个市场上成为一股清晰的中立力量，从中国的长远利益的角度去提供专业的服务，推动我们客户的成长。

金融企业风险管理篇

Walking in the Forefront of
Accounting Development and Bank Reform

> 『 风险在金融体系中是一个中性词汇，它给企业带来盈利的机会，也可能会给企业造成损失。因而，风险管理是要避免风险所带来的最坏后果，在一定的风险忍受度/风险偏好的水平上，为企业创造价值。 』

看透明天
——金融企业的风险管理

中国金融业肩负的历史使命可谓是任重道远。作为中国社会经济资源分配主体之一的金融企业，一方面，有推动社会和经济发展的责任，将社会剩余和闲散的资金汇集起来，投向有前途、有回报的企业和项目中去。另一方面，作为经济实体，金融企业其自身的生存也在这一资源分配过程中经受考验，如果经营及风险防范决策正确，金融企业不但为社会经济资源的有效分配作出了贡献，而且它自身的利润表也因此得益并会改观。因此，强有力的金融企业和一个国家的有效的金融体系是分不开的。

要培养和建设优秀的金融企业，除了一般企业的必备成功要素外，有效的风险管理的概念、架构、战略、政策、程序和报告毫无疑问是金融企业最关键的必不可少的成功条件。所谓风险管理是通过发现和分析企业面临各方面的风险，并采取相应的措施避免风险，以便企业实现公司的经营目标，降低失败的可能性，减少影响公司绩效的不确定因素的全部过程。

这个定义看上去有浓厚的学术色彩，那么如何在金融企业的日常管理中体会这个概念?让我们将金融企业的经营放到时间线上去衡量。我们传统的管理工具之一是企业的财务报表，财务报表将企业已发生的经济活动记载下来，向信息的使用者 (这里是指企业管理人员) 提供决策所用的信息。然而，这些信息均已是历史的信息，滞后的信息，它们只可能告诉使用者过往已经发生的经济事件及这些历史事件的经济及财务后果。对于金融企业的管理者来说，这些历史信息固然重要，但是真正让他们夜不能寐的问题是明天会怎么样？

金融企业处在日益动荡的金融市场中，面临不同的金融风险，明天它们会不会成为下一个巴林银行 (因为期权期货交易损失6.5亿美元)，会不会成为下一个大和银行 (因为美国国债欺骗性交易导致11亿美元损失)，会不会成为下一个所罗门兄弟 (因会计入账错误损失2.7亿美元)。换句话说，巴林银行、大和银行和所罗门兄弟可以买到后悔药吗？中国的金融企业会步它们的后尘吗？

风险管理要回答的正是这个前瞻性的问题。它要解决在任何一个时点上，金融企业面对什么风险，这些风险在未来的时间线上会给企业带来什么机会，或对企业造成什么程度的损失。应该认识到，风险在金融体系中是一个中性词汇，它给企业带来盈利的机会，也可能会给企业造成损失。因而，风险管理是要避免风险所带来的最坏后果，在一定的风险忍受度/风险偏好的水平上，为企业创造价值。

JP摩根的管理层利用一份特殊的管理报告对企业的总体风险进行监控，摩根人称"4点15分报告"。这份报告指的是在每一个营业日的4点15分的时间点上，摩根将其全球的金融资产/负债及各类账外合同的风险敞口汇总起来，通过利用科学的对金融市场风险的价格要素的变动在一定信心区域上进行科学估算，来测算企业总体的风险损失的潜在金额。如果这个金额在企业的风险忍受度内，那么摩根的风险执行官会发出"绿灯"信号，管理层可以下班回家。如果这个风险额超出了摩根的风险忍受度，那么摩根的风险执行官有权将超过风险忍受度的市场敞口及盘位沽出，或购买衍生产品对冲此类风险。届时，某些金融工具在纽约已收市，这类风险管理的交易单会及时移转到摩根在东京、悉尼、香港或伦敦办事处处理。

　　行文至此，我想对日本的金融企业进行简单的分析，供我国金融企业借鉴和参考。2001年12月底收市的日经指数是日本自1983年以来的18年新低。这18年来，日本政府首相几易其人，这些首相们上台后经济改革的首要任务从来没有改变过——这个非常简单的任务就是处理银行坏账。日本的银行曾是AAA级的金融机构，总资产额曾排列在世界银行企业的最前面，然而，因为这些银行没有风险意识，对信贷资产的投向缺乏风险回报分析，对贷款的资产质量毫无风险监控，对降低贷款风险的抵押品没有市值核算的会计环境和准则要求，这些贷款一直挂在银行的账目上，没有拨备及处理，不良资产越积越多，社会经济资源被慢慢地浪费，拖垮了一个国家的经济发展，银行自身的业绩从而也遭到损害。到目前为止，日本还没有一家银行可以说已摆脱不良资产的困扰，也没有一家银行的账目可以向投资者打开，显示其完全合乎金融资产市值核算的会计准则。因而，日本的经济发展为此付出了沉重的代价，日本金融企业在海外融资也被迫支付高昂的"日本佣金"，其信用水平还不如我国的一些国际信托投资公司的国际信用等级。

　　金融企业要进一步发展，必须培养风险管理专业人才，学习金融企业风险管理的世界最佳及典范做法，分析金融企业风险管理失败的案例，深刻认识到风险管理对中国金融企业发展的作用和意义。中国金融企业中正在成长的风险管理专业人才应该通过学习、研究和实践，逐步建立适合中国金融企业的"公认风险管理准则"。与公认会计准则一样，公认风险管理准则会逐渐成为金融企业内统一的风险管理语言，要求金融企业披露有统一口径和标准的风险信息，在金融企业的管理者和投资者面前，不仅有历史的财务信息，也有前瞻性的风险信息，为中国金融企业的发展和中国的金融体制改革作出贡献。

战略风险
——中国金融企业生存第一关

　　金融企业面对什么样的风险？分析和识别企业面临的风险是风险管理的第一步。虽然分析的角度、切面和轴线不同，但是在金融行业中风险的分类已基本上形成，它们是战略风险、财务风险和营运风险。

　　战略是寻找必胜之道和方向。战略是一个具有预见性的总体目标，是企业未来走势的规定性方向。一旦确定，三年、五年或更长的路就按照既定战略走下去。因此，它不属于日常风险管理范畴。然而它是企业发展的根本基调。战略也是选择，选择最有吸引力的市场范围，以独特的手段竞争，提供与众不同的价值主张。今天的中国金融企业，正站在生死存亡的十字路口。一方面，它们面对历史沉积的经营管理和资产质量问题；另一方面，又面对加入世界贸易组织后，国际先进的金融企业进入中国所带来的竞争。中国金融企业何去何从？这是一个战略问题。

　　如果按照财富500强中的银行排序（1999年的数据），中国的四大国有商业银行——中国工商银行、中国银行、中国建设银行和中国农业银行分别排在第213位、第 251位、第 411位和第448位。这四家中国最大的商业银行的平均资产回报率是0.14%，与财富500强前12家商业银行的平均资产回报率0.80%比，落后了82.5%。中国建设银行的股本及业主权益约为138亿美元，美国花旗银行每年的盈利为135亿美元。理论上来说，美国花旗银行一年就可以"制造"或者"生产"出一家中国建设银行。

按目前四大国有商业银行的总资产规模14462亿美元计，如果能将资产回报率提高到1%，即中国四大国有商业银行的税后盈利可提高到144亿美元。如果以花旗银行的1.5%为参照标准要求，中国四大国有商业银行的盈利可提高到216亿美元。如此情形可以毫不夸张地说，这样的盈利水平就是竞争力。

这样的比较应该引起那些为中国金融业发展肩负历史使命的官员、学者和金融家们的高度警觉。

笔者曾参与过数家亚洲银行及其他金融企业的战略研究课题，并因此得出结论：只要有清晰的战略，加上管理者对改革的承诺，并设置和落实绩效考核问责制度，重视下列问题，中国的金融企业是可以生存并发展起来的。因为今日被视为榜样的花旗银行曾在20世纪80年代初期濒临破产，而如今的花旗银行能取得今天的成绩，不能不承认是个奇迹。中国同样能创造奇迹。

1.对客户群体的了解和市场定位

对金融企业的客户来说，目前它们在中国的需求并不复杂，因而许多金融企业也很满足于提供简单的产品和服务。然而，这个大众客户群体正在中国的经济改革发展浪潮中逐渐改变并形成新的需求。如果中国的金融企业不迅速了解它们客户的需求，这些客户可能就会很快被其竞争对手抢走。例如，我所参与诊断的一家亚洲区域银行在其本土市场中虽然占有三分之一的市场份额，但是，其38%的客户贡献了98%存款。也就是说，银行中的62%的资源只在服务为银行带来2%收入的客户。外资银行进入中国,它们不会来承诺"社会公益"责任,它们花工夫,下本钱要竞争的是有"油水"的客户(英文讲得很动听,讲premier client/优质客户)。我们的金融企业了解这些客户吗? 又能为这些客户做些什么?

2. 资产质量问题

许多金融企业庞大的资产负债表内隐藏了大量的不良资产。因而,我们的有些金融企业严格上来说是濒临破产的边缘的。不良资产有两个方面的问题要解决。一方面是现有的不良资产,需要尽快清理,银行及其他金融企业的管理者需摸清家底。这些不良资产中有些还是可以通过催收,或其他财务重组的办法 (如债转股) 等实现一部分价值的。这就需要银行的领导重视不良资产处理这一议题,因为不良资产处理的技能毕竟与传统的银行营销技能不同。另一方面,更为关键,那就是未来金融企业管理者必须具备控制不良资产的能力,不能重蹈今日覆辙,这就迫切需要加强风险管理。

3. 风险管理

内部控制、风险管理和公司治理是一个问题的不同层面,它的目的是如何保全公司的资产,保障所有者的权益不受侵犯。目前,中国的金融企业内还没有一支受过正规训练的风险管理专业人员队伍,其组织设置流于形式,对风险的管理监控与业务脱节。风险管理职能不受重视,或者只受到表面重视。从董事会的风险管理委员会到独立的风险管理部门,再到深入业务具有双重汇报路径的风险管理经理,都需要从根本上强化他们的风险管理意识。本文的根本目的是与金融企业的高层管理人员和在风险管理第一线上的风险管理专业人员交流风险管理的知识和实践经验,以此来推动提高中国金融企业的风险管理水平的进程。

4. 企业组织

有效的企业组织是企业竞争力的凝聚点。目前,我们的金融企业的组织结构在很大程度上妨碍了企业管理和运作的有效性。例如，许多证券公司，不论规模大小，均设"地区总部"，在原本纵深的组织架构上，附加了一个浪费资源的官僚层面。银行和保险业的企业组织问题更加严重。如果把中国农业银行某某省分行，称为某某省农业银行，更为切合实际。省分行为"二级法人"，系统和管理都非常独立。中国农业银行的职工人数达500 000人，总行人数只有近5 000人，这样松散的组织架构很难落实高层管理层的决策。

在先进的金融机构中，经理人员的控制幅度是4至6人，即一位经理管理4至6名下属员工。我们曾在国有商业银行见到过控制幅度为2人的水平，管理效率低下。另外，先进的金融机构以客户为中心进行组织，针对不同的客户、产品、区域等进行矩阵管理，前台、中台、后台作用及职能明确。目前国内的金融企业以产品、功能为组织基础，企业组织活力不够。

5. 激励机制

金融企业最重要的资产是人才。加入世界贸易组织后的金融行业的竞争，是人才的竞争。中国的金融企业会不会成为其竞争对手的培训场所？我们最近曾对一家中国金融企业的薪酬制度作过调查，结果发现"高层管理"人员的薪酬绝对偏低，而低层工作人员的薪酬却普遍偏高。这样的薪酬制度如何留得住人才？据说有家银行的收发处职员按年资工龄被升为"报刊订发处"处长，有"处级"干部的待遇，与其他处级领导享受同样福利。这样的企业如何能与"报刊订发处"可能完全外派的先进商业机构竞争？

6. 财务及管理信息

不论是管理账目还是公开的财务报表，有多少水分和误差？是否能够按照管理者及其他信息使用者的要求及时地提供？国内金融机构的财会功能，针对记录业务发生，在"流水账"维护方面，基本功是不差的。问题在于在业务交易量庞大的金融企业中，信息分析对决策者的重要性的相关系数相当高。如果没有高质量的信息，管理者似乎是在"黑洞"中操作。所以，管理信息的编报如何能够满足管理者针对有关关键的考核指标，如关键业绩指标、主要风险预警指标等方面的要求是当前管理会计的重点。

针对财务会计的信息，有胆识的金融家必须要打开其账目，让公认会计师审计，并支持独立审计的功能，让专业审计人员检查账目的公正性。这里笔者有两个例子，是自己的经验与读者分享。民生银行的创办人经叔平先生，在创办民生银行时即要求民生银行的账目由有质量的会计师事务所审计。当时，看审计报告的人在银行内都很少，但他坚持要求财务账目必须要独立的会计师审核。很多人不明白，为什么要找麻烦。今天这些不明白的人都明白了，民生银行创造了股东价值。

另一个例子是笔者有一次与华为技术的总裁任正非见面。任先生说有许多国企去华为取经，希望借鉴华为的经验，学习如何管理好国有资产。任先生说很简单，请有质量的会计师事务所审计，至少对自己的资产家底有个了解。了解这个家底对金融企业来说是基本功。话很朴素，意义是很深远的。

7.科技设施

金融企业的业务流程是处理客户的货币资产和负债，如有价证券、保险合约等。这个流程在当前的科技水平上全部可以用数码流程监控，并且这些数码流程一经电子计算机便立即信息化。而计算机信息化的简单原则是"垃圾进、垃圾出"。因此，虽然电子计算机是处理金融业务的最有效的手段，但如果要让计算机系统成功有效，信息输入的质量必须很高，信息系统的架构工程设计及其系统性也须很强。过去几十年中，我国金融企业花在计算机系统硬件、软件上的冤枉钱实在不少，不用笔者更多地赘述。所以，任何有规模的金融企业必须针对计算机科技从需求及系统的规模上制定自己的战略。

笔者摘录以下两家银行在亚洲的成功策略范例供读者思考。

　　汇丰银行——于20世纪80年代初认识到科技是零售银行金融服务的主要动因，投资并开发出功能强大的独家系统，成功推出计算机上"个体客户观"，为跨境交易的执行开发出如"全球通"等系统，进而采用大规模推广策略，降低"逐笔"交易成本，取得了骄人的成本收入比率。

　　花旗银行——迟于20世纪80年代末进入亚洲市场，面对强大的市场占有者，并受到基础设施等具体限制。但它认识到零售市场中针对高收入客户层服务提供不足，于是开发出有效的营销模式，成功赢取了这个极具潜力的客户层，并巧妙地利用科技应用克服硬件的限制，从而成为亚洲金融行业的领先银行。

　　关注和解决上述问题只是战略思路的方面。任何企业要成功，必须有方向、有战略，这是前提。每个中国金融企业均需要对其发展战略进行深入的思考，管理好战略风险是第一步。

(2001年1月写于香港)

信贷风险战略和政策必须有效地传达到银行的整个组织机构中。银行建立系统的信贷审阅流程是为了及时发现出现问题的贷款。对问题贷款，银行必须要按照信贷管理政策采取及时、严肃的补救措施。银行还需要培养一大批有经验，恰当技术背景和知识的信贷风险官，他们能在评估、审批和管理信贷风险中作出稳健的判断。

构筑信贷风险管理的基本框架

信贷风险是银行面临最困难的风险之一。加深对一些信贷风险管理的基本概念的认识有助于提高信贷风险管理水平。本文介绍了有关信贷风险管理的基本概念，包括信贷风险战略、流程、审贷/放贷标准、限额管理、信贷管理、信贷监督、风险量化和纠错机制。

信贷风险战略和流程

1. 信贷风险战略

信贷风险战略是要确定信贷质量，盈利和增长的目标。每家银行，无论大小，均以追求利润最大化为目标。因此，银行就必须在考虑资金成本后，决定和选择可以接受，能实现的风险和报酬平衡的业务活动。银行董事会批准银行选择风险控制和实现利润最大化的战略。董事会需要定期审阅银行的财务成果，并根据审阅结果，决定是否调整银行的战略。董事会还决定银行的资本水平相对于承担的风险是否充分。

信贷风险战略应该包括银行对放贷的种类 (如商业贷款、消费者贷款、房地产贷款等) 、经济部门 (行业) 、地域配置、货币、到期日和期望的盈利能力等的判断和决策。这个风险战略也可以包括设定的目标市场，以及理想的银行信贷组合的总体特征 (例如信贷组合中风险分散的程度或对集中度风险的承受能力等) 。

银行的信贷风险战略应该在方法上是延续的。所以，信贷风险战略要分析经济周期的每一个阶段，及其对贷款组合质量和要素的影响。虽然信贷风险战略需要定期审阅和调整，但是从整个经济周期的角度出发，这项战略是总体稳定的，并长期具有活力和适应性。

信贷风险战略和政策必须有效地传达到银行的整个组织架构中。银行的相关人员应该对银行管理信贷风险的做法有清晰的认识，而且每个参与信贷工作的人员均需对遵循既定的政策和程序即合规性承担相应的责任。

2. 信贷流程

一般的信贷流程是从借款人申请贷款开始，到归还本息为止，覆盖了贷款的整个生命周期。针对不良贷款，信贷流程还包括了催收本息、抵债、法律诉讼及核销等特殊环节。总体而言，信贷流程可以划分为前台、中台、后台，例如，贷款申请和初步评估可以看做是前台业务，而贷款资金流向监控等贷后管理程序则是后台职能。在这个过程中，银行制定审贷分离、总分行分级授权等信贷管理制度，并运用内部信用评级和贷款五级分类等信贷管理工具进行信贷风险管理，这些工作可以看做是中台的工作职能。

要保障银行接受的信贷业务 (信贷组合) 是稳健的，银行必须对发放贷款建立正式的评估和审批程序。贷款审批必须符合银行的书面指引，由合适的管理层负责并作出决策。对审批流程必须留有清晰的审计轨迹，记录在审批贷款中各相关成员和委员会提供的意见及作出的决定。银行应利用专家小组，分析和审批重要产品线，信贷产品种类，特定行业和地理区域的贷款申请。银行必须对信贷决策相关的部门投入足够的资源，使这些职能部门有能力作出与信贷战略一致的决策，同时满足市场和客户要求的时间、价格和贷款结构等竞争压力。

每笔贷款申请必须有一位经验丰富的合格胜任的信贷分析师进行详细的分析。有效的信贷评估流程要求客户提供信贷分析中需要的最基本的信息。需要提供信贷审批，额度更新和更改条款相关的信息和资料。这些信息将是内部评级的基础，它的充分性和准确性对于管理层作出正确的信贷决定，接纳合适的信贷客户是非常关键的。

银行要培养一大批具有经验、恰当技术背景和知识的信贷风险官，他们能在评估，审批和管理信贷风险中作出稳健的判断。银行信贷发放审批程序要建立问责制，指定有权力批准或修改信贷条款的负责人。根据信贷金额大小和不同的业务性质，银行可以采取一人签名，联合审批、委员会或信贷小组审批的做法。审批的权限要与相关人员的经验和专业知识相匹配。

银行的放贷程序涉及众多部门和工作人员，包括业务营销，信贷分析和信贷审批的职能。同一客户可能向银行的不同业务部门提出不同种类的信贷业务申请。银行可能按照具体情况安排申请受理的工作，但是，在放贷程序中，银行必须协调各个部门和银行人员，对同一客户的不同信贷申请作出整体评估，这对于作出正确的信贷决定是十分重要的。

放贷标准、限额管理和风险量化

1.放贷标准

建立稳健、定义清晰的放贷标准是正确作出放贷决定和开展

构筑信贷风险管理的基本框架

业务的基础。这种标准要指出谁是合格的借贷人，借款额度，信贷产品类别，放贷的条件和具体合同条款。

银行要获取充分的信息，对借款人的真实风险状况进行详细分析，考虑到不同的信贷类别和信贷关系。审批信贷要考虑和记载的要素包括：

- 信贷目的和还款来源。
- 借款人目前的信贷状况(包括风险的性质和总体金额)，抵押物和对经济环境和市场发展的敏感度。
- 过往的还款记录，并依据借款人目前的财务状况，设计不同的条件，预测借款人的未来现金流，以及对还款能力的影响。
- 针对商业贷款，需了解借款人的业务能力和专业水平，借款人的行业地位和经济环境。
- 给予借款人的贷款条件，包括针对未来借款人的风险状况变化的限制条款。
- 抵押物和担保在不同情形下可执行的情况和充裕程度等。

在首次审批借款人时，要关注其道德品质和声誉，及其借贷的法律能力。在信贷发放标准建立后，银行必须保障获取充分的信息来作出是否放贷的决策。这些信息也是内部评级体系对贷款评级的基础。

银行对借款人要有深入的了解。所以在建立信贷关系前，银行必须对借款人进行尽职调查，以获取对其声誉和信用的信心。特别是，要有严格的政策和程序以甄别那些涉及犯罪和舞弊的人员。达到这样的目标有几个途径，包括向银行信赖的第三方进行查询，检查信贷登记报告，增进对公司管理人员的了解，对他们的财务状况和个人品质进行第三方询问。当然，银行也不能因为了解和熟悉借款人，仅仅因为看上去声誉卓著而轻易给予放贷。

2. 限额管理

信贷管理的一个重要组成部分是对单一借款人和集团借款人设立信贷敞口限额。这种限额是根据银行对借款人的内部风险评级作出的。内部评级高的企业，信贷额度相应较高。

银行要对其所有涉及信贷风险的活动和领域设定信贷限额。这些限额要使放贷活动产生的信贷风险分散、多元化。银行信贷风险的一个重要部分来自交易活动和表外业务。对这类业务设定限额在管理银行的风险方面有重要作用。限额应该是根据对特定客户的信用风险水平进行评估后作出的，而不是仅按照客户需要而设定的。

对未来信贷敞口的衡量，是对对手方制定有意义的限额基础，是对银行(表内表外)全部放贷活动的最高限额。

针对同一借款人银行需要考虑对其全部限额在贷款申请和贷后管理阶段均进行压力测试。这种压力测试应考虑经济周期，利率和其他市场变动及流动性状况。

银行信贷限额要反映在对手方违约、不能够按期履行支付义务时，不能尽快清算信贷敞口的风险。银行与对手方可能同时有几笔涉及信贷风险交易，潜在风险可能因为计算的到期日不同而发生重大变化。潜在的未来敞口要考虑贷款生命周期中不同的时间段。限额设定也要考虑在清算情形下银行没有获得抵押物的敞口的风险。

信贷风险管理的目标是将信贷风险的敞口控制在董事会和高级管理层制定的限额指标内。限额控制是可以帮助银行将风险限制在银行可接受的水平内的重要措施。这种控制体系将帮助管理层监督银行是否遵循了既定的信贷风险战略目标。

限额控制要求一旦放贷超出银行原先确定的限额时必须向管理层报告，以引起管理层的关注。限额控制系统将帮助管理层控制信贷风险敞口，促进对风险和相应计划的讨论，监督银行的真实信贷风险是否与原始设定的信贷风险承受度保持一致。

3. 风险量化

银行必须拥有对借款人涉及的信贷风险进行量化的方法和工具。银行需在产品和组合层面对信贷风险加以分析，发现特定的敏感性和集中度。信贷风险的衡量需要包括：①信贷安排 (如贷款，衍生产品、额度等) 的性质，其合约和财务要求 (如到期日、参考利率等)；②与潜在市场变化有关的直至到期日的敞口状况；③是否存在抵押物或担保；④在内部评级基础上确定的潜在违约情况。应定期分析信贷风险数据并与有关限额相对照。银行的风险衡量技术应与其业务活动涉及的风险相适应，基于可靠的数据，经过严格定期的检查。

信贷风险进行量化主要走的是模型化道路。市场上比较有影响力的信用风险量化模型主要有四个：JP摩根的Credit Metrics、KMV公司的KMV模型、瑞士银行的Credit Risk＋和麦肯锡公司的Credit Portfolio View。这些模型的运用需要大量准确的宏观经济指标、金融行业信息以及银行自身信贷资产的全面数据。不仅如此，模型还需要这些信息和数据覆盖的较长历史期间。应该认识到，模型本身是建立在一定假设基础上的，管理层在实际操作中必须运用专业判断。国外的模型在中国实施时尚需要本地化过程。在当前的大环境下，银行很难一蹴而就地实现这样的模型量化。可以考虑的替代方法包括财务报表中关于信用风险的披露，包括定量和定性的分析，在一定程度上可以帮助衡量风险，并进行同业比较。

信贷管理、监督和纠错机制

1. 信贷管理

信贷管理是银行健康运作的重要要素。由于信贷管理涉及的责任广泛，其组织结构也因银行的规模和复杂程度而不一样。在大型银行，与信贷管理相关的各个职能可能分配在银行的各个不同的部门。在小型银行，可能几名员工同时负责不同的职能领域。当员工承担比较敏感的职能时，例如掌握重要材料的档案保管，资金划转，或在计算机输入限额，他们必须向与业务营销和信贷审批流程相独立的经理报告。

在开发信贷管理职能领域时，银行要保证：

- 信贷管理工作的效率和效果，包括监督档案、合约要求、法律条款和抵押物等。
- 向管理信息系统提供信息的准确和及时性。
- 足够的职责分工和对"后线"职能有充分的控制。
- 对管理政策和程序及法律法规的遵循。

要使信贷管理职能的各个要素能有效工作和配合，高级管理层必须理解和表明其对信贷风险监督和控制的重要性的认识。

信贷档案要包括借款人最新的财务信息，及了解作出决定的决策过程和信贷历史。例如，信贷档案要包括最新的财务报告，财务分析，内部评级文件，内部档案，推荐信及评估书等。贷款审阅职能要指出信贷档案是否完整，是否已取得贷款审批和其他文件等。

当贷款发放后，业务部门（通常与信贷管理部门一道）负责与贷款相关的维护工作。这些工作包括保证信贷档案及时更新，获取新的财务信息，发送更新通知和准备其他资料。

2. 信贷监督

银行要开发和实施充分的程序和信息系统，监督银行信贷资产池中每一笔贷款和每一个借款人的状况。这些程序制定了发现和报告问题贷款的标准，使问题贷款能得到重视和更频繁的监督，包括采取纠正措施，调整贷款分类和计提准备金。

有效的信贷监督系统包括下列行动：

● 保障银行了解借款人目前的财务状况。
● 监督是否符合现行借款条款。
● 评估抵押物与借款人的贷款覆盖率。
● 了解风险支付拖欠情况，及时对问题贷款进行分类。
● 将问题贷款上报，及时采取管理上的补救措施。

银行要有专职人员对贷款质量的监督负责，包括将信息传递到负责信贷级别评估的部门。同时，对抵押物和担保进行持续监督。这种监督使银行可以采取措施及时对信贷合同加以调整，并计提充分的减值准备。在分配这些职责时，银行管理层要认识到潜在的利益冲突，特别是对那些管理人员的绩效评估和奖金分配有影响的指标的考核方面，如贷款规模、组合质量或短期盈利能力，银行要能独立客观地进行评估。

3. 纠错机制

建立系统的信贷审阅流程的一个原因是为了及时发现出现问题的贷款。银行如果可以及时察觉贷款质量不良变化，就能更好地选择改进信贷质量的方案。问题贷款一旦发现，银行必须要按照信贷管理政策采取及时、严肃的补救措施，对其通过贷后管理和处置问题贷款的流程加以管理。

银行的信贷风险政策必须清晰地指出银行如何管理问题贷款。银行在对问题贷款的管理方法和组织方面，由于信贷组合的复杂性和问题贷款的原因可能不同，有的银行由业务发展部门负责，有的银行由专门的问题贷款工作计划小组负责，或是两者结合。

有效的问题贷款工作(拯救)计划对风险管理至关重要。在银行面对重大信贷问题时，负责问题贷款的工作团队应该与业务营销发展团队实施职责分离。对问题贷款工作计划提供资源，专家指导和集中精力的做法一般会改进贷款回收的情况。有效的问题贷款工作计划对贷款人重新振兴和提高贷款的最终回收金额有很大的帮助。有经验的问题贷款工作计划小组对业务部门组织的信贷重组安排能提供重要的有价值的意见。这种专门的经验在各家银行都是很宝贵但又很缺乏的。

> 　稳健的信贷流程是银行抵御信用风险的屏障，是银行贯彻和落实董事会和高级管理层制定的风险管理战略目标的通道。对相关的政策和流程进行持续的回顾和监督，可以帮助银行巩固信贷流程，并及时根据所处的经济环境进行相应调整，这样的信贷流程才是长期和健康的。

巩固稳健的信贷流程

　　银行应自上至下明确经营目标，形成共同的风险管理理念，并通过相关的政策和流程落实到具体的业务活动中；在这个基础上，银行坚持稳健的贷款发放流程，从多角度巩固信贷管理，不间断地评估和监督信贷流程，使政策和流程能够适度调整以反映当前情况，从而始终保有活力。

建设稳健的信贷业务流程

　　信贷业务流程（以公司贷款流程为例）大致可以分为三个环节：受理及贷前调查、信贷审批以及贷款发放和贷后管理。下面用一个简单的流程图来展示其中的关键步骤。

1.受理及贷前调查

　　公司业务部门的客户经理负责接待申请人或主动寻求符合银行策略的优质客户，启动信贷流程，并负责按照银行政策规定，收集申请人的组织机构信息、财务资料、章程合同等法律文件和贷款用途说明等，而后走访申请人，收集市场、产品、项目及资信状况

注：本文与韩丹合作完成。韩丹是普华永道中天会计师事务所合伙人。

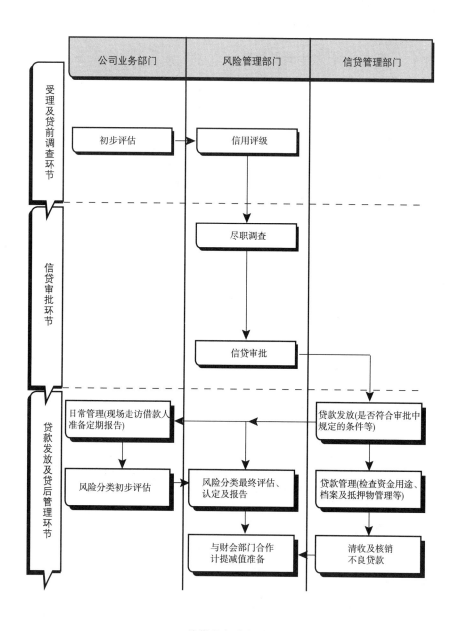

信贷业务流程图

等分析和评估借款人及其还款来源，准备信贷申请报告，包括授信额度、信贷品种、期限及定价等。对于提供担保或抵质押物的申请人，还需要提供担保人的相关资料及抵质押物的权属和价值证明文件。

为了在贷款申请阶段就把风险挡在门外，风险管理部门会针对行业、地区、特定客户群等制定相应的准入制度，下发到公司业务部门执行。这样，客户经理在信贷流程的起始阶段就按照银行的风险偏好筛除高风险客户，体现"风险管理前移"的理念。

公司业务部门完成贷款申请的初步评估后，后续的贷款审批流程都将独立于公司业务部门和客户经理进行，这就是"审贷分离"原则的体现。

2. 信用评级

贷款申请人的信用评级是由独立于公司业务部门的信用评级团队进行的，这个信用评级团队或者完全是一个独立的业务部门，或者隶属于风险管理部门，从形式和实质上都保持独立性。为了保证和强化信用评级的独立性和权威性，信用评级的最终结果还需要按照授权由各级有权审批部门或人员批准。所有新的借款人在准入阶段均需要进行信用等级评定。另外，除了新借款人之外，所有存量借款人至少一年进行一次信用等级评定。

3. 信贷审批

隶属于风险管理部门的尽职调查团队首先对公司业务部门提交的申请报告进行独立的复核，包括数据资料的质量、合规性风险，借款人信用、经营和财务情况，以及预计现金流合理性等方面分析和审查，在必要的时候还要亲自走访借款人查证情况。尽职调查团队提出的初步意见虽然不是最终结果，但是他们有权要求公司业务部门继续补充资料，重新考量贷款关于期限、利率及担保抵押等条款的设计，甚至在这个阶段就可以对贷款申请提出否定意见。尽职团队所否定的申请，不能够出现在信贷流程的后续环节中。

在信贷审批环节中，设立独立的尽职团队、信贷审批团队对贷款申请报告及尽职调查报告分别进行审阅和批准。尽职团队、信贷审批团队构成了信贷流程中的两道风险屏障。这两道风险屏障不仅与公司业务部门相独立，他们互相之间也保持独立，以充分评估借款风险。这两道屏障存在先后和制约关系，尽职团队在风险管理的前沿，信贷审批团队是中枢和贷款发放前的最后把关者。尽职团队审核通过的信贷申请才有可能向信贷审批团队递交，而信贷审批团队也无权通过已被尽职团队所否决的申请。

一般而言，信贷审批团队将是一个集体决议机构，可以以委员会的形式出现，从而避免了少数人干预和影响贷款批准的情况，也是保护信贷政策和流程的措施。评审委员会通常拥有单数委员，少数服从多数，并设立贷款申请能够通过的最低同意票数。参与某项贷款申请审阅的委员应该由相应的行业专家、资深风险管理人员、法律专家等组成，以确保委员会除了审阅必需的合法合规，遵守银行规章制度和政策流程之外，还能够拥有足够的经验和知识去评估借款人本身的特点及对还款能力的影响。

信贷审批团队将综合公司业务部门申请，以及尽职团队和自身的调查分析和初步结论，最终决定是否批准贷款申请及贷款品种的具体结构，因此银行需要对团队成员的任职资格和胜任能力严格把关。除此之外，银行还需要根据信贷审批团队的自身综合能力，结合所在分支机构的资产规模和结构、风险管理水平、当地宏观经济环境和信用社会的建设程度，分别恰当授权，并进行动态调整。

信贷审批团队应该把握信贷风险政策，根据银行的风险偏好把握风险和收益相平衡的原则，独立决策。

4.贷款发放

贷款发放属于后台工作的一部分，通常由一个专职部门或团队操作，其职责是保证贷款发放时落实贷前条件、符合法律法规的规定以及落实用款条件，管理和登记额度使用和贷款等。一般银行会设计一张核对表，包含按照法律法规要求、银行内部规章制度等必须具有的贷款发放条件，例如贷款获得银行批准的文件、已生效的贷款合同、抵质押物权证等；还包括银行根据个别借款人情况，提出的针对单笔贷款的特殊放款条件，例如财物比率要求或派发股息的限制等。

贷款发放的一个必要条件是银行与借款人签署正式的贷款合同。通常，由银行的法律部门设计标准贷款合同文本。对标准文本条款的修改，视其重要性，均需要咨询不同级别的法律部门，并获得有关负责人的批准。

5. 贷后管理

贷后管理由若干个团队参与，并需要执行几个关键步骤。

第一，客户经理负责借款人的日常贷后管理工作，包括借款人的经营财务水平和资信状况观察，信贷资金的使用及对应项目的情况以及抵质押物的状况等。客户经理需要通过收集各方面的信息以及定期或不定期地走访借款人，以便能及早发现贷款可能违约的迹象，并尽快采取预防和应对措施。客户经理需要按照银行的规定，就检查情况和结论准备定期报告，上报公司业务部门负责人和风险管理部门。

第二，对贷款进行风险分类。在公司业务部门提出初步分类结论后，风险管理部门将独立地确认和批复风险分类。只有经过风险管理部门认定的风险分类结果，才能够报送高级管理层、监管机构及供其他部门使用。在公司业务考核的绩效指标中，不良贷款率是权重较大的因素，由风险管理部门执掌这一指标将提升风险管理的独立性，并强力引导前线业务部门的风险控制。

第三，风险管理部门与财务管理部门协作，负责贷款减值准

巩固稳健的信贷流程

备的评估。通常贷款减值准备评估以贷款风险分类为基础，按照会计准则的要求进行单独或组合评估。

第四，风险管理及贷款发放管理团队将组织对贷款资金用途、抵质押物管理及评估、贷后报告制度执行等程序的检查，督促和协助公司业务部门持续的贷款风险评估。

另外，银行还设立重大或意外事项报告制度，即在定期检查报告之外，任何可能对借款人还款能力造成负面影响或威胁银行资产安全的重要事件必须立即报告。由于公司业务部门最贴近借款人和市场，因此这种报告制度可以由公司业务部门作为发起部门，并抄送风险管理部门。与此同时，风险管理部门也可以设立自身的风险监控机制，从国家政策导向、经济环境变化、行业集中度、银行信贷结构调控等宏观层面，向前线业务部门传达基于银行整体风险偏好的预警信号。

高级管理层必须理解信贷风险管理和监督对整个银行的重要性，并立场鲜明地向各方面表明对风险管理和监督的支持。

维护有效的贷款质量监督机制

如上所述，从启动信贷业务开始，银行的信贷风险管理就要立足于借款人，并同时针对每笔贷款进行，其目的就是要及时发现风险贷款，使问题贷款引起足够重视并被密切监管，这样银行可以采取挽救措施，并调整风险分类以在财务报告上反映合理的贷款减值准备。要想实现这样的管理效果，银行需要实施适当的管理政策和程序，并建立信息反馈机制。信贷风险管理政策和程序中首先要清晰定义问题贷款、风险预警信号，其次要根据授权设定重大金额及对应的报告和反馈路径，最后还要规定具体报告要素。在这样的前提下，有效的信贷监督机制需要涵盖以下行动：

(1) 保证银行及时了解借款人或其他对手方的最新财务和经营状况；

(2) 随时监督借款人或其他对手方是否符合银行现行信贷政策或特别贷款条件；

(3) 定期评估抵质押物对贷款的覆盖率是否符合银行现行信贷政策或特别贷款条件；

(4) 保持问题贷款报告路径畅通，上报及时，反馈或补救措施迅速。

信贷业务环节中的每个部门和员工都对监督贷款质量负有责任，包括及时将所掌握的信息，特别是问题贷款信息或风险预警信号传递给相应环节的负责人，以支持银行内部的借款人信用评级和外部监管要求的贷款风险分类调整。对于抵质押物以及担保人的信用状况也需要定期评估，这种监督流程帮助银行在必要的情况下迅速修订信贷合同条款，而对于违约贷款则可以更加准确地评估其减值准备。

传统的信贷风险管理更加重视单笔贷款或单一借款人是否违约或存在风险因素，但是随着银行业务在不同区域、行业、产品等的扩大及对应资产规模的成长，银行面临的资产组合风险或集中度风险也增大了。另外，相对于单一借款人，集团客户由于股权关系结构复杂，内部交易和定价缺乏透明度，可能出现"互保"现象，而造成银行针对某一集团风险暴露过大的情况。因此，银行在继续监督单一风险的同时，也必须重视对信贷资产组合的管理，建立对应的政策和流程。

银行需要建立对信贷资产组合的分析和评估流程，其情况分析及风险提示需要定期向高级管理层汇报，这是进一步制定资产组合管理政策和流程的基础，也能够帮助银行制订避险预案。对资产组合的分析可以针对行业、地域或国别、产品甚至是担保手段等进行。以何种角度剖析资产组合取决于银行自身的业务情况，银行既可以以一个角度为主，也可以多角度拆分。影响资产组合质量的因素除了外部的宏观经济环境之外，银行的信贷管理政策和程序的变化，相关业务人员的素质和经验等内部因素也应该予以考虑，需综合评估对资产组合质量的影响。评估中可以运用压力测试的方法，观察"万一发生"的假设情况下资产组合的质量变化，从而尽早识别在良好环境中不易察觉的风险因素。压力测试的"压力"包括经济或行业衰退、突发风险事件以及流动性紧缩等，可以设计不同情景并利用模型。压力测试不仅可以应用于资产组合管理，对单笔贷款或单一借款人也是有效的，而且"压力"可以更加详细和有针对性。

根据董事会批准的信贷风险战略，银行需要制定贷款限额政策，例如针对单一借款人及集团借款人的贷款余额与资本的比率限制。另外，银行可以通过对某些行业或地区的贷款限额，调整信贷资产结构布局，实现信贷风险战略。从这个角度看，贷款限额也是一种积极的信贷管理工具。

无论是对单一贷款还是资产组合的管理，银行都需要将相关职责分配到具体的部门或人员。在进行岗位和职责分配时，银行需要考虑潜在的利益冲突，特别是当银行将资产增长规模、贷款质量以及信贷成本和收益等作为绩效考核的指标时，需要将奖励制度建立在维护信贷风险管理的独立性和权威性的基础上。

衡量完整的信贷风险敞口

为了实现信贷风险管理的目标，保证政策和流程的有效性，银行必须建设一个强大的信贷风险管理信息系统。银行需要根据信贷资产组合的特征、监管要求、对外披露要求及内部管理报告需求，确定所需要的详细信息。根据设定的需要，将逐笔贷款和每个借款人的相关历史和现时信息记录在资料库中。而且银行需要有规章制度和流程确保录入信息的准确、及时和完整。

管理信息系统是"运算中心"。通过预先设置的程序，系统可以提供信贷风险管理所需的各种汇总和分类信息，例如集团客户的全部风险敞口、某行业的某品种贷款余额、银行全部贷款的分币种汇总等。

管理信息系统也是"警报中心"。银行风险管理政策中的量化指标可以随时更新在系统中，并与实际业务结果核对，随时发现风险领域。例如，批准的集团风险敞口限额与实际风险敞口相比对，如果两者相接近，则限额管理团队可以提示相关部门及人员。或者对超限额情况进行定期和有效的报告，或者比对行业和地区的贷款分布，识别占比较大或者增长异常的组合，协助银行管理集中度风险。

银行还需要开发信贷风险度量和评估技术。风险量化不仅局限于评估信贷风险，而且可以应用于资本充足率、产品定价以及对外披露风险管理信息。例如，运用统计学中的回归模型，分析和评估宏观经济环境对贷款资产组合的影响以及压力测试等。

为了适应信贷业务的复杂性，当前的发展趋势是在信贷管理信息系统中嵌入风险度量和评估工具，两者的结合使信贷风险衡量过程更加有效和高效率。

实施充分的信贷风险控制

恰当和有效的信贷风险控制可以确保信贷经营活动遵守法律法规和内部政策制度，实现董事会的战略目标，保护信贷资产安全，并为对外信息披露和内部管理报告提供完整、准确和及时的信息记录。因此，信贷风险控制需要符合以下重要原则：

(1) 信贷风险控制无真空。信贷风险控制必须覆盖所有信贷业务，并建设在各个业务环节和所有层次的机构之上，而且需要全员参与，职责划分清晰。

(2) 始终保持谨慎态度。银行的信贷风险战略是在保证资产质量的前提下，提高资产回报率。因此信贷风险控制首先是防范风险，规范和保证银行审慎经营。不论银行开设新的机构开展信贷业务，还是开发新产品和服务，信贷风险控制都应该先行进入，评估风险因素和领域，建设有关的控制政策和流程。

(3) 风险控制必须拥有高度权威和独立性。信贷业务跨越银行多个部门，很多人员参与其中。因此，当出现例外事项时，风险控制需要具有高度的权威性，保证任何部门或人员不能突破银行的政策和流程。而且一旦出现问题，风险控制要求做到及时纠正。风险控制的评估应该独立于执行部门和人员，要有向董事会或高级管理层报告的独立和畅通的渠道。

(4) 平衡效果及效率。信贷风险控制的效果建设在政策和流程之上，要求信贷业务必须经过所有相关环节并实施。如果控制政策和流程设计得过于复杂或烦琐，则业务机会和客户可能因为时间拖沓而流失，或者控制占用过多人员而增加银行运营成本。因此信贷风险控制需要与银行的资产规模、业务品种、机构、人员素质以及经营环境等相匹配，在审慎的原则下控制成本。

信贷风险控制是一个动态的过程，因此银行需要进行独立和持续地审阅，才可以做到按照风险的演变进行适当调整，保证风险控制的长期有效。

内部审计部门应定期对信贷风险管理流程进行审阅，确定信贷经营活动是否符合既定的政策和流程，有关信贷的信息是否准确、及时和完整地向董事会和高级管理层进行汇报。银行通过这一独立自我检查程序，可以发现信贷风险控制中的缺陷，执行层面上的薄弱环节，以及违规情况，帮助银行改进信贷风险管理政策和流程。

有效管理问题贷款

及时地识别潜在风险贷款或问题贷款是信贷风险管理有效性的具体体现。越早发现问题贷款，银行就可以越快启动问题贷款管理流程，从而在解决问题和减少损失上掌握更多的主动权。

银行在贷后管理中通过定期检查报告、信贷资产风险分类、借款人内部信用评级以及突发事件报告制度等，识别问题贷款，发现可能的风险隐患。银行还需要在贷后管理中设计和制定管理问题贷款的机制，包括定义、识别、管理措施和落实具体责任部门等。针对问题贷款，是成立单独部门专门管理问题贷款，还是依然由业务部门负责，抑或是二者结合，都需要专门研究，制定实施政策。就问题贷款的清收流程、档案管理及抵质押物管理等，还需要清晰设定管理措施和问题监控报告制度。

　　在贷款出现问题的潜伏期或早期阶段，如不能及时、有效地管理这些问题贷款，将不利于银行及时制定贷款处理策略，同时增加后期清收的成本与难度，因此有效的问题贷款管理对银行全面积极地管理风险至关重要。特别是在经济下行时期，出现问题贷款的概率大大增加，如果银行的信贷风险管理机制在早期阶段就对借款人采取及时恰当的手段，其控制风险敞口的效果将更为明显，也更节约成本。问题贷款本身的成因及未来发展都较为复杂，而应对问题贷款的措施也很多，如有条件的展期、调整利率和还款计划、增加抵押物覆盖率、增加担保人、寻找潜在并购机会、直至进入法律程序等，需要大量的行业知识与经验作为支持，因此，银行有必要成立专家小组，这个专家小组可以独立处理有关事务，能够为相关业务部门提供有价值的专业建议和指导。

　　信贷风险管理需要追踪问题贷款的成因，讨论其是否与银行业务流程设计和控制执行有关，顺藤摸瓜发现信贷风险管理中的漏洞，这些调查结果也应该向高级管理层汇报，并进行弥补或改进。

『　健康的信贷风险文化需要鼓励持续性的沟通。各个层次的业务单元、信贷业务每个环节的参与人员对有关信贷程序、职责分工以及控制手段等必须有着清晰明了的认知，推行管理问责制，做到所有业务单元和工作人员都认识到风险管理"人人有责"。　』

建设合适的信贷风险文化

　　一位美国银行家曾经说过："一个金融机构信贷管理的失败不是因为缺乏信贷政策或流程，即使设置非常复杂的程序检查、报告等控制手段，如果缺少一个好的风险管理文化，所有这些都将徒有其表。"因此，建设合适的信贷风险文化是信贷风险管理的基本原则，培育信贷风险文化对于银行而言非常重要。

两重责任人

1.董事会负责制定信贷风险战略和重大信贷风险政策

　　董事会负责制定银行的经营策略、决定公司内部管理机构设置、批准基本管理制度、标准年度财务预算、任命及评价高级管理层等。信贷业务作为银行的核心业务，董事会需要根据银行的总体战略，审定相关的信贷风险战略和重大信贷风险政策，这项战略应该反映银行的风险偏好以及与之相对应的承担信贷风险而期望获得的收益回报，必须涵盖所有业务的信贷风险。信贷风险战略需要董事会定期审阅（至少维持一年一次的最低频率）。同时，董事会对信贷风险战略及重大信贷风险政策的实施情况和效果进行监督和评价。目前，在中国已经上市的商业银行中，通常由董事会设立一个风险管理委员会或类似机构来承担这方面的职责。为了保证风险管理委员会的独立性与专业性，其成员包括一定数量的非执行董事和独立董事。

建立适当的信贷风险文化需要鼓励持续性的沟通，即董事会批准的信贷风险战略和重大信贷风险政策必须有效地传导到银行的整个组织架构中。各个层次的业务单元、信贷业务每个环节的参与人员对有关信贷程序、职责分工以及控制手段等必须有着清晰明了的认知，推行管理问责制，做到所有业务单元和工作人员都认识到风险管理"人人有责"。

董事会应该保障银行在信贷业务及风险方面拥有一个具备能力和专业素养的高级管理层管理信贷业务。董事会同时要确保高级管理层开展上述的工作是在董事会已经批准的战略、政策和风险偏好的大框架之下进行的。董事会通过任命和评价高级管理层、批准银行的管理和业务机构设置、定期审阅包括银行信贷组合在内的财务及其他管理报告、结合高级管理层的报告和建议修订信贷风险战略等实现这一目的。

与此同时，董事会还需要对董事的行为作出约束和监督。由于董事会成员，特别是聘任的外部董事可能给银行带来商机，因此应该要求所有信贷业务无一例外地必须遵循银行的既定流程和审批程序。为了避免利益冲突，银行更应该明确规定有关董事会成员无权超越银行的贷款审批程序，或批准已经被银行否决的信贷提案或建议。

董事会还应该保证有关薪酬政策不会与信贷风险战略相冲突。董事会的薪酬政策应该配合银行的整体信贷风险计划和策略，着眼于长期风险管理效果，避免出现为了短期盈利目标而出台激进的鼓励措施，防范短期激励政策削弱银行信贷流程的情况。

2. 高级管理层是实施董事会批准的信贷风险战略的执行责任人

董事会制定和批准的信贷风险战略，由银行高级管理层负责执行和实施，这也是信贷风险文化建设中的重要环节。高级管理层对既定战略的操作和实践过程，就是将信贷风险战略这一相对抽象的经营理念，转化为具体而微的流程、规章和制度，实质上也是通过这一过程将董事会的战略与全行各层级的相关业务单元和员工进行交流和沟通，并得以落实。

高级管理层的这项职责包括保证银行的信贷业务行为与既定战略一致，制定、审议和执行职责范围内的信贷风险管理规章制度和程序，清晰划分信贷审批过程中的权限和责任。另外，高级管理层也需建立定期审阅机制，对信贷流程及相应的风险管理职能进行独立的内部分析和评估。

稳健经营和管理的基础是设计与实施发现、衡量、监督和控制信贷风险的政策和程序。信贷政策是全行统一的信贷业务的框架和具体业务活动的指引。银行的信贷政策包括目标市场和客户群、资产组合结构、定价政策、期限及金额安排、审批权限以及重大和例外事项报告等。这些内容必须在信贷政策中明确规定，并且符合银行审慎运营原则及外部监管要求。信贷政策的制定要充分考虑自身业务的发展水平以及复杂程度，结合银行的历史资产质量、盈利能力、机构数量和分布、客户基础、业务领域、员工能力和素质、风险度量及信息技术以及所处的区域宏观经济环境等多重内部和外部因素。设计良好和行之有效的政策和流程有利于银行保持高标准的贷款发放、密切监督和控制信贷风险、恰当评估和分析新的或潜在的业务机会，并将帮助银行及时发现和管理问题贷款。

为促进符合整体信贷风险战略的目标市场及资产组合多元化，银行还应该制定和实施相应的政策和程序，设置组合要素及针对不同维度对手方的限额管理。组合要素以及对贷款不同维度的分析内容包括产品、单一借款人、集团借款人、币种、国家或地区、行业或经济部门等。有关内部限额的政策和措施同时可以帮助银行限制单一贷款风险以及实现信贷风险分散化。银行制定的内部限额也必须符合监管部门的法定要求。

如果一家银行开展国际业务或跨国设立分支机构，则需要针对国别风险设计相应的信贷政策和程序，以保证可以及时并恰当地应对有关风险敞口。这种政策和程序包括监督和应对相关国家政治风险引发的支付危机、当地特殊经济环境造成的信用风险、当地法律环境限制信贷合约的履行及造成执行问题贷款的抵质押物的障碍等。

如上所述，高级管理层有责任将信贷风险的政策和流程传达到所有业务单元和人员，在包括分支机构和集团的各个层级都得到贯彻执行。而且这一政策和流程需要定期审阅，进行周期性的评估和梳理，根据内外情况的变化及时调整和修订。

政策和流程的执行最终要落实到相关的业务人员，因此高级管理层有责任保证员工的资质、经验和技术等能够高标准胜任其工作，同时保证业务人员的任命和职责分配符合相应的政策和流程。

三道防线

1. 第一道防线：银行必须在稳健和定义清晰的放贷标准下开展业务

发放贷款将使银行涉入风险，但同时也为银行带来利润。因此银行对任何信贷交易都需要分析风险和报酬的关系，分析与客户信贷关系的整体利润状况。要判断是否给予信贷以及在合约中采用什么样的借款条件，银行需要分析贷款的预期收益，考虑价格和非价格的因素（如抵押物、免责和限制条款等）。在向客户提供信贷产品时，银行所面临的核心问题就是，由于对信贷关系的定价错误或贷款结构设计不合理，银行承担的风险可能无法获得足够的回报。因此建立信贷关系之前，银行需要分析可能出现的风险情况及它们对对手方或借款人的可能影响。

银行在考虑提供信贷产品之前，还要考虑到要建立适当的准备金以及持有足够的资本金才能够覆盖发现的和预期的风险损失，实现稳健经营。因此银行必须把准备金和保障资本金充足作为总体信贷风险管理流程的重要组成部分。

即使银行可以运用交易结构，抵押物和担保等手段来减缓 (抵免) 已发现或潜在的风险，但是，信贷发放应该首先立足于借款人本身的还款能力。抵押物不能替代对借款人的整体风险评价，也不能弥补不够充分的信息。应该认识到，运用信贷风险缓释工具 (如没收抵押物) 会减少交易的利润空间，只能是"亡羊补牢"。还有，抵押物的价值可能因为贷款还款能力减少的同样原因而减值，例如经济危机时期借款人经营情况与抵押物价值会出现一致的下行现象。银行应该制定政策，对可接受抵押物的形式，持续评估，可以实现的法律程序保障等作出规定。对于贷款担保，银行要对担保人的法律地位和能力，担保人的资信情况，担保额度水平等进行分析。银行在作出有关贷款还款能力的任何假设时需要审慎，特别是在假设第三方 (如政府) 会给予支持时。

2. 第二道防线：银行必须建立和制定独立的内部评级体系来管理信贷风险

监督信贷质量的有效工具是运用内部风险评价制度。良好的内部风险评价制度将帮助银行区分不同信贷敞口涉及的信贷风险的程度。这样银行可以更精确地判断信贷组合的总体特征、风险集中度、问题贷款及贷款准备金计提的充分性。一些大型银行还在银行的内部资本分配，信贷定价，交易和信贷关系的利润率计算方面运用更为细致和复杂的内部风险评价制度。

比较典型的内部风险评价制度，通常将信贷资产按照其涉及的风险分为不同的级别。简单的系统可能就用"满意"和"不满意"之间的级别来定义，但更为有意义的工具通常采用更多的评级级别，来识别满意的信贷关系，真正对其涉及的信贷风险予以区分。在开发内部风险评价制度时，银行需要决定是对对手方或借贷人的风险进行评级，或对某笔交易的风险进行评级，或是两者兼顾。

建设合适的信贷风险文化

内部风险评价制度是监督和控制信贷风险的重要工具。为了早日发现信贷风险状况的变化，银行的内部风险评价制度需要重点关注信贷风险的潜在和真实变化的指标和敏感度，已降级的信贷关系需要银行更多的关注和监督，例如，信贷员增加访问频率或列入高级管理层亲自审阅的贷款关注清单。各业务部门也需利用内部风险评价制度，监督贷款组合的现状和特征，对是否需要进行银行的信贷战略转变作出决策。因此，董事会和高级管理层应该定期收到有关贷款评级的贷款组合状况报告。

在放贷时作出的有关借款人或对手方的信贷评级必须定期进行更新审阅，如状况改变，贷款评级应作出及时和相应的调整。为确保单笔贷款的质量的内部评级保持一致并正确反映贷款的质量，内部评级的审阅和决策的功能和责任必须与信贷营销等业务前线人员独立开来。同样重要的是，内部评级的一致性和准确性也需要由一个独立的信贷审阅小组进行检查审计。

3. 第三道防线：独立的信贷审阅和内部审计

银行必须建立有效的内部审阅和报告体系，加强对贷款组合的管理。这种制度需要向管理层和董事会提供评价银行信贷员的业绩和贷款质量状况的信息。

内部信贷审阅必须由独立于承担业务功能的员工进行。这种信贷审阅功能协助银行评估总体的信贷管理流程，决定内部风险评级的正确性，判断信贷员是否认真严格地监督每笔贷款。信贷审阅结果将向董事会，风险管理委员会，或对放贷没有权责的高级管理层 (如负责风险控制的高级管理层) 独立报告。

对信贷风险管理流程进行的内部审计，必须定期完成，以确定信贷活动是否符合银行的信贷政策和程序，是否在银行董事会批准的指引下开展，各笔贷款的存在性、质量和价值都准确一致地向高级管理层报告。这种审计功能也可以发现信贷风险管理流程、政策和程序的薄弱环节，以及对政策、程序和限额的违规情况。内部审计根据对银行的信贷资产风险的判断执行检查，为促进银行的信贷风险管理工作提出建议。

五个要注意的地方

1. 全面性——识别全部产品和业务活动的信贷风险

有效的信贷风险管理流程的基础是发现和分析银行所有产品和活动的现有和潜在的风险。因此，银行发现其全部产品和活动中的信贷风险特别重要。这种发现需要对其产品和活动的信贷风险特征进行仔细审阅。

银行对复杂的放贷活动要有清晰的认识（如对某一特殊行业、资产证券化、客户承担的期权、信贷衍生产品或信贷关联的票据等）。尽管信贷风险对银行不是新问题，而且信贷风险管理的基本原则是一致的，但这些复杂的放贷活动相比传统的放贷业务需要更为审慎的分析程序。

银行对新业务需要进行严格的准备和计划，保障其风险得到发现和管理。银行对其新业务新产品带来的风险需要经过足够的风险管理流程和控制进行分析研究，需要董事会或合适的委员会批准。

无论是涉及基本的或复杂的信贷活动，新的或旧的风险，高级管理层要保证员工能高标准胜任其工作，符合银行的政策和程序，确定识别全部产品和业务活动的信贷风险。

2. 关联交易

对关联方提供信贷服务是银行一个潜在的高风险领域。因此，对关联方放贷应执行与非关联方一样的条款，并设置恰当的程序和控制。不应该因为与关联方进行交易而修改贷款条款，放贷的条款不应该比同等情况的一般贷款优越，而且需要制定严格的限额。另一个控制是对关联方贷款条款进行披露。

与关联方的重大交易需经过董事会批准（有利益冲突的董事应该回避），在特定情况下需向监管机构申报，如向大股东发放的重大贷款。

银行必须设立程序，在考虑信贷业务时，发现并将相关联的对手方作为一组对手方集合起来，视同一个借款人。对财务互相依赖的借款人，无论是个人或是公司，只要存在共同控制或所有权，或通过共同管理或家族关系而存在较强联系时，这些信贷敞口都需要合并进行监督管理。银行在其不同的业务部门对它们的敞口也需要设有程序加以汇总。

3. 信息系统建设

银行信贷风险衡量流程的有效性在很大程度上依赖管理信息系统。管理信息帮助董事会和各级管理层履行其管理职责，包括确定银行应该持有的资本的充裕度。因此，管理信息的及时性，详细程度和质量都至关重要。特别是，管理信息系统能够提供银行合并层面上不同类型贷款组合的组成和质量的信息，可以让管理层能迅速及准确地判断银行信贷风险的水平，并确定银行的贷款组合表现是否与信贷风险战略是一致的。

银行需要监督实际信贷风险敞口与设定的风险限额是否一致。银行必须借助管理信息系统，将所有敞口都包含在风险限额的衡量体系中，以便在信贷敞口接近信贷限额时对管理层作出提示。银行信息系统要对每个借款人和对手方的信贷敞口进行汇总，定期有效地报告超出限额的情况。

银行信息系统要帮助管理层发现和确定信贷组合中的集中度风险。业务经理和高级管理层要对管理信息的收集范围是否充分进行审阅，保证信息系统能适应业务发展的复杂性。现今的银行还在信息系统中嵌入越来越多的对信贷组合进行分析的功能，其中包括压力测试。

4. 集中度风险管理

银行面对的一个持续的信贷问题是组合内的信贷风险集中。风险集中的体现不同，但当同样风险特征的信贷数量加大时，集中度的风险就产生了。在下列情况下，无论是直接地或间接地对①单一借款人；②关联集团；③某一行业或经济部门；④地区；⑤一个国家或经济体互相依赖的几个国家；⑥信贷额度及安排的类别；或⑦某一抵押物类别的风险联系加大时，风险集中度就存在了。集中度在同一到期日内也存在。因为存在复杂和细微的关系，集中度也可能在信贷组合里存在。集中度风险不仅仅在银行放贷时发生，而且在银行的各个涉及对手方风险的业务领域都会产生。集中度风险，在风险集中的领域因为风险变化可能给银行带来很不利的变化影响。

在许多情况下，因为银行的业务领域广泛，分支机构分布在不同地域或很少能够接触到经济上风险分散的借款人或对手方，因此要避免或减少风险集中是非常困难的事情。另外，银行为充分利用和发挥其专业技能，也希望将其一部分业务集中在特定的行业或经济部门，或者认为在其定价过程中，所面临的集中度风险已有所补偿。因此，银行很难仅仅因为集中度风险而放弃优质的信贷业务，而可能采取其他方法来减缓或抵免集中度风险。这种方法包括给予过度的风险特别定价，要求对相应的风险持有充足的资本金，对贷款进行分销来减少对单一贷款人或经济部门的依赖。但是银行不能因为单纯需要对风险进行分散，就进入自身不熟悉的业务领域。

银行可以利用新的机会和工具来管理风险集中度和其他组合问题，这些手段包括出售贷款，信贷衍生产品，证券化和其他贷款二级市场。然而，帮助实现风险分散的工具和手段本身也给银行带来必须识别和管理的风险。因此，银行在决定使用这些工具和手段时，首先需要设计对使用这些办法的政策、程序和控制。

建设合适的信贷风险文化

5. 压力测试

良好的信贷风险管理做法的一个因素是，要质问在信贷组合和单笔贷款中，什么是可能变坏的潜在情况，并且要在计算资本充足率和计提减值准备时，考虑这种潜在情况。这种"万一发生"的假设问题的演习可以揭示银行以前没有发现的潜在风险领域。银行还需要深刻了解在经济危机中涌现的不同种类的风险的关系。在不利情况下，不同风险的关联度可能很高，如市场风险和信贷风险。情景分析和压力测试是评估这种潜在问题的有用工具。

压力测试要发现对银行的信贷敞口有不利影响的可能发生的事件或经济状况的改变，对银行针对这种变化的应对能力进行评估。银行需要检查的三个领域是:①经济或行业的衰退；②市场风险事件；③流动性情况。压力测试应从涵盖一个或多个财务，结构和经济变数的简单的假设改变的测试，发展到利用十分复杂的财务模型进行测试。

无论采用什么压力测试模型和方法，高级管理层必须对其结果进行审阅，对超出承受度的情况采取措施。这种结果还应用于更新政策和限额的流程中去。

银行应该努力发现那些可能给银行造成重大损失和流动性问题的情况，包括经济衰退，严重拖欠和违约，信贷事件和市场事件的共发。压力测试分析要帮助管理层制订在紧急情况下的应对预案，包括减少敞口和经济结果的避险措施。

案例

与一位首席信贷风险管理官的交流

信贷风险是借贷关系中最古老的风险，也是最难管理的风险。有信而贷，信为先。所以，穆迪说，信贷是一个人对另一个人的信任。信贷风险的管理从根本上依赖于信贷文化、诚信营商的社会环境和有贷有还的秩序。在计划经济时代，银行的借贷业务失去了其资源分配的商业功能，经济资源的分配由政府计划来行使，使得商业信贷文化在一段时间内被中止和破坏。在经济转轨的时代，有人把借贷资金当成是补贴和无偿的捐赠。而实际上，信贷的功能是把资金引到需要资金的企业中去，让资金发挥作用，吸引各种生产要素，为经济发展起到推动器的作用。

借贷资金是有价格的。现代财务学理论最大的进步是资本资产定价模型的发现。任何人或企业需要资金或资本都需要支付代价，即给予资金回报。资金回报的多少由投资的风险来决定。风险高，回报要求也高。借贷资金要求有时间线上的利息回报，而且更重要的是要保证借贷资金的本金偿还。因此，回报中要包括：①货币的时间价值（没有涉及风险）；②弥补收不回本金可能的代价——风险溢价。如果能够把风险的故事讲清楚，借款人有诚信，那么资金的成本就可以降下来。资金成本的减少，对经济发展和财富聚集的作用是非常重大的。所以，美国议员丹尼尔·韦伯斯特说，"信贷是现代商业体系中最重要的空气。它比世界上所有的矿产资源都使国家变得更加富裕，可以说成千上万倍的富裕"。

信贷资金流动和定价的过程，涉及许多参与者。其中包括参与信贷过程，给银行把关的信贷风险官。我认识一位很有经验的信贷风险管理专家，他叫董乐名。他在2005年及2007年，被中国一家国有商业银行聘为首席信贷风险官。在辞任这家银行的首席信贷风险官后，他与我分享了他的成长经历。我询问他有没有放错过贷款，请教他在中国参与银行改革的观察和发现。我把他的故事写出来，和大家分享信贷风险管理的心得。

放错贷款

董乐名在大学是学法律的。20世纪80年代，他加入银行工作。在见习管理培训时，他被分配到南美洲阿根廷的汇丰银行担任信贷员。经他审核的一家啤酒公司的贷款发生坏账，汇丰银行美国总部国际部和内部审计的管理人员专门到阿根廷对此笔贷款进行联合调查。在审阅了信贷档案后，调查人员询问董乐名，"从信贷分析的角度看，这是一笔优质贷款，为什么会出现坏账呢？"

董乐名胆怯但坦诚地告诉调查者，贷款客户提供了虚假的信息，管理层在经营中存在舞弊。他没有经验看透企业管理层的诚信。

正在董乐名惴惴不安地等待被免职，或被调回总部时，他的领导当面赞扬了他的信贷分析报告，认为这份信贷档案是他们见到的为数不多的高质量报告，分析透彻，有逻辑和商业根底。汇丰银行的领导对他说，优秀的信贷员需要经验累积，没有放错三笔贷款的信贷员不会成为好的信贷员。董乐名说，这是他为什么在后面的30年都在信贷领域工作的最直接的原因。

对信贷工作是要采取问责制管理的，但银行也要允许信贷管理人员犯错误。培养银行家的过程需要时间，只要坚持以银行利益为中心，在银行的风险管理政策内做事，放错贷款的事实是积累经验的基础。董乐名得到的是鼓励，不是批评。

敢于负责

20世纪90年代后期，董乐名调往汇丰银行香港总部，在信贷风险部任职。曾有一次，有一笔贷款变为不良贷款。汇丰银行的公司业务部、风险管理部和银行的高层领导被惊动，需要在信贷风险管理委员会讨论。在会上，各个业务部门的领导纷纷推诿责任。这时，董乐名站了起来，说道："听了大家的讲话，我觉得这笔贷款的责任应该是我们银行的信差，因为他把这笔贷款的申请材料送到银行；这笔贷款坏账的责任应该是我们的秘书，因为她把这笔贷款的申请材料放到我们的桌上。让我来告诉大家，这笔贷款由我来负责。"

读者可能看到，需要在汇丰银行总部的信贷风险管理委员会上讨论的坏账问题，涉及的金额肯定不小。为此要负责的代价当然是成正比例的，可以想象对于个人由此而带来的损失。但是，信贷风险管理的文化是负责的文化，敢于负责任的勇气也是一种正义。董乐名说，敢于负责就是领导力，就是企业信贷风险管理文化的基石。

挑战权威

2002年初，汇丰银行又一次召开信贷风险管理委员会，讨论一笔坏账。再一次提醒读者，按照汇丰银行的资产规模，在信贷风险管理委员会层面上讨论的每一笔坏账，都是一件大事，贷款金额肯定不小。当时，董乐名刚刚放完假回来，他吃惊地意识到客户的名称对他来说很陌生，好像这笔贷款未经过自己的审批。他调阅了这笔贷款的档案，看到档案里自己助手的批示时，不禁低头笑了起来。董乐名看到的是最典型的风险管理人员的批示。

在会议中，其他部门毫不客气地指责风险管理部，批评风险管理部把关不严，导致风险失控（读者注意，负责的文化有时可能变成指责的文化、"背黑锅"的文化）。董乐名这时向各位委员分发了风险管理部批文的影印本。风险管理部的批文这样写道："公司业务部总经理与客户的关系良好。银行主席与借款人的家族关系非同一般，相信该笔借款会得到该家族和他们控制企业的支持、同意。"董乐名说，这笔贷款公司业务部总经理和银行主席都画圈了。试问在给风险管理部施加压力的时候，我们银行的业务领导是否考虑了在维护银行风险管理独立性方面的重要性呢？

信贷风险的拥有者——公司业务部，永远是风险管理的第一道防线。独立的信贷风险管理是第二道防线，内部审计和合规检查是第三道防线。但是有的时候，业务部门干预了与风险管理相关的信贷审批程序，这种干预可能是很微妙的，重要的是在这种微妙的关系中，掌握平衡，敢于说不。

否决贷款

董乐名在中国一家国有商业银行担任首席信贷风险管理官期间，按照银行的贷款审批流程，上报到风险管理官办公室的贷款不下几百笔，他参与召开的贷款审批和信贷风险管理会议也不下数十次。很多人都以为董乐名可能会说不，会否决许多贷款。

董乐名告诉我，他在中国没有否决过一笔贷款。他与银行的中层和基层信贷风险管理人员进行交流，让他们了解客户，与客户合作，加快贷款审批程序。他说，按照银行过去应对客户的速度，只有那些信贷质量不好的客户才会那么有耐心等待审批。优秀的客户不会等待那么漫长和无效率的审批流程。银行的审批流程慢了，留下与银行合作的只可能是那些信贷质量不太好的客户。

在现代商业社会中，与谁竞争，与谁合作的价值链正在形成。在银行改革的价值链中，银行要占住先机和有利的竞争位置，服务的速度可能是在这价值链上站住脚的一个根本要素。

团队文化

董乐名是第一次在中国国有商业银行工作。他希望在参与银行改革的过程中，将他的知识和经验能用到实处。在信贷风险管理过程中，有矛盾和困难是正常的。而且，董乐名也意识到中国的国有商业银行改革任务十分艰巨。他认为在国有商业银行担任领导要比在国际大型银行面对更困难的执行力问题。他说，无论是在中国还是在国外，银行的人员构成和面临的问题都是一样的。在汇丰银行，如果有问题，有困难，银行各部门的代表或总经理召集在一起开会，商量对策，然后大家回去分头执行。十次有七八次，问题会得到成功解决，政策得以落实，并形成最佳做法，在银行内得到广泛尊重。这种团队文化和执行力特别值得国有商业银行中层管理人员学习。

很多人认为在银行，要成功吸引顾客需要有竞争力有创新的产品。但是董乐名说，银行家不这样认为。产品很容易被人抄袭。今天A银行有的产品，明天B银行就可以开发。最重要的是银行需要有效率的流程。有效率的流程和服务文化，是为客户提供优质产品的最基本的竞争力。这种基本竞争力让一家银行区别于另一家银行。因此，有些银行称自己为流程银行。流程银行以银行面临的任务为要务，一旦任务明确，全银行都被调动起来，为完成这一任务努力。国有商业银行最需要的就是这种团队精神。

结语

信贷风险虽然是最简单最基本的风险，但也是最古老的风险。我把与董乐名的交流写出来，与大家分享，希望读者 (包括我们的银行家) 能停顿一下，思考一番。

因为银行对"热点"行业和发展迅速行业的未来采用非常乐观的假设，集中度风险因而产生。放弃尽职调查或传统的对杠杆率的要求等做法时，银行就有可能产生重大的信贷问题。引起市场风险和流动性风险工具价值变化的原因也同样影响了借款人的财务健康状况和未来前景。银行必须对市场风险和流动性风险的敞口与借款人的违约风险关系进行认真的分析。

重大信贷问题的共同成因

　　从根本上说，银行危机（直接或间接的）都是由信贷风险管理失败引起的。而且，有些信贷风险管理问题一再重复出现。银行体系中的信贷损失，通常反映了信贷领域的几个共同发生的问题，如贷款集中，没有进行严格的尽职调查及对信贷风险监督不力。本文汇总讨论了集中度与信贷流程及对市场风险和流动性风险敏感的信贷敞口等几个共同问题。

导致信贷损失的集中度

　　集中度问题可能是引发信贷危机的单一重大原因。如果潜在损失相对于银行的资本、总资产或银行的整体风险水平来说比较重大，那么就可以说银行面对着信贷集中度风险。相对重大的损失可能不仅仅反映重大敞口，而且也反映在违约时可能存在的重大损失比例。

　　信贷集中可以大致分为两类：

　　(1) 传统的信贷集中，包括对单一借款人或对手方、对关联企业集团或某一经济体或行业，例如商业房地产、石油天然气等。

(2) 因为共同或关联的风险因素而引起的信贷集中，反映了比较细微的或特定情况下的风险要素，而且只有在深入分析后才能发现。在1998年后期，亚洲和俄罗斯出现的市场动荡反映了在紧张的市场条件下，新兴市场的关联是多么紧密，反映了原先未被发现的市场风险和信贷风险的关系，这些风险与流动性风险的关系，以及这些关系可能造成的巨大规模的损失。

产生巨大损失的集中度风险可能包括许多因素，例如杠杆率、期权特征、风险因素的关联度以及对部分领域风险集中的结构产品等。例如，杠杆率高的借款人，在严重的价格或经济危机中，比杠杆率低的借款人造成的信贷损失要大，因为杠杆率低的企业有更大的资本基础来抵缓和吸收损失。1997年后期发生的亚洲汇率贬值问题，揭露了汇率贬值和在贬值国的外币衍生产品对手方财务状况变坏的关系，造成相对于衍生产品名义金额较大的损失。在一组资产中的风险，可以通过资产证券化而集中，它们转变为次级类别或对特殊目的实体的债务，在经济衰退时，可能造成重大损失。

信贷风险集中问题一再出现，特别是传统的信贷风险集中问题，引起人们责问为什么银行会允许集中度风险发生。信贷集中度的发生，是由于在开发银行业务战略时，银行要选择对某些领域专业化经营，实现市场领导地位的目标和分散利润来源渠道。特别是在面对比较动荡的市场时，银行和非银行金融机构对传统银行业务的"白热化"的竞争使这种抉择越来越困难，例如对投资级别的企业发放信贷。因为银行对"热点"行业和发展迅速的行业，对其未来采用非常乐观的假设，集中度的风险因而产生；特别是在资产价格上升时，银行看重要赚取高于平均水平的收费和息差。在重点关注资产规模增长和市场份额扩大时，银行往往忽略了在这种情况下的危险存在。

管理与监督薄弱的信贷流程

许多信贷问题揭示了在银行放贷和信贷风险监督过程中的薄弱环节。信贷过程中存在的缺陷和对与市场相关的信贷风险敞口的管理不善是银行损失的重大来源，但是，许多信贷问题通过严格规范的内部信贷流程是可以避免或缓解的。

许多银行都发现，要对贷款进行全面的信贷分析（或基本的尽职调查）是一项巨大的挑战。对传统的银行贷款，竞争压力和贷款辛迪加技术给信贷分析带来了一些限制，阻碍了尽职调查的完成。信贷市场的全球化对于基于严格一致的会计准则的财务信息和及时的宏观经济信息和资金流动数据的需求越来越大。在不能获取这些信息或获取的信息不可靠时，银行只有根据其财务和经济分析以及简单的信贷质量指标来作出决定，特别是当这些银行希望能够尽快在迅速发展的国外市场上占据一席之地时。银行需要新型的信息，例如风险衡量信息，或频率更高的财务信息，从而能够对较新的对手方进行分析评价（如机构投资者和高杠杆的机构）。

1.对新的放贷技术不进行检验和测试

在新市场或新产品营销中，采用未经检验的放贷技术，特别是放弃了尽职调查或传统的对杠杆率的要求等做法时，银行就可能产生重大的信贷问题。良好的做法是对新的信贷活动采用基本的信贷风险管理原则。新的放贷技术对放贷质量的有效性带来不确定性。针对这种不确定性，银行需要通过更保守的对信贷质量指标进行验证的做法来消除。有些银行在对一些大众产品中发生的信贷风险损失揭露了信贷记分卡的缺点。

2.高级管理层决策的主观因素

这包括对其关联企业的贷款，对其亲戚朋友的贷款，或片面看重借款人的名誉，或为达到个人目的（如与商业名人发展关系等）进行的放贷行为。

3. 缺乏有效的信贷审阅流程

在20世纪90年代出现资产质量问题时，许多银行缺乏有效的信贷审阅流程 (或根本没有信贷审阅功能)。在大型银行，信贷审阅功能由独立于信贷员的分析师完成，对信贷员提供的财务信息如财务报表和抵押物评估材料等进行分析，对信贷关系和贷款的质量作出独立的评价。在小型银行，这种功能由内部审计或外包给外部审计完成。信贷审阅的目标是提供对放贷业务遵守银行的信贷政策和对信贷质量不受客户经理影响的独立判断以及评价在制度上的牵制和平衡。有效的信贷审阅不仅可以发现问题贷款，而且也能够帮助银行避免发放问题贷款，因为如果信贷员知道他的信贷决策是要经过第三方审阅的，他们的工作会更加勤勉。

4. 对借款人和抵押物价值的监督上的失败

20世纪90年代的银行危机中发现的另一个问题是银行对借款人和抵押物价值的监督上的失败。许多银行没有定期向借款人索取财务信息，没有定期要求对抵押物价值进行评估，所以无法评估贷款的质量和抵押物的充裕程度。结果是银行没有办法尽早发现资产质量变坏的迹象，错过了与借款人一起阻止其财务状况恶化和保护银行利益的机会。缺乏这种监督，会给银行高级管理层为决定问题贷款的严重程度和匡算损失的流程方面造成巨大的成本。

在有些情况下，没有进行充分的尽职调查和财务分析，以及没有对借款人进行及时监督可能造成在对信贷相关的舞弊风险方面的控制漏洞。例如，银行没有检查在仓库的抵押物，没有辨别金融票据的真伪，没有要求经审计的会计报表及进行严格的分析，都可能导致与舞弊相关的损失发生。针对这些风险有效的信贷审阅和独立的抵押物价值评估是很好的预防措施，特别是针对信贷员及其他内部人与借款人相互勾结的舞弊案件。

5. 风险定价

有些银行对信贷安排进行分析，并决定给予一些非价格方面的信贷条款，但没有利用风险定价的原则。如果银行没有科学的定价方法，没有对定价方法严格一致的执行纪律，银行将累积和吸引那些定价偏低的高风险客户。这类银行与那些有良好定价能力的银行相比，将逐渐失去竞争地位。

6. 对高杠杆率的信贷财务安排放松必要的警惕

许多银行因为对高杠杆率的信贷财务安排放松必要的警惕，没有足够的审慎态度而造成巨大的损失。如上所述，对高杠杆率客户的借贷产生重大信贷损失的可能性比较大。同样，一些收购、债务重组安排、可以由客户行使的期权结构等通常给银行的信贷组合带来集中度风险，只有对财务实力较强的企业客户才能安排。但是，这种结构对财务实力比较薄弱的客户的吸引力却很大，因为这种财务安排的杠杆效应可能在一切顺利的前提下，给它们带来巨额收益，而它们面对的损失却仅仅是它们抵押的资产净值。

7. 非金融资产为抵押物的借贷

银行的信贷活动可能参与以非金融资产为抵押物的借贷。在这种信贷安排中，银行可能对借款人的财务状况和抵押物市场的价格变化及流动性的关系没有作充分的分析。以资产为抵押的借贷安排 (如商业融资、设备租赁和应收款集中出售等) 及商用物业借贷涉及的资产价格和借款人的信用的风险相关性很高。因为借款人的收入 (第一还款来源) 通常与资产是连在一起的，由于行业或地区经济问题而引起的借款人的收入来源变坏，通常伴随而来的是抵押物的资产价值的减少。一些以资产为抵押物的消费者信贷 (如房屋抵押贷款、汽车贷款) 同样表现了借款人的财务状况和消费者资产市场价格的相关性。

8.对业务周期的影响考虑不够充分

一个相同的问题是，银行在作出借贷决定时，对业务周期的影响考虑不够充分。在经济周期的上升阶段，收入前景和资产价格节节攀升，信贷分析采用的许多假设可能非常乐观。但是零售，商用物业，房地产投资信托，消费者信贷等行业可以具有很大的周期性效应。有时，这种周期性对于整个经济和业务条件来说，可能与某种新兴和快速发展的行业的产品周期有关，如电信业和医疗健康业。综合考虑业务或产品周期的有效的压力测试是对在借贷决策中对借款人的信贷风险深刻了解的一种有效途径。

9.对经济衰退的考虑和估计不足

一般而言，许多放贷问题反映了银行对经济衰退的考虑和估计不足。除了对业务周期的考量外，有些借款人可能对其他风险要素变化的应对能力也很弱，例如，商品价格的变化，竞争情况的改变，在战略执行和管理方向转变上的不确定性等。许多银行对这种情形进行的分析和压力测试是不充分的，因此，没有检测出银行面对的借款人的问题领域和银行的风险。

市场风险和流动性风险敏感的信贷敞口

市场风险和流动性风险敞口是对银行信贷流程的特殊挑战。市场风险涉及外汇和金融衍生产品合约。流动性风险涉及与借款人的头寸要求安排，需要索取更多数量的抵押物、流动性备用信贷安排、信贷承诺及对证券化资产不可分拆的条款等。这些工具的或有性特征要求银行有能力对其未来潜在的风险敞口的概率分布、对银行与借款人的流动性和杠杆率的影响进行评估。

还有一个金融企业共同面临的问题是，开发一种可以用于衡量贷款和其他信贷安排的全部风险敞口的有效的信贷敞口衡量方法。

市场风险工具的使用也需要细致考虑客户的支付意愿和能力。许多市场风险工具，如金融衍生产品，内容和结构都相对复杂，需要银行和客户沟通，让客户真正了解合约的内容和后果。因为衍生产品在金融市场上与资产价格变化相连接的特征，意味着这种衍生金融工具会给客户带来剧烈的不利的变化，尽管这种情况的发生可能性较小，但绝对不是不可能的。有效的压力测试可以揭示可能存在的巨大损失，而且需要向客户揭示这种风险。许多银行因为在业务营销过程中，与客户的沟通措施不够，没有让客户充分理解可能面临的损失金额，价格大幅的不利变化致使银行不得不承担巨大的损失。

与流动性风险相关的信贷安排或工具也要求对客户的流动性压力和流动性风险敞口进行分析，因为银行提供资金的信贷风险敞口可能在客户面对流动性压力的情况下出现巨额增长。这些支持客户清算义务或满足头寸要求的压力可能直接反映了市场价格的波动性。另外，金融体系的流动性压力可能反映了对信贷风险的担忧，因而限制和减少了正常的信贷活动，导致借款人不得不利用流动性备用限额或信贷承诺。流动性压力也可能是由于客户对流动性管理不善，客户的信用评级下降而产生。这就显示对客户进行信用分析时，对借款人或对手方进行流动性风险评估的重要性。

市场风险和流动性风险因为资产价格和市场状况的变化而变化。对市场风险工具来说，价格的波动性增加直接引起了潜在风险敞口的增加。因此，银行需要对波动性假设进行压力测试。

市场风险和流动性风险敞口损失出现的概率，是与借款人的信用风险相关联的。这是1997~1998年间亚洲和俄罗斯金融市场颠覆的一个重要教训。那就是，引起市场风险和流动性风险工具价值变化的原因同样也影响了借款人的财务健康状况和未来前景。所以，银行必须对市场风险和流动性风险的敞口与借款人的信贷违约风险的关系进行认真的分析。对市场风险要素和流动性风险要素进行动荡冲击的压力测试是这种分析的一个重要组成部分。

（本文是作者根据巴塞尔银行监管委员会下属的会计工作委员会针对1997年和1998年亚洲金融危机原因调查的工作文件，为国有商业银行高管讲课编译整理。）

> 当谈到优化市场风险控制时，我们首先想到的是用最先进的风险计量模型来预测未来各种可能发生事件的影响。"黑天鹅事件"的不时出现，对于西方金融界所一直信奉的以量化模型分析为主的风险管理方式提出了质疑：我们是否真的了解市场风险的形成和机制，以及量化模型对于市场风险预测和分析能力的边界。

资金业务的内部控制和市场风险管理

市场风险是因为市场价格的不利变动而使银行表内和表外业务发生损失的风险。随着金融市场全球化进程的加快，全球金融市场规模和相关性的不断扩大，市场风险越来越成为银行资金业务中的重点关注领域。资金业务涉及市场风险敞口和银行资产的安全完整，内部控制的严密性和风险管理尤为重要。

市场风险的具体含义

市场风险可以分为利率风险、汇率风险、股票价格风险和商品价格风险，分别是指由于利率、汇率、股票价格和商品价格的不利变动所带来的风险。

尽管目前国内的利率是受管制的，但对商业银行来说，最大的市场风险是利率风险。利率风险按照来源的不同，又可以分为重新定价

注：本文与倪清合作完成。倪清是普华永道会计师事务所高级经理。

风险、收益率曲线风险、基准风险和期权性风险。例如，商业银行的业务模式是以短期融资赚取长期资产的利息回报。在这种模式下，当银行长期资产以固定利率为合约条款时，重新定价风险就产生了。一旦市场利率上行，资产的利息收入是固定的，但存款和负债的利息支出却会随着利率的上升而增加，从而使银行的未来收益减少。收益率曲线风险，也称为利率期限结构变化风险，是指收益率曲线的非平行移动，对银行的收益或内在经济价值产生的不利影响。基准风险是指利息收入和利息支出所依据的基准利率变动不一致的情况对银行的收益或内在经济价值产生不利的影响。期权性风险来源于银行资产、负债和表外业务中所隐含的期权，例如，若利率变动对存款人或借款人有利，存款人就可能选择重新安排存款，借款人可能选择重新安排贷款，从而对银行盈利产生不利影响。

市场风险同时存在于银行的交易和非交易业务中。例如在非交易业务中，由于发放外币贷款，或持有外币债券所产生的外币净头寸 (也称为净敞口或者风险暴露) ，因而产生市场风险，即汇率的波动可能会给银行财务报表带来汇兑损益的影响。

但是市场风险并非洪水猛兽。在一家风险管理体系完善、内控制度健全，且执行有效的银行里，根据董事会制定市场风险战略和风险偏好，管理层在其授权的范围内，承担合理的市场风险，并对其进行实时的计量和监控，银行是可以获取健康的风险回报的。

银行应如何有效防范市场风险

1.董事会对市场风险管理体系实施有效监控

银行防范市场风险的一个关键是董事会对其银行风险管理体系的理解、关注和监控。当董事会无法对市场风险实施有效的监控时，就有可能出现不可挽回的损失。巴林银行的教训十分深刻。巴林银行因为"内部控制从上到下完全彻底的失效①"，尼克·里森

---

① 摘自《银行监管委员会对巴林银行倒闭的调查报告》，英格兰银行，1995–07。

未经授权的巨额交易损失没有能被及时发现和制止，导致一家有上百年历史的银行破产。

银行必须在董事会层面，审批全行范围的市场风险管理战略、政策和程序，确定其市场风险管理的目标、市场风险偏好和风险限额，确保银行有效地识别、计量、监测和控制各项业务所承担的市场风险。同时，银行应当根据市场风险状况和外部市场的变化情况，及时修订和完善市场风险管理政策和程序。

在董事会之下，高级管理层应当负责市场风险管理、监督内部控制及估值政策和程序，直接向董事会报告其工作结果。

2. 限额设定是对市场风险最有效最直接的监控

银行应当在经董事会审批的框架和整体风险偏好下建立、审批并监控市场风险限额。限额应与其风险计量配套，考虑业务性质、规模、复杂程度、盈利目的和风险承受能力，并应按照部门、交易台、业务组合或交易员分别进行分解。银行应建立限额更新的流程，由独立的风险监控职能定期审阅和更新，对审阅的结果和审批过程进行书面记录。

银行应设定以卜限额：交易员限额、交易对手限额、止损限额、头寸限额、集中度限额、敏感性限额、风险价值限额、压力测试限额等，由风险管理部门负责监控业务部门对市场风险限额的遵守情况。该部门应能够获取每日甚至实时的限额及风险暴露头寸信息，并应每日对限额监控的结果进行报告。

银行应建立超限额情况时的应急方案和程序，明确各部门在发生超限额情况时的职责，报告路线，应获得报告的管理层层级，并要求对超限额情况进行书面记录。同时，银行也应制订限额预警方案，在限额内设定预警线，使银行能在限额被超过之前得到提示，作出降低风险的行动或准备，以避免超过限额。

3. 建立识别和计量市场风险，并对市场风险进行定量分析的职能

银行应完善市场风险计量与监测工具，建立市场风险定量分析的职能，采取不同的方法或模型计量银行账户和交易账户中不同类别的市场风险。银行应采用先进的市场风险计量工具，这是监测和控制市场风险的出发点。

目前，先进的银行运用较为广泛的是风险价值分析方法。风险价值 (VaR值，也称涉险值) 分析是进一步将不同业务、不同类别的市场风险用一个确切的数值 (即风险价值) 表示出来的市场风险计量方法。风险价值通常是指在一定的持有期和给定的置信水平下，利率、汇率等市场风险要素发生变化时可能对银行造成的潜在最大损失。例如，在持有期为10天、置信水平为99%的情况下，若所计算的风险价值为1 000万元，则表明该银行的资产组合在10天中的损失有99%的可能性不会超过1 000万元。这一方法最早由摩根大通银行开发，现在已成为银行计量市场风险的主要工具。目前常用的风险价值模型技术主要有三种：方差—协方差法、历史模拟法和蒙特卡罗模拟法。

与缺口分析、久期分析等传统的市场风险计量方法相比，风险价值具有高度的概括性，适宜董事会了解银行市场风险的总体水平。但是由于其计算模型不考虑可能会对银行造成重大损失的突发性小概率事件，如市场流动性突然缺失或国际信用紧缩等，因此需要采用压力测试对其进行补充，即考虑在利率、汇率等市场风险要素发生剧烈变动、发生意外的政治和经济事件或者几种情形同时发生的极端情况下，银行可能遭受的损失。

市场风险的定量分析也为上述限额设定提供基础。

4. 形成独立估值的能力并重视事后检验 (市场风险回头看)

银行应建立明确的估值政策和程序，包括估值的职责划分、

估值频率、估值方法、估值信息来源、估值模型管理和估值调整程序等。银行应至少每日对交易账户产品估值。估值职能通常由产品控制部门负责，并应设有明确的、独立于前台的报告路线。

对于结构性产品和复杂衍生金融工具，如果无法盯市/询价，银行可以通过独立于产品设计和执行之外的专家估值团队，采用市场普遍接受的模型进行估值，形成内部定价能力。但管理层也应同时了解所使用的估值模型的弱点。银行使用的估值模型应在使用前经过模型验证，并在使用后进行定期审阅，模型验证和模型审阅应有适当的书面记录。银行使用的模型参数应有适当的来源，并对模型中市场信息输入的适当性进行定期审阅。

产品控制职能还应建立对前台各类产品线每日损益进行审阅和分析说明的程序，并且每日向高级管理层报告。这一过程应参考市场价格或指数变动，对交易、独立的风险事项和其他信息的结果进行分析。

事后检验是指将市场风险计量方法或模型的估算结果与实际发生的损益进行比较，以检验计量方法或模型的准确性、可靠性，并据此对计量方法或模型进行调整和改进的一种方法。事后检验对检验风险模型生成的损失估计的合理性和准确性具有至关重要的作用。银行应有独立的风险控制单元对风险价值进行定期的事后检验，实现市场风险回头看。

事后检验结果的报送应按照不同类别采用不同的报告路线。例如，当结果证明模型运行正常时，报告首席风险官和各相关部门；如果事后检验证明模型有缺陷，则事后检验报告及修正措施需提交风险管理委员会。另外，如风险价值模型需要修正，由于前台部门了解交易的产品和市场的特征，并且是风险价值模型的使用者之一，前台部门也应参与模型修正的过程。

银行应建立健全资金业务的财务控制体系

针对市场风险的日常监控，银行应当重视风险管理和财务控制的结合。风险管理部门侧重市场风险的实时监控，关注资金业务的各项风险指标是否在董事会设定的风险限额之内。财务控制部门侧重后监督，关注交易的财务控制，例如所有交易的独立核对、前后台对账、独立获得市场公允价值，保证交易信息和财务信息的真实。有关资金业务这两个方面的监控信息都应当定期提交董事会。市场风险管理团队的成员通常也包括来自财务控制团队的代表。

银行承担风险的资金业务部门，应与市场风险管理部门及财务控制职能，在职责分工和报告路径上实现分离，以有效控制银行的风险。这是对银行实现可承受风险水平之下的收益最大化，以及股东价值最大化有效保障。

作为内部控制体系整体的有机组成部分，银行应建立健全资金业务的财务控制，重点关注以下三个方面的内容：

(1) 建立健全后台对前台交易的独立验证制度

对于前台发起的交易，银行应由独立的后台部门对交易细节及时与第三方进行核对，包括分别向交易对手和客户发送交易细节的证实书。对于核对中发现的差异应及时予以跟进解决，在设定时间内不能解决的核对差异应及时与相关前台业务部门进一步沟通，寻求合理解释，并按照预设报告路径向上层报告。后台对前台交易的独立验证制度可以有效保证每一笔交易都是真实的，有法律效力的。这也是良好的市场风险管理及内部财务控制体系的基本要求。

(2) 前后台对账

前后台对账是指前台资金业务系统与后台会计系统之间的对账。这是针对银行资金业务的核心财务控制程序之一，尤其对于那些后台主要以手工方式录入交易的银行来说更为关键。对账工作应关注前后台对各类交易产品在各时点的头寸、到期日等关键交易信息在前后台系统内的记录是否一致，并对发现的对账差异和相关部门及时跟进解决。在最佳操作中，对账工作应该由独立于前台的部门定期开展，以确保相关管理信息 (如敞口、产品损益信息) 的准确、真实及完整。对于需要进一步查明的重大差异，银行应建立差异报告机制，以保证高级管理层的及时介入，将可能导致损失的市场风险敞口控制在最小范围内。

(3) 执行独立的价格验证

银行也应建立独立于前台，并向银行财务总监报告的执行独立价格验证的职能，获取并确定反映在财务报表中的金融工具的公允价值，定期对公允价值来源、估值模型、假设和参数等进行审阅。银行应建立每日前台或产品控制职能估值和独立价格验证结果不一致时的解决流程。

对于非交易性金融资产和负债，无论是按照何种定价基础计量，独立的价格验证过程应当按照类似程序进行，并定期上报高级管理层。

建立应对"黑天鹅事件"的策略

17世纪之前的欧洲人认为天鹅都是白色的，一直到人们在澳大利亚发现黑天鹅，欧洲人的想法因此一百八十度翻转。因此，黑天鹅事件是指几乎无法预测的低概率且不寻常的事件，没有历史经验，但通常会引起市场连锁负面反应。

金融领域最著名的"黑天鹅事件"是1998年的美国长期资本管理公司。这家由诺贝尔经济学奖得主参与组建的对冲基金依据历史数据建立了复杂的定量模型，并设计了"完美"的投资组合且战绩辉煌。但出乎所有人的预料，俄罗斯金融风暴使这家声名显赫的对冲基金在短短几个月内资产净值下降90%，濒临破产。俄罗斯卢布的大幅贬值在当时就是一只无人能预见的"黑天鹅"。

此次金融海啸也是典型的"黑天鹅事件"。世界各大银行最先进的预测模型都没有能准确预测它的规模和广泛的影响。因此，当风暴来临，各种风险计量模型和定价模型所依赖的一些基本的市场风险参数和假设完全失灵时，西方金融体系失去了进行有效市场风险管理的基础和坐标。

一直以来，当谈到市场风险管理时，我们首先想到的是用最先进的风险计量模型来预测未来各种可能发生事件的影响。"黑天鹅事件"的不时出现，对于西方金融界所一直信奉的以量化模型分析为主的风险管理方式提出了质疑：我们是否真的了解市场风险的形成原因和规律，以及量化模型对于市场风险预测和分析能力的边界。

对于"黑天鹅事件"的不可预测性，风险管理得到的教训是：与其专注于对未来的预测，风险管理不如尽量多地考虑如何降低我们所不了解的风险的影响。而要做到这一点，我们首先要诚实地面对自己，不过高地评估我们自身的能力和低估任何我们所不完全理解的风险。

同时，在风险管理中也要认识到以下几个方面的内容：①与其投入大量资源对极端事件的可能性进行预测，不如对极端事件可能导致的后果进行更为深入的评估；②对于历史事件的研究不一定能帮助我们预见危机，毕竟我们现在生活的世界中，各种因素间的相互作用已经更为复杂了，我们要不遗余力地寻找任何看似毫不相关的风险之间可能存在的相关性；③风险不等同于标准方差，现实中重大风险事件的发生往往是不符合正态分布规律的；④只接受能够正确评估衡量的风险，再谨慎评估所有相关因素，包含发生概率很小的损失可能性在内，然后得出盈利的期望值。

结语

应对市场风险，银行既需要从高处着手，实现对市场风险管理体系实施有效监控，建立有效的限额监控体系，也要打好基础，逐步完善市场风险计量与监控工具的开发，并通过事后检验持续提高计量方法或模型的可靠性，同时强化与市场风险相关的内部控制，完善后台对前台交易的独立验证制度，建立健全产品控制职能和独立的价格验证能力。

随着经济和金融全球化的深入，出现金融市场巨幅波动的可能性将继续存在。银行要清醒地看到任何先进的估值模型、风险计量分析工具都存在其局限性。因此，在对我们已知的市场风险取得有效管理的同时，银行应尽量降低我们所不了解的风险的影响，增强资本充足率，以提高抵御不可预测事件的能力，最终在风险和回报中找到一个适当的平衡点。

『 有能力保持充分的流动性对金融企业是至关重要的。特别是在自身经营状况或宏观经济环境恶劣的情况下，保持流动性就如同维持企业的生命线。』

金融企业流动性风险管理

流动性风险是一种隐性的风险，直到2008年以前，市场上很少有人谈论流动性风险。英国一家商业银行——北岩银行和美国一家投资银行——贝尔斯登倒闭的教训证明了银行的盈利和资本基础都未必可以有效抵御流动性风险。在倒闭的前一季度，两家银行都是盈利的，而且有较好的资本基础。但因为没有管理好流动性风险，在金融市场受到"挤兑"，两家银行像面对山体滑坡，无计可施，相继破产。

有能力保持充分的流动性对金融企业是至关重要的。特别是在自身经营状况或宏观经济环境恶劣的情况卜，保持流动性就如同维持企业的生命线。先进的金融企业的流动性风险管理战略，具体体现在资金战略上就是保障流动性，即保障资金来源的多元化，无论在正常的经营情况下，还是在市场状况恶劣的环境中，均能够满足企业各种流动性的实际需求和或有需求。

坚持整体风险集中管理的大原则

坚持流动性统一集中管理原则的好处是获取流动性的渠道多元化，降低资金成本，并有助于发现和协调管理集团内部和全部经营区域的流动性风险。

目前在许多企业，风险管理都是单一进行、分开计算的。许多金融企业把各种风险当做是单一和不同的风险，按照流动性风险、信贷风险、市场风险和操作性风险分别进行管理。但是，发生在金融危机中的事件表明，几类风险之间是互相影响的，作用是相辅相成的，一类风险以很快的速度在转化并影响着另一类风险。比如，因为信贷风险导致的对资产价值的不信任，很快就引发了市场的流动性危机。所以，除了对流动性风险的集中管理外，金融企业还要对企业所面临的整体风险进行集中管理。

通常，金融企业的"资产负债管理委员会"作为公司管理层审批和监督企业的流动性风险管理政策和或有（备用）融资计划。企业的计划/资金部提出企业的流动性管理措施和或有融资计划，并负责对企业的流动性风险进行衡量、监督、风险报告和管理。"资产负债管理委员会"还有综合管理资产负债风险的责任，包括询问所有的职责分工是否明确，管理信息系统是否有效运作？特别是那些"现时"的信息系统是否能够真正提供及时的信息。各个类别的风险关系是否得到理解？没有这些信息和关注点，就不可能对有关流动性风险采取及时的应对行动。这是流动性风险管理的公司治理机制的具体落实和体现。

利用有效的管理工具

金融企业需监督流动性趋势，记载和报告历史的以及预计将来的表内表外流动性负担，识别和衡量内部与外部的流动性风险警告信号，及早发现流动性风险问题，管理或有（备用）融资计划，包括对公司和市场相关的压力情景的识别和测试。

金融企业利用各种工具来监督和管理企业整体范围的流动性，并提供不同角度的信息。这些工具包括：

(1) 对流动性资金来源和资金运用的时间配比的分析（即找出资金来源和运用的时间差距），通常的时间线是隔夜管理及对一年内到期的全部资产和负债的管理。

（2）对债券和股权发行能力的管理，保证资产负债表中的非流动性资产由股权、长期负债和稳定的存款基础来支持。

（3）分析企业能够利用抵押品募集资金的借款渠道和非抵押借款渠道，即企业即时和进一步融资的能力，包括紧急融资的渠道。

在制定流动性风险管理政策和或有融资计划时，金融企业必须要挑战模型假设和行为假设，具体可以借鉴的做法包括设计和落实充分的风险管理和报告架构，能及早对风险预警作出反应，避免可能的危机并对管理层的行动进行清晰的记载。分析不同渠道的流动性资金来源，对触发流动性事件的潜在风险制订应对行动计划。对各种情形进行分析，制订和演练对内对外的沟通计划，防止风险冲突升级和传染。金融企业要制订一般的流动性资金和备用流动性资金相结合的计划，而且必须由管理层参与和董事会批准。

现金流量表对分析生产型和贸易型企业的盈利质量和流动性风险有非常重要的作用。一般而言，权责发生制会计下的盈利质量和有关流动性资产、负债的可变现性的时间与会计确认时间不同。如上所述，有的企业可能由于流动性管理不善而导致企业经营的失败。通过分析现金流量表对理解企业的资金来源和运用状况有积极的作用。但如果仅靠现金流量表管理金融企业的流动性风险是不够的。例如，银行经营的产品是资金，必须时刻管理流动性风险。除了上面提到的分析银行流动性缺口外，其他提供流动性风险管理信息的报表还有：资产负债到期日（合同到期日）和重新定价日报告等。

加强流动性风险管理的另外一个有效做法是进行压力测试。压力测试的步骤包括：

（1）识别流动性风险驱动因素，比如，由于流动资产价值的减少，需要提供更多的抵押物担保，金融企业失去资金来源，存款人迁徙（或挤兑）等。

(2) 设计风险情景 (和概率)，包括进行外部情景分析，内部情景分析和特定情景分析。

(3) 对情景测试建立模型进行跟踪。对各驱动因素引起的流动性减少进行量化；判断现金流入对流动性缺口的抵减情况；决定最后的流动性敞口。

保障充足的资金来源

客户存款是银行类金融机构稳定的资金来源，特别是零售存款，相比较那些以市场为基础的 (如批发环节吸收的"热钱"存款) 对利率的变化或市场波动性相对敏感度较小。这些由银行业务网点吸收的资金，包括存款和因其他银行业务而汇集到表内的负债，因为资金来源的性质，一般比较稳定。

长期资金来源包括长期债、次级债、优先股和普通股等。可抵押的资金来源渠道包括出借证券、出售回购合约、资产证券化、中央银行借款。其他资金来源包括短期中央银行借款、发行存款证、定期存款、银行票据及商业票据等。

如何管理负债结构、降低资金成本是许多银行面临的挑战。英国北岩银行的教训是，虽然它是一家资本充足的银行，但由于过分依赖批发市场的资金来支持其资产负债表，因此，在市场流动性退去的时候，北岩银行由于无法履行其支付义务，从而被迫接受国有化的命运。

还要注意的是资金来源的时间长短 (即年限)。金融企业应该在提供放贷和进行投资的资金来源的管理安排上避免出现"一次性偿还负债"的期限高峰。应安排在一类资金流动性退去时，企业还有其他流动性资金替代。

当然，推行资金多元化的政策可能会增加企业自身的资金成本，但是，如果没有资金来源多元化的安排，当金融企业面对危机时的成本是不言而喻的。如果能够安排多元化的资金来源，而且对其进行透明披露，金融企业至少可以获得市场的信心。

金融企业必须持续地评价在全球范围获得抵押和非抵押的资金来源及资金价格。资金来源渠道的广泛性和地域分布的多元化能保障企业融资的灵活性和不依赖单一融资渠道。

在金融危机过后的新经济环境和金融领域中，存贷款利率受挤压，利差在严重缩小——净息差收入在减少。尽管市场上还有资金来源，但提供的时间更短，可能成本更高。过去，金融企业间可能还有五年至十年的借贷关系，现在这种同行业间的资金市场上的借贷时间可能很少超过几个月。

但是从另一方面来看，金融企业投资和放贷产品的时间可能在延长。如果贷款和投资期限较长，那么金融企业必须了解是否能够有稳定的长期资金保障并对此作出决策。这就要依据"风险偏好"，根据资金成本和资金的稳定性作出判断。金融企业要更明确地表达其对流动性风险和融资风险的看法和偏好。

管理金融企业自身的信贷评级

金融企业的融资成本和资金来源会受到信贷评级的影响。评级的降低会严重影响企业融资渠道的进入，增加融资成本，触发增加抵押物或其他可能对企业不利的融资条款的要求，减少其他借款人的借款和出资意愿。

金融企业保持高信用评价等级的关键要素包括：多元化和稳定的盈利渠道；坚强的资本基础；良好的信贷资产质量和风险管理；多元化的资金渠道和有纪律的流动性风险监管程序。

当面对降级的情况时，金融企业应分析降级对公司资金成本和融资渠道的影响，在有没有触发加快偿付负债的合同条款等方面加强管理。

通过信息披露增强市场信心

流动性风险管理进入了新的时代。金融行业的大趋势是去杠杆化，增强资本基础。金融企业的资产负债表可能缩小，变得更加简单。但是，加强流动性风险管理不可忽视。温家宝总理说，在经济危机中，信心比黄金重要。虽然不在资产负债表中反映，不在交易市场买卖，但是信心是金融机构和金融体系的最重要的资产。流动性风险在很大程度上就是信心问题。增强透明度和沟通是加强信心的最关键途径。过去几年，特别是2008年，金融企业风险信息披露的篇幅大大增加。当然企业也应注意到是否披露的信息会让其失去竞争优势。例如，不披露自己认为应该持有的流动性缓冲资金区域。向外界披露企业管理流动性风险的能力，潜在的风险情景分析及其管理流动性风险的稳健原则，那么，企业就会得到市场的支持。适当的披露会更好地提升市场对企业流动性风险管理的信心。

> 操作风险的涉及面非常广泛，有时会令许多业务人士觉得无从下手。针对如此复杂的风险要素，对刚刚起步，重视业务管理及流程管理的中国金融企业来说，当前的工作重点是建设适合中国金融企业实际情况的操作风险管理。

金融企业操作风险的管理

在"9·11"袭击中，世界贸易中心南北两座高达108层的大楼被摧倒后不到48小时，尽管新加坡发展银行纽约分行在世界贸易中心的办公场所已不复存在，但其为客户服务的功能却全面恢复。曼哈顿中城区的备用办公场地及时启用，远在新加坡的总行也实时知晓员工的安全情况和客户财产及数据的完整程度。这是很高的操作风险管理水平的例证——企业应急计划在新加坡发展银行纽约分行曾经经过演示训练，当不可预见的灾难降临时，企业的管理层有心理和运作机制上的准备，将灾难的影响减至最低。

曾经搭乘飞机的读者都有经验，当飞机缓缓驶入停机坪及其轮胎安上安全缓冲器时，等候在旁的全方位服务人员实时开始工作：从海关、边防及航空公司的地勤人员对"人流"的控制进行交接检查的同时，飞行器维护的流程也全面开始，包括加油、引擎安全检查、轮胎压力测试，这部分工作是对"生产设备"的检查。还有污水处理车、航空配餐车、行李车等与飞机配接，保洁员等工作人员登上飞机，全面进行"物流"交接及更换……还有机组人员换班等。任何一个环节如因时间跟不上，或质量控制有缺陷，这都会造成乘客不满意的或轻或重的事故，轻则行李丢失，航班晚点，重则后果不堪设想。这一操作过程的管理和质量控制的重要性显而易见。

然而，又有多少金融人士对处理"金融产品/服务"这一过程进行质量监督、效率提升及风险控制予以高度关注呢？笔者曾听说有的保险公司卖出保单后，将客户保单装在大麻袋中，扔在地下仓库里，除了记载收到的现金保费收入外，对客户的风险负债根本未及时处理。我们这里讲述的就是金融企业的营运风险，也称操作风险。

所谓操作风险是指因金融企业内部操作流程不完善、人为过失、电脑系统故障或外部突发事件等因素给银行造成直接或间接的经济损失。具体可分为：操作处理风险、IT系统风险、外部服务机构风险、员工风险、财务控制风险、职业道德及金融诈骗风险等。

目前，操作风险已经越来越受到金融界的广泛关注。据统计，金融服务业在过去的20年中因操作方面造成的灾难性损失达2 000亿美元。基于此，许多银行已将操作风险单独列示加以记录、监督和控制。根据普华永道与英国银行家协会2000年进行的调查，约70%的银行认为操作风险与市场风险及授信风险同等重要。

操作风险的涉及面非常广泛，涉及的内容很多，有时会令许多业务人士觉得无从下手。针对如此复杂的风险要素，对刚刚起步，重视业务管理及流程管理的中国金融企业来说，我们觉得以下几点是适合中国金融企业实际情况的操作风险管理的工作重点。

1. 制订业务应急计划。许多金融企业在准备应付计算机的千年虫问题的时候，多多少少均制订了业务应急计划，包括主机系统失效，主要营运大楼关闭及主要业务人员流失，等等，以及企业在恢复业务营运时所应关注的关键业务事项。业务应急计划不仅要有良好的"假设"，即假设天灾人祸发生时，企业从上至下的行动路径；而且还需要训练有素的员工来及时落实这些应急计划，真正做到像本文开头所写的新加坡发展银行纽约分行面对世界贸易中心受袭时的有序的业务恢复。

2. 为避免和减少因操作处理及流程失误造成的损失，金融企业应制定严格的内部管理制度，在任何有可能发生操作失误的风险点上，真正实现责任制。制度的建立是保障业务运行的基础设施。它使员工从事业务活动时有章可循，就如交通规则一样。

3. 进行有系统的、经常性的内控自检。内部控制系统是指企业保障股东财产安全完整，有序有效地执行企业行政管理指令，以及保障企业的财务及管理信息的正确和汇报渠道的畅通的分工管理、牵制、复核、对账等过程。工作在金融企业的一线人员更了解什么是企业的有效控制点，何处是"风险事故"多发"地段"。先进的金融企业有一整套每年(或每半年)进行的内部控制自我评估工作计划。通过自我评估，了解内部控制的弱点，并接受独立的其他部门(如内部审计部)的抽样复查，找出控制漏洞，避免财务舞弊及管理失控事件的发生。

4. 建立操作风险事件登记簿，开始记载"风险事故"并以此开发关键风险预警指针系统。一个金融企业，在365日的营业期间，大大小小的业务处理事故不断发生，如果能集中将这些业务难点和常见的失误记载下来，通过对这些业务难点和常见失误进行监控和跟进，会达到事半功倍，消除事故于隐患中的效果。笔者曾经与一位证券公司的老总有过交谈。这家证券公司近180家营业部，一个营业部约有5个银行账号。共计银行账号900个。老总夜不能寐，因为一个账号不控制好，企业的资金就可能被滥用、乱用甚至盗用。我给这位老总的建议很简单，在总公司财务部建立一个银行账号汇报制度，定期由营业部向总公司财务部报告，其中包括银行存款余额，调节表中的未达账项及逾期3天、5天及10天以上的未达账项的笔数与余额。然后将各营业部的情况根据具体业务指标(例如，逾期超过10天及金额超过100万元以上为危险区)，用"红灯"、"黄灯"和"绿灯"区域划分显示，对900个银行账号抓"红灯"，管"黄灯"，定期抽查"绿灯"区域，这样做下去，老总才会安稳睡觉。

5. 调整现有机构设置，明确各个部门职责。按照决策、执行和监督互相制衡的原则设立风险部门，包括独立的操作风险管理部门。董事会是操作风险管理系统的最高机构。负责审议操作风险管理策略，确定操作风险管理目标。风险管理委员会直接对董事会负责，是操作风险管理的决策部门，负责拟定操作风险管理的框架及实施意见，定期评价操作风险管理的有效性及时向董事会报告操作风险管理方面的重大问题。操作风险管理部是操作风险管理的具体执行部门，负责制定清晰的业务流程和明确的责任人制度；提出各项业务涉及操作风险的权重和操作风险评估的方法，监控主要项目的操作风险管理情况；组织制订意外事件应变方案；搜集和分析操作风险所引发的损失数据，在此基础上，编制分析报告；及时跟踪国际同行及监管要求，适时调整操作风险管理的内容和方法。另外，操作风险管理涉及金融企业内部各个部门和每一位员工，各个环节紧密联系度较高。应该认识到，业务部门是操作风险管理链条的出发点，也是操作风险管理的重点部门和第一及最后责任人。法律部门是操作风险管理部门的法律遵循部门，为操作风险管理提供法律依据及遵循要求等指引。稽核部门是操作风险管理部门的独立监控及复核部门，对操作风险管理制度执行情况进行检查。操作风险管理部门还应根据企业战略及时改进操作风险管理的工作重点。认清这些关系有助于分清并制定风险管理责任制度。

6. 针对操作风险管理，管理层和员工应提高全面的认知态度。应使员工树立操作风险意识，由人力资源部门或教育培训部门配合对员工进行定期和不定期操作风险培训，充分利用企业内部各种渠道，将企业有关操作风险的政策及监控要求传达至各级员工，提高员工的认知意识。将操作风险管理的结果与员工考核挂起钩来，真正做到"奖罚分明"，以此调动员工参与操作风险管理的积极性。

(写于2002年春季)

银行监管篇

Walking in the Forefront of
Accounting Development and Bank Reform

反思金融监管

——我们学到了什么？

第一次写文章不敢下笔。这个题目，想了很久，在脑里写了好几次，但都需要推倒重来。金融业最近这段时间的发展让我感到思考的辛苦。每一天，我们都需要对金融市场和市场的风险进行重新分析和评价。我们学到的也需要重新评估。

但有一点是可以肯定的。对于我们国家的未来金融业发展，国际金融形势迫使我们在这一阶段上停下来，思考规划我们的战略，理清我们的思路，这是非常有益的。而且，我们没有在美国、英国为首的金融大国所犯的过错中走得太近、跟得太远，我们的损失还是可以控制和承受的。因此，我相信这场危机给予我们的机会多过产生的危险。

没有先后顺序，我在下列几个方面，谈谈我在伦敦所学到的和我的看法。

监管架构与"铁三角"关系

监管的两大主题就是规范业务行为和落实审慎监管原则。在当今金融体系中，基金公司、资产管理公司、银行、保险公司、证券公司，虽然处于不同的金融分部，但它们和监管主题的联系是一致的。消费者无论是与银行、保险公司还是和证券公司进行的每一笔交易，它们的经济影响和社会效果是一样的。因此，从长远来看，分业监管（将银行、保险公司和证券公司分离）的监管模式是有缺陷的。这种缺陷包括被监管者可能钻监管分离的空子，监管力度在各行业并不一致，而且大型金融机构可能面对不同的监管者会增加财务和管理成本。美国目前正在反省这种做法，认为英国的统一监管的模式更有利于建设国际金融体系。

我国目前采用分业监管的方式，这在现阶段是适合的。在金融监管方面，我国刚刚起步，监管部门的领导主要来自金融实践部门，通过学习国际经验，我国在金融监管的专业化和国际化的建设中取得了巨大的成绩。但是，在这次金融危机过后，我们必须从他人的过失经过反思后吸取教训，引以自用。我们需要在金融行业发展的国家战略和规划中，考虑建设统一的金融监管机构，保障我们的监管体系适合国际金融的发展变化。

在金融监管架构下，还有一个"铁三角"关系必须建立，它们是金融监管部门、中央银行和财政部。无论是美国还是英国，这一次的危机考验了一个国家的金融应急和领导能力。提升"铁三角"关系的协调能力，对出现的危机作出快速和有效的反应有着重要的作用。解决金融体系的问题，仅靠一家政府权力机关是不行的。即使在经济运转正常时期，这三家权力机构也需要协调，为金融体系提供清晰和不重复的指导。我们国家并不是只在应对金融危机中才进行权力机构间的协调，而是在平时就保持密切的协调机制。例如，四大国有银行的改革就是"铁三角"力量的推动和实践。今后在金融体系统一领导方面，这种"铁三角"的协调和执行力还要继续提升。

资产负债表管理

金融企业非自然终结的原因有两个，一个是"癌症"，即资产质量问题；一个是"突发心脏病"，即流动性问题，金融企业的生命线出问题或"血液"不够。这最终归结为资产负债表管理。资产负债表的三要素是资产、负债和所有者权益。资产问题是个老问题，主要是资产质量和可变现能力。流动性不仅是单个金融企业的问题，还涉及整个金融体系。所有者权益在金融企业中的体现就是在伤害到公共大众（如存款人）前，股东有多少资本可以垫底。

过去的数十年，全球经济快速增长，而且有些国家的储蓄率很高（以中国为领先者）。因为汇率及其他政府政策，这些国家的外汇储蓄都偏好投资在定息产品上，特别是投资在美国的国债和国家机构担保的金融债券上。所以有很长一段时间，美国和英国等国家获得了实际利率很低的资金。充裕的资金推动了这些国家的信贷扩张，表现在房产抵押贷款上，金融机构放松了借贷标准，鼓励消费者尽情享用和提前享用。所以，许多金融企业的资产负债表上堆积起了不良资产。

另外，金融市场上的可投资资产不多。由于资金追逐较高的回报，这些逐利的投资者往往为了几个点的差异，在市场上寻觅投资回报过程中放弃了风险管理的原则。在流动性风险的管理上，金融企业忘记了基本的情景分析和压力测试，认为水阀一直会开着。可是，一旦水阀关上了，这些企业没有任何后备的融资渠道，所以不能支持其拥有资产负债表上的"持有至到期"资产或其他没有活跃市场的资产。

还有一点，在金融体系中，金融机构的互相不信任也在这次危机中表现得淋漓尽致。由于对很多创新的金融产品的怀疑，金融机构互相也对其资产负债表产生怀疑。银行间的融资成本上涨，突然出现了银行间的"信贷紧缩"。要特别提醒的是这一次的金融危机是产生在金融体系内部的危机，外围的宏观经济不是动因。

在这种情形下，资产负债表的压力直接就落到了所有者权益上。所有者权益，即资本，是金融企业的基石。金融企业依赖资本来投资风险寻求回报。在银行，资本还要保护存款人。审慎监管要落实的就是银行必须要有充足的资本，来应对可能发生的损失，保护存款人和其他利益相关者。根据《巴塞尔资本协议》，银行的资本可分为一类核心资本和二类资本。银行的资本充足率要达到8%，指的是做100元风险资产的生意，银行必须有8元资本金作担保，这是12.5倍的杠杆率。一般情况下，一类核心资本充足率要达到4%，这是25倍的杠杆率。在有的情况下，国外银行使用了50%的"复合资本"，即一类核心资本充足率只有2%，达到了50倍的杠杆率。在越来越动荡的金融市场中，如果银行只有2%的资本，又如何能够抵抗资产减值和流动性紧缩对资产负债表的冲击呢？

在这次金融危机中，许多"特殊目的实体"和"特殊投资实体"露出了真面目，人们称之为"隐形银行"。这些"隐形银行"，用发行商业票据等短期融资的手段，吸引资金，投放到长期资产中。在学术上，这是"骑"在利率曲线上，赚取短期融资成本和长期资产回报的利息差，这与商业银行的盈利模式完全相同。但是，当市场不能提供短期融资时，这些机构就必须以清算和破产来偿还借款人。

审慎监管就是要求金融机构有充足的资本准备。美国投资银行改变注册为银行控股公司的根本就是要其在资本管理上接受监管。这次金融危机的教训非常深刻——资本监管宁可从紧。在国际金融体系中，我们相信在未来落实监管要求时，针对不同的银行和风险组合，监管者会要求通过提高资本充足率来加强资产负债表的管理。

鼓励金融创新

在今天的社会，金融产业与国计民生息息相关。没有金融行业，人们无法储蓄，无法支付，无法为未来做计划。金融创新，主要是让愿意投资风险的投资者，尽快有效地找到投资的对象和产品。而需要资金的企业家和"最终用家（如消费者）"也可以利用最有效的途径找到资金。金融创新的目的是要在金融体系内减少风险。例如，资产证券化。利用资产证券化，金融企业可以将原来必须放在资产负债表上的资产，通过重新打包，将风险进行分类，出售给各类风险偏好的投资者。这样做可以减少原来金融企业的资产负债表的集中度风险，而投资者也可以获得多种渠道的风险投资产品。

过去的十年中，一方面，市场上具有充裕的剩余资金在追逐投资产品；另一方面，不断创新的金融行业中很多资产被证券化。而已经证券化的证券被一次又一次地打包、分类和切割。最后，对这些产品的风险没有人能解释得清楚，因为它们离经济现实越来越远。

我是非常支持金融行业创新的。作为会计师，对最复杂的金融产品我也不害怕，因为最终它们要反映现金流。但是，现在的许多产品，不是反映实际的现金流，而是反映被重新设计的现金流，这种设计中充满了假设。当现实经济条件和这些假设相背离时，这些产品的价值就很难衡量。

我们要认识到，在金融市场上我们是小学生，我们没有足够的经验。我们鼓励创新，但更加需要鼓励发展金融产业的基础设施。

比如，支持银联支付系统建设。外国人笑话中国人没有支票账户。但今天，在银联支付系统的支持下，我们需要支票账户吗？银联支付系统实现了电子划付的功能，可以减少金融犯罪，减少资金在途成本，减少交易成本，对中国经济发展效率的提升作出了贡献。

　　还有，我们国家简单的银行监管原则，在这次危机中也发挥了作用。有国外金融家问我，这次中国金融企业的损失有多大。我说至少我们的银行损失不大。因为我们的银行在业务范围上接受监管，它们一不能买股票，二不能买房地产，它们的资产比较简单，受这次国际金融市场危机波动的影响不大。试想，如果允许中国的银行在其业务范围中可以买卖股票，可以买卖房地产，我们的银行能保护好存款人的资金吗？这一条简单的监管原则就为稳定中国金融体系作出了重要的贡献。专业的监管机构和队伍是金融行业基础设施的重要部分。国家必须加强对金融监管的投入，吸引和保留最好的金融人才。

　　我们要重视信贷文化建设。金融体系中最古老也最难评估的风险是信贷风险。约翰·穆迪说过，信贷是一个人对另一个人的信任（信心）。我国的企业和个人信贷文化建设任重道远。过去在计划经济体制下，资金是公有分配的。企业争的是上级单位划拨，争的是资金计划，资金是免费的，甚至可以不偿还。现在资金是有价格的，借钱是要偿还的。还款不仅要有能力，而且还要有意愿，因此，借贷双方都必须审慎。这种审慎就是信贷文化。支持建设审慎的信贷文化需要资信体系的支持。在全国建立统一的贷款登记系统，将所有的借贷人的信息都集中起来，避免借贷者钻空子，过分杠杆借贷或不愿意偿付贷款，使金融体系中的放款人能惩罚这些不诚实者或允许冒险者失败破产将对中国的下一阶段经济发展起到不可低估的推动作用。

　　保护消费者公平也是金融体系基础设施建设的另一主题。从投资股票，购买保险到银行储蓄，消费者知悉其涉及的风险吗？加强投资者教育，提升公民的金融知识和他们的财务能力与公民九年义务教育的重要性是一样的，因为中国的中产阶级已形成，但他们对财富的认识还很缺乏。我们必须将保护消费者公平列入金融监管的工作目标中。前面所说的中国银联，作为重要的支付系统的承担者，应该纳入银行监管中，接受监管，既可保障消费者的利益，也可以监督维持支付体系的稳定。

审慎对待市值会计

会计在从收付实现制进步为权责发生制后的最大发展就是采用公允价值计量，即市值会计。在金融企业的资产负债表上，大部分金融资产和负债依据现在的会计原则，都要按照其市场价值计量。而市场价值反映的是未来现金流量的现值。从历史成本包括摊余成本的角度看，会计反映的仅是历史成本，它们计量的是已经发生的流出企业的经济资源。这种计量方法比较容易，至少它的数据是可以确定的。然而，在当今迅速发展的市场环境中，这些信息与经济决策者的相关性比较差。它不能反映金融产品未来现金流及其对持有人的价值。

因此，会计准则制定者开始引入反映未来现金流的现值的公允价值概念。但要反映未来，谈何容易？未来的不确定性，以及市场除了现金流量外还存在的其他价格变动因素，都使公允价值计量产生困难。例如，未来是无限期的，折现的利率有许多干扰因素，现金流本身有不确定性，因此，它的价值的变化很大。所以，体现价值变动的利润表的波动性也很大。而现时一个企业利润表的波动又一次形成了另一个企业未来价值变动计量的基础。在这次金融危机中，公允价值成了金融资产估值下滑旋涡的加速器，是价值减少还是预期悲观，两者很难区分。市场定价变得很不清晰。

另外，仅有公允价值的会计信息显然是不够的。历史成本会计信息是过去的，向后看的，是"倒后镜"。今天的公允价值的信息是向前看的，是"望远镜"，是金融市场天气预报的概率计算。所以，在采用公允价值计量金融资产的同时，需要充分的风险信息披露来协助达到信息披露和市场知情的目标。披露风险信息是揭示未来可能发生的风险。随着时间的推进，这种风险预报的信息接受着市场和时间的检验。相关风险计量的参数、指标也被检验，因而市场价值和风险信息被校正得更准确，从而在会计上，企业可以积累更多的公允价值计量的信息和信心。目前国际金融市场上还没有累积这样充分的信息，也没有遇到过这样颠覆的市场，因此，不明真相的观察家把估值的难度带来的困难指定为市场作乱的因素，实在是不明智的。

公允价值的确定需要很多专业判断。判断的起点必须建立在公正的态度上。我们的市场不成熟。市场上缺乏这样的态度和监督这种态度的机制。在公允价值计量上，目前财政部采取的态度是审慎的不允许，例如在投资性房地产的核算方面，中国企业会计准则的适用度比国际财务报告准则要从紧许多。我相信这种准则制定者的态度适合我们的市场环境。

市值会计肯定是未来的方向。但在目前，我们需要审慎对待。在支持市值会计的同时，必须要求金融企业重视风险信息披露，通过参与国际金融市场，逐步累积市值会计与风险管理信息。

结语

反思最近国际金融市场的发展，我的建议是动用人才，重新审阅和制定我国的金融行业发展战略和规划。把金融体系的改革，从继续进行金融企业改革，延伸到金融基础设施建设上，包括加强金融监管的投入和在适当时机建设统一的国家金融监管机构。鼓励金融创新，坚持与国际会计准则接轨，但必须考虑中国的国情，宁可保守做简单的有信用的金融生意，宁可从紧遵守稳健的会计原则。我们还需要加强投资者教育，对一个拥有大量中产阶级群体的国家来说，提升公民的金融知识和他们的财务能力与公民九年义务教育的重要性是一样的。

> 銀行的资本是保障存款人利益的基石。一级监管资本的目的是避免银行破产；二级监管资本的目的是在银行破产的情况下，保障存款人的利益。中国银行监管者应该吸取金融危机的教训，保持和借鉴有效的经验，以确保银行资本基础的质量。

银行业资本监管建议

资本是承担所有业务经营风险和企业剩余利益的合同。在此次金融危机中，一些银行的资本很快被侵蚀，资本账户的规模根本没有能力抵挡风险损失的金额，影响了市场对金融机构的信任，引发了全面的金融危机。这也是目前许多监管机构在积极推动加强金融机构，特别是银行，维护其资本基础的原因。

银行的资本是保障存款人利益的基石。所以，监管者要求银行在任何时候都维持充足的资本基础。

银行维持充足的资本基础的目的，简单地说有两点：

第一，支持银行的业务经营的资本金，即满足业务持续经营(going concern)要求的资本金；

第二，保障银行对存款人的负债得到偿付的资本金，即在银行破产(gone concern)的情况下偿付银行存款需要的资本金。

传统上，根据上述两个目的，银行监管资本分为一级监管资本和二级监管资本。一级监管资本的目的是避免银行破产；二级资本的目的是在银行破产的情况下，保障存款人的利益。

那么，在对银行加强资本的监管上，中国银行监管部门应该如何吸取金融危机的教训，保持和借鉴有效经验，以确保银行的资本基础呢？

慎辨监管资本

对于银行监管者而言，一级监管资本的条件不能放松。虽然市场鼓励金融创新，市场需要提高资本运用的效率，但银行的一级监管资本必须满足下列条件。

首先，一级监管资本必须能够"弥补和吸收损失"。一级监管资本在银行遇到损失时，用既有资本来弥补和吸收未能预见的损失，使银行能继续经营下去。这样的资本水平可以维持市场对金融体系的信心，避免对存款人和其他相关消费者的正常金融秩序的干扰。所以，无论金融创新如何发展，在定义一级监管资本时，损失的吸收性是最重要的条件。

其次，在资本工具付息的安排上，资本工具的发行者必须保持可付可不付的灵活性。目前，在西方市场上的一些混合资本，具有支付股息的推动器安排，即要求资本工具的发行者在一定的条件下必须支付股息。这种安排，可能减少资本工具保护银行财务资源和吸收损失的能力。所以，监管者对于一级监管资本，要求银行有取消和延缓支付资本工具股息的灵活性，而且股息支付不可累积。

最后，保障资本的永久性和可支配性。资本必须在银行需要的时候，银行可以支配，可以用于弥补损失。要满足这种要求，一级资本工具必须与银行一样具有持续经营的时间线，而不可能有股东责任到期的日子。也就是说，资本是不需要也不能偿还的，即其责任完全被银行锁住。

与此同时，监管者也应该重新认识二级监管资本的目的。

二级监管资本的目的，是在银行破产和未能持续经营时，存款人和高等级的借贷人遭受损失前，吸收银行的损失。达到在银行破产时吸收银行损失目的的资本工具安排的一个特征是"次级化"。银行通过发行次级债，给存款人和高等级的借贷人提供了吸收损失的缓冲资本层。

但是，如果政府认为，银行是对社会经济体系非常重要的中介机构，因为银行破产对社会造成的损失和经济秩序的干扰是不可以接受的。例如，中国的四大国有商业银行的破产，在中国就是不可以想象的事件。那么，国有商业银行发行二级资本的用处与银行监管目的的相关性就不大，对防止银行破产的银行监管的根本目的作用不大。在这种理念和框架下，中国国有商业银行需要扩大的是一级监管资本，而不是二级监管资本。

稳健的"资本过滤"

监管层还应该继续执行比较稳健的"资本过滤"政策。在计算监管资本金余额时，采用审慎和稳健的条件，扣除那些在经济压力较大时，无法抵御损失和无法增强流动性的资产占用的资本金。这包括以下几项：

第一是无形资产。无形资产是指可以区分但没有物质存在的非货币性资产，企业对其进行控制，并会给企业带来未来的经济利益。

在经济形势严峻的时刻，这种资产独立于企业外评估的会计账面价值，能否给企业提供经济保护是不确定的。在集团层面，最重要的无形资产是商誉。这种资产无法抵御银行的损失，无法增强流动性，在监管资本计算时，应被全部扣除。

第二是物业投资及其他流动性较差的资产。这类资产在计算监管资本金时被扣除，因为从流动性考虑和在市场紧张的情况下，公允价值的获取很困难，买卖成交也需要时间。中国银监会对银行购置物业提出了严格的监管要求，要求银行不能购置超过其自身业务用途外的物业，这是保障银行资本基础比较健康的务实做法。不这样做，中国有的银行可能就成了房地产商了。

第三是投资子公司的资本金可能要扣除，避免双重资本计算。如果投资或借贷给子公司的资金，在经济情况紧张的时候，无法及时调度回总行，而被子公司占用，这种资本金的用途就是有限的，需要在计算监管资本金时扣除。

简化监管资本安排

最近几年，国际市场上关于资本的定义和范围日渐扩大，资本的内涵也变得更加复杂。这在很大程度上反映了资本市场上的创新，以及市场上引入的资本工具的新特征和新种类。例如，为了监管资本套利目的，许多西方银行设计了混合资本。银行的资本发行者，利用混合资本来保障满足资本充足率的要求，但又不至于按普通股股东的资本来要求资本回报，不稀释股权结构。

另外，在1996年，《巴塞尔资本协议》引进对市场风险要求资本保障的要求后，针对市场风险设定的资本基础包括三级监管资本。三级监管资本与二级监管资本的区别，通常是它的期限比较短（两年），而且在计算监管资本时不需要在到期日前进行分摊。

其实，资本监管的目的非常单纯，那么对应的资本保障也应该是简单地遵从原则。目前，有的监管机构设定的资本级别过于复杂，例如，英国金融监管局对监管资本的定级分为七类，包括核心一级资本、非创新一级资本、创新一级资本、顶层二级资本、底层二级资本、顶层三级资本和底层三级资本。关于资本监管，英国金融监管局的规则超过270条，指引有六个附件。

不言而喻，这对达到监管目的没有实际意义、相关性不大的监管资本规则应该删除。三级监管资本的目的是针对市场风险，但是市场风险和其他风险（例如信贷风险）对银行的影响都是一样的，为什么可以用更低级的监管资本来应对市场风险呢？监管资本最终都是有代价的。简单可行的监管资本设计，对监管市场的参与者更加有效。

财务管理补充

中国的企业除了要遵守国家颁布的会计制度，还要遵从财务管理条例。财务管理条例对国有企业包括银行在财务纪律方面提出了要求。这种要求，看上去与市场经济的原则相违背，但在中国的经济实践和运用中是有优势的。

例如，推行实缴资本金制度。中国的《公司法》和财务管理条例，要求企业的所有注册资本必须如实缴足。这种实缴资本金制度，保障了企业资本金的落实，没有出现国外"空壳"公司和特殊目的实体比比皆是的情况。

此外，在企业盈利年间，企业应该按照财务管理条例和公司章程要求，提取企业一般储备金和企业发展准备基金，通常按当年盈利的5%到10%的水平提取。这种储备金在企业亏损时，可用于弥补亏损。如股东同意，可转增资本。

财政部还要求银行针对银行的风险资产余额，从银行盈利中，累计提取不低于风险资产余额1%的风险准备金。

上述做法，使中国国有银行的资本充足率在监管要求方面，比其他市场多出至少1%，巩固了国有银行的资本基础。因此，政府还应该发挥财政部对企业财务管理进行指导的优势。

资本监管非万能

银行的股东追求更高的资本回报。因此，希望采用更高的杠杆率，即用更多的存款人的钱，来赚取利润。所以，银行追逐利润的目标迫使银行提高杠杆率，减少资本基数，结果是降低了资本充足率。

监管者的目标，是保障银行有足够的资本应对风险和损失，达到避免银行破产和保护存款人利益的目的。

这种银行和监管者在资本金水平上的较量，就是市场所说的"监管资本套利"。

需要指出的是，尽管银行监管的一个最重要目标是保护存款人，维护金融体系的信心，但是，没有银行破产的金融制度也不是有效的制度，特别是在资本运用方面。所以，监管者不可能要求银行持有的资本金能担保银行不会破产，或者破产后有足够的资金偿付全部的存款人。

如允许银行进一步开拓市场化经营，允许银行破产，那么引入存款保险制度就是必要的。

> 因为我们仍然是贫穷的国家，我们要强调勤俭节约的公民奋斗理念。在社会转型走向富裕时，我们一定要抓住这个机会，由国家推动，提供公民的财务教育，帮助民众认识到公民应对自己的财务状况负责，为自己的家庭和未来生活建设一定的财富基础，提升公民的财务能力。

加强公民的财务教育

国际金融危机的剧烈震荡尚未完全过去，但市场开始重拾信心，经济逐步复苏。在亲历了这场百年一遇的金融危机之后，如果给我向国家政策制定者提一条建言的机会，那么我的建言是加强公民的财务教育，提升公民的财务能力。

这里所说的公民的财务能力是指公民管理个人金钱和财富的能力，对个人的财务安排负责的能力，对个人的财务生活进行计划的能力以及明智选择金融产品和对财务事务了解知情的能力。

公民的财务能力是国家富强的基础

1. 贫穷的脆弱

经济危机对富裕人群和贫穷人群的影响程度是截然不同的，对于富裕人群，财富的消失的影响无关生计。但是，经济活动减缓运行，导致收入降低，失业增加，对那些依靠微薄的工资养家糊口的贫穷人群来说，生活的艰辛和社会的压力马上就体现出来。这就是贫穷的脆弱。

中国虽然历经了三十年的改革开放，经济上取得了巨大的发展，10多亿人口摆脱贫困，进入温饱阶段，但普通老百姓仍然不富裕。然而，如上所述金融危机中最大的受害者恰恰就是普通老百姓。经济下滑，财富缩水，就业前景堪忧。普通老百姓如何能在经济周期中累积和保护自己的财富，在经济下滑前懂得未雨绸缪，在经济上升时把握机会，通过投资等方式参与社会财富的公平分配对社会的进步是至关重要的。

这就需要加强公民的财务教育。如果能在经济进步的同时和摆脱贫困后就开始关注和加强公民的财务教育，增强公民累积财富和应对危机的意识，这将促进民众财富的累积和社会的稳定都是十分重要的。只有人民富足，社会才能安定，只有安定才能逐步消除贫穷导致的民族的脆弱。因此，加强财务教育并不仅仅是银行家、专业人士在敞亮的办公室里讨论的问题，普通百姓更需要参与，他们更迫切需要掌握有关金融体系、金融产品和财富管理的基本知识。

通过公民的财务教育，普通百姓能对金融服务有一定的基础性的认识，可以避免作出对其经济生活有重要影响的错误决定。

2. 中产阶级的需求

中产阶级指的是随着经济发展而逐步形成的经济条件较为殷实且生活素质较高的社会群体。我国的中产阶级在逐步形成。因为我国的人口基数庞大，即使10%的人口进入了中产阶级，我国的中产阶级人口数量也将达到1.4亿左右，相当于一个中等国家的总人口数。他们在人生和家庭发展的不同阶段对金融服务有着不同的需求，因此他们对金融服务的消费潜力是十分巨大的。

在财富管理上，中产阶级根据家庭的成长需要，在不同阶段作出相应的投资决策。他们对金融产品有着多样化的需求，更需要掌握能够达到他们财务独立的金融知识。对中产阶级加强财务教育将是提升公民财务能力的最重要的举措，对国家发展的受益将是十分巨大的。

3. 进入老龄社会

医疗保障、健康和富裕的生活方式延长了中国人的寿命，独生子女的国策改变了中国人口结构，老龄化进程加速。在很长的时间内，中国人口的"倒金字塔形"分布结构将会给下一代造成比较沉重的供养负担。

预计在共和国成立100周年时（即2049年），中国将形成老龄人口高峰平台，60岁以上老年人口将达4.3亿人左右，占总人口比重达30%；65岁以上老年人口将达3.2亿多人，占总人口比重达22%。届时，每3～4人中就有1名老年人。社会对养老福利的依赖将越来越严重。如果我们现在对退休福利保障不重视，没有积累足够的经济资源，而把养老负担交给下一代，这对他们是很不公平的。

因此，必须加强公民的财务教育，让民众对自己未来的财务负担有清楚的认识，从而能够及早地为退休准备财务资源。

4. 富裕家庭下一代面对财富管理的挑战

独生子女政策带来的另外一个现象是，富裕家庭下一代的财富积累速度很快。按照中国人的传统，在"三代同堂"的家庭结构中，上两代人的财富都传给了第三代。例如，在北京和上海的独生子女拥有的资产中，他们的固定资产可能至少有3套房子（夫妻双方父母辈两套，夫妻共同拥有一套），甚至多于5套（还有他们祖辈的房子）。外加他们上辈可能给他们留下的金融资产，这些独生子女家庭所继承的财富将是十分可观的。

对这些家庭财富的继承人进行财富管理教育，对继承的财产进行管理，强调自力更生，不坐吃山空，解除"富不过三代"的魔咒，变得十分重要。国际上有的富裕家庭，专门把下一代送去一流的商学院或其他教育机构，接受家庭财富管理教育。这种对家庭财富管理教育的需求在中国逐渐形成。

5.建立新的财富价值观

一方面，社会民众应该支持财富累积，不嫉富，为看到他人拥有财富而高兴；另一方面，在累积和创造财富的同时，还要给他人公平的机会，保护环境，节约资源。这就是新的财富价值观。不要因为追求金钱，丧失了对社会的责任。其中包括不参与腐败、不受贿、不寻租。勤劳致富，在拥有财富后善待他人，回馈社会。这些新的财富价值观需要在社会上进行宣传，需要教育，需要在青年学生的道德品质和理想培养的课程中予以体现。

提升公民财务能力的政策建议

面对上述国民财富和经济需求结构变化的情况，培养公民个人的财务管理知识和技能是让全体公民都受益的举措。因此，我建议成立"国家公民财务能力建设理事会"领导提升国家公民财务能力，对国民财务教育等领域加以重视，予以落实和推进。

我国可以参考全国社会保障理事会的组织形式，成立"国家公民财务能力建设理事会"，邀请财政部、人民银行、银监会、证监会、保监会、教育部和大型金融机构成为理事单位，由部长级别或以上的领导担任理事会主席，在全国推动提升公民财务能力的教育和其他活动。可以邀请人大常委会财经委员会参与或提供顾问。包括制定加强公民财务能力和知识的战略，推动课程设置和教育落实，向金融行业监管机构和市场参与者提出保障金融消费者权力的建议等。这对中国向社会富裕的转型，在社会和谐和制度公平及稳定建设方面，将是很有帮助的。这是对公平和富裕社会的投资，因为公民提高财务能力是社会继续进步和发展的重要指标。

英国在20世纪末和21世纪初，意识到国民财务能力的欠缺。为了加强公民的财务能力，由英国财政部和金融监管局发起制定了国家提升公民财务能力的战略，并专门成立了跨部门的部长级别的加强公民财务能力教育的领导班子，同时聘用专业机构，调查了解公民财务能力教育的需求，为青少年和成人（涵盖初为父母到颐养天年）设计适合的课程，面对大众全力推广，并定期跟进和评估。这种做法不仅英国政府积极推动，其他国家如澳大利亚，挪威和瑞典等亦有具体举措，应该学习这些国家的经验。

国家公民财务能力建设理事会需重点推进的具体工作包括以下几项。

1. 在中学和大学设置个人财务教育课程。建议在学校的普通教育过程中，附加专门的理财课程，向学生传输个人理财和财务基础知识，使学生在人生比较早的阶段就有机会学习个人财富管理的知识。通过设计专门的财富管理课程，让学生知道勤俭节约，累积财富，树立在不同的人生阶段判断自己的风险偏好并依此进行投资管理的意识。这实际上是对我们下一代最好的教育礼物。

在中学和大学课程中成功推行财务能力教育需要教育部和金融机构的通力合作。国家公民财务能力建设理事会将是公民财务能力教育的主要推动者。如果没有上面建议的国家公民财务能力建设理事会，落实这些课程就可能出现障碍。

2. 把保护金融投资者和消费者权利列入金融监管的目标中。我们知道，消费者作为行为个体，在巨大的金融机构面前为自身争取权利是无能为力的。而金融市场的创新和发展所产生的许多复杂的金融产品在满足消费者的需求的同时也增加了消费者的风险——许多金融产品事实上是将金融风险向消费者转移的。因此，监管者有责任保护金融消费者的权利，加强对市场的监管，保障金融企业公平对待消费者，使消费者参与的是公平的商业交易。例如，英国把保障公平对待金融消费者写进了法律。英国《金融服务法》确定的英国金融监管局的四大法定目标之一，就是保障公平对待金融服务消费者。美国最近推动的金融监管改革新建议也包括成立保障金融消费者利益的专门管理部门。

对金融机构和其销售的产品及产生的财务后果，消费者应有渠道和途径进行申述。监管者对消费者的保护和支持有助于提高公民的财务能力并给予他们信心保障。如果消费者有知识和技能参与金融市场，购买适合他们的产品，他们就不至于被"财务剥削"，也不会采纳不适当的财务建议，这是英国加强公民财务教育的一个出发点。

3. 强调市场参与者在提升公民财务能力方面的责任。金融机构是金融市场的主要参与者，金融机构必须设计和销售适合客户的金融产品，提供合适的财务建议，在加强对客户进行产品宣传的同时应提示产品所隐含的风险和因此而可能出现的经济后果。在经济和社会发展过程中，购买金融产品和进行借贷活动会变得越来越活跃。其他国家，包括亚洲国家的经验显示，许多消费者在经济发展的上升期过度消费，过度借贷。这些借贷人是否真正了解借贷的经济后果？金融机构是否也有责任？我们要回答这样的问题，避免重犯其他国家需要纠正的错误。

有关金融产品的宣传品是最好的财务教育媒介。但是，在金融产品宣传上的误导所导致的后果是严重的。金融机构要对金融产品的适用性负责，不要把不适用的产品销售给不成熟的消费者。在这次金融危机中，许多国家发现了金融行业发展的复杂程度。有些金融机构在提供产品时，只顾贪婪地追逐利润，销售不适合顾客需求的产品。有些金融机构在销售金融产品时没有作出尽职调查，没有充分了解顾客的财务能力。例如，房屋抵押贷款是美国金额最大的金融产品。因为对房产价格上升的预期，人们过度借贷，过度消费，几次金融危机的起因都是在这个简单的产品上。如何对这样重要的金融产品进行规范，使其在借款人的财务能力内营销，是值得市场参与者和监管者考虑的。

4. 要在政策上鼓励富裕人群回馈社会，做负责任的慈善家。鼓励他们回馈社会，支持弱势群体，培养中国的慈善家。安德鲁·卡内基说，我们累积的财富是他人对我们的信任，仅属我们照管，不属我们所有。中国社会要逐步改变把财富遗传给下一代的财富累积理念，鼓励富裕人士发展慈善事业。

鼓励以慈善为目的设立非政府机构。鼓励民间自助和互助。对有益于社会的捐赠，政府应该给予税务抵免等政策优惠。

5. 重视诚信文化和法律环境建设。西方国家民众消费过度，超过自己的经济能力，借钱不能偿还，在减贷和降低杠杆率的过程中，引发消费动力的减弱，导致了金融危机。金融危机事实上就是诚信危机。对自己的财务状况负责是一个很重要的社会运作基础，是诚信的具体体现。在诚信文化的建设过程中，必须重视法律制度的建设和司法公平，对诚信给予法律制度保障，因为公平司法是国家治理中最坚强的支柱。应该研究建立相关法律让一些人在陷入财务困境时，进行个人破产，在财务能力建设方面让其获得新生，重新开始。这种机会也让社会尊重企业家精神，对创新和发展可以进行一定的财务冒险，为经济发展带来活力。

结语

因为我们仍然是贫穷的国家，我们要强调勤俭节约的公民奋斗理念。在社会转型走向富裕时，我们一定要抓住这个机会，由国家推动，提供公民的财务教育，帮助民众认识到公民应对自己的财务状况负责，为自己的家庭和未来生活建设一定的财富基础，提升公民的财务能力。我们要加强金融行业的监管，把保护消费者的权利列入金融监管的目标。另外，我们还要提倡新的财富价值观和慈善文化理念。

中国在改革开放之初，邓小平提出"让一部分人先富起来"，今天，政府推动让大部分中国人都富起来的社会公平发展理念。更多广受教育和自信、能够对其财务状况负责的公民群体，对金融服务市场的发展与和谐社会的建设会起到更积极的作用。提升公民财务能力是十分有意义的工作。

谨以此文纪念中华人民共和国成立60周年。

资本市场发展篇

Walking in the Forefront of
Accounting Development and Bank Reform

> 　　资本是有眼睛的。资本寻求回报，回报的高低是由风险的大小决定的。如果会计信息是真实的，把投资的故事和中国的机会讲清楚了，风险得以解剖，资本要求的回报率就会变得更加合理。这样，更多的资本就会流入中国，中国可用资本的成本就会降低，我们国家的下一轮经济发展的动力就不会减弱。

诚信是资本市场的根基

认识资金成本

　　每天当你打开《华尔街日报》，你都会在市场版上看到有关亚洲利率曲线的信息。亚洲利率曲线表达的是亚洲公司用借贷的方式融资要比美国政府发行的同等借款周期的国库券贵几个百分点，这个数字可能是2.5%~4.5%。如果这一点在你的心中还没有产生震荡，那么让我们作一道简单的数学题。假设三峡工程要融资1 000亿元人民币等值的美元资金，如果用借贷的方式，这多出的2.5%就是每年要多付25亿元的利息成本。这些资金成本省下来可以建多少所希望小学！注册会计师的作用之一就是帮助企业用最便宜的价格引入投资。

　　企业无论是做招股说明书还是引进投资，都要请注册会计师做审计报告，这个报告最多只有两页纸。这张价值连城的纸上写的是什么呢？

　　注：本文的第一部分内容由《国际融资》杂志的记者郝仁记录整理，并刊发于2002年第1期《国际融资》；第二部分主要内容摘自笔者为香港傲扬投资管理公司首席投资战略师尹满华的专著《顺策而行中资股》所作的序。

企业从事的经济业务活动的财务信息流需按照国际公认的会计准则呈报出来。注册会计师的职责就是：对企业公开的财务信息的真实性、对计算评估的证据、对总体的披露是否全面和合法进行审计，然后出具审计意见。这是很简单的一张纸，但它讲的是实话，能提高资本市场的有效性。美国的资本市场非常有效的一个原因就是会计准则和执行会计准则的要求比较严格。

现在，中国能够生产出最好的电视机和最好的电冰箱，那么，今后20年中国经济发展的动力何在？这就需要我们大家——注册会计师和企业及其他有关方面，共同携手建立一个有效的资本市场。

一个资本市场的成熟和完善，如果没有优秀的企业，都是空谈。中国需要培养出能够在世界上有竞争力的、有诚信的优秀企业。优秀的企业需要建设良好的公司治理机制。

什么是公司治理机制呢？所谓公司治理，就是调节和约束个人或集体的权利，达到公司总体的共同利益。公司治理的根基是诚信和公平对待全体股东。诚信是整个资本市场的根基。普华永道的审计师要求自己的客户要讲真话。讲假话、做假账是资本市场的一个大忌。有人认为，中国企业不需要西方式高度透明的企业治理制度，这是错误的。企业管理者无论是与注册会计师、律师、投资银行还是与股民沟通，都需要诚信。只有诚信才是降低资金成本的唯一途径。

透明有效的信息披露是成熟的资本市场的纪律，是必须要遵守的。每个投资者都追求投资回报，需要了解企业的信息来分析投资的风险。在财务信息披露的过程中，企业需要注意几个问题：首先，特别是企业的老总要注意，企业管理层与注册会计师沟通的经营意图已经成为注册会计师审计的一个标准，所以不能够对意图进行经常改变。其次，披露的信息中包括前瞻性的财务风险信息。许多人，包括会计专业的人，都看不懂一些西方企业的会计报表，就是因为这些企业在其报表中包含有很多与业务有关的风险信息。最后，披露表外敞口，披露企业的表外承担、担保和可能涉及的衍生产品。

让资本看见中国

资本是有眼睛的。资本寻求回报，积聚在为寻求回报而尽责尽力的经理人手中，经理人的责任就是实现投资者的利益最大化。所以，我鼓励投资者和经理人应以相信中国的伟大前途为基点，拒绝无论是个人的还是资本带来的贪婪，寻求长期成功，与中国一起成长。

资本是有眼睛的。资本寻求回报，回报的高低是由风险的大小决定的。如果会计信息是真实的，把投资的故事和中国的机会讲清楚了，风险得以解剖，资本要求的回报率就会变得更加合理。这样，更多的资本就会流入中国，中国可用的资本的成本就会降低，我们国家的下一轮经济发展的动力就不会减弱。我在普华永道做的工作是审计，为资本市场提供真实的会计、财务管理和公司治理信息，作为独立第三者出具具有公信力的审计意见。这是解释投资风险、分析投资故事的最基础的信息来源。我鼓励自己做好一名审计师，不为粉饰门面者服务，我只为"真实"服务。真实是美丽的，即使目前还可能粗糙。我要努力，让资本的眼睛里只有真实的财务信息。所以，投资者和经理人要支持审计师的工作，促进提高会计信息和审计质量。

资本是有眼睛的。资本寻求回报，乐于永久地聚集在持续发展的高质量的企业中。资本市场如果没有高质量的企业，就如一家赌场，输家多、赢家少，最多是一场"零和"游戏。如果投资的企业掌握在有效的经营者手中，他们推动企业发展，创造就业、创造财富，从而创造一个众多赢家的社会经济发展系统。因此，要积极建设鼓励企业家精神的社会氛围，让资本追寻并扎根到一个可以值得信赖的栖息地。

我们生长在十分幸运的时代。中国经济在邓小平领导改革开放后，稳步快速发展。邓小平后的中国领导人，坚持了改革开放，以经济建设为中心，逐步转移思维的焦点，提出以人为本，实现科学发展观，以人民为中心追逐中国梦。国家经济发展的大背景为我们创造了发展的空间和舞台，这是我们上一辈人没有的机会。我们赶上了读大学，我们赶上了为国家经济发展作贡献，我们赶上了为自己积聚财富过好日子的机会。

当二十年后我们这一代人面临退休时，中国的资源紧缺情况会相当严重。这种资源包括退休人士享用的旅游资源、医疗资源和文化资源。更重要的是，我们为自己的退休生活准备好财务资源了吗？

中国的中产阶级将逐渐成长和扩大，但是如何使每个人都能创富、守富，有条件在退休的日子也过上富裕无忧的生活？这就需要我们加强财经教育，让中国的中产阶级认识到资本的价格和报酬复利增长的资本积聚模式。

资本市场的监管者应该拨出资源，进行投资者教育，推动创造经济独立、财务自由的中产阶级。我希望看到的是，我们的国民能分享中国经济发展的成就，让财富积聚和分配在普通大众的资产账户中。

党的十七大提出，创造条件让更多群众拥有财产性收入。我们提倡用财产性收入保障自己的退休生活质量。所以，要鼓励我们的民众学习投资、实践投资。政府在投资环境建设上要继续坚持保护投资者的原则，创造良好的信贷文化，奖励诚信为本，建设回报与风险相匹配的市场机制。例如，政府应鼓励企业建立企业补充养老金计划，企业为员工支付的补充养老金计划供款不计入个人应纳所得税税额。金融企业更要继续创造新产品，开放多种投资渠道，让老百姓为退休储蓄的资金有出路，实现财富的增长。在投资市场上，我们也希望政府能局部放开，通过香港，走向世界。

要继续宣扬中华民族勤劳节俭的文明精神。财富不可能从天上掉下来，财富需要劳动者的创造和贡献。我们要有勤奋苦干、追求效率和多走一步的态度。我们要节俭，每个月都要节省一定比例的收入，为未来用资本创造收入做本钱。目前，中国社会浪费惊人，奢华品大行其道，物质主义盛行，我们社会中有的人忘了节俭、淳朴、与他人分享的道理，自私和对财富的贪婪伤害了我们的社会与和谐。我们需要鼓励勤劳致富，节俭持家的精神，让节约型的小康社会在每家每户的生活中体现出来。

转眼就到2008年了。这一年将是中国人倍感重要的一年。世界的目光会关注中国和中国第一次举办的奥运会。然而，除了关注奥运会的世界人民的眼睛外，同样重要的是资本的眼睛。世界在看中国的2008年，资本在看中国的2018年、2028年和2038年。历史赋予了我们这代专业人士机会和责任。每次我出差搭飞机回到北京，我都和我的同事说北京的天空上到处都"飞着钱"，因为和我同机的是企业家、金融家、创业者和商学院教授等。资本看到了中国，在寻求发展和回报的机会。无论我们做哪一行，只要脚踏实地，诚信待人，忠心看护将资本托付给我们的投资者的利益，资本就会走到我们的手中。

对2018年我们充满信心和干劲。2028年，丰盈满华。2038年，天佑华夏，笑传万家。

（2007年圣诞假期，写于泰国普吉岛，2017年6月修订）

『 关键管理人员是企业的关联方。全面披露与关键管理人员及其关联方的业务交易和余额是股东获得信息的权利，也是公司治理信息披露的义务。 』

披露关键管理人员薪酬

关键管理人员是企业的关联方，因而其薪酬支付是关联交易，企业需要遵守国际会计准则24号 (以下简称IAS24号) 关联方交易的披露要求，对关键管理人员的薪酬支付进行披露。

关键管理人员和关联方

IAS24号在采用描述形式定义关联方时，直接指出企业 (或其母公司) 的关键管理人员属于企业的关联方 〔见IAS24号第9. (d) 段〕。关键管理人员是企业聘用的照看和经营企业的"管家"。股东将经营企业的权力交付给关键管理人员，因而关键管理人员在法律上对企业有忠心尽责的义务。由于在确定关键管理人员的薪酬水平时，关键管理人员自身也具有重要的影响作用。因此，股东要求关键管理人员作为关联方对其薪酬支付的内容和金额进行全面披露。另外，这样做也有利于建立关键管理人员的问责制。

企业中哪些人员是关键管理人员？按照国际会计准则的定义，关键管理人员是对企业的活动有直接或间接的计划、指挥与控制权力和责任的人士，包括全体董事 (不论是执行董事或非执行董事)。除了董事会成员是在准则中特别指出的关键管理人员外，其他的关键管理人员包括直接或间接参与企业领导活动的成员。企业的领导活动包括对企业的计划、指挥和控制。一般而言，企业的行

披露关键管理人员薪酬

政总裁和直接向行政总裁报告的副行政总裁、部门总经理或业务总经理都是企业的关键管理人员。一个部门总经理如向副总裁报告，那么，副总裁是关键管理人员，而部门总经理则不是。

另外，在中国，两个比较有特色的权力机构的领导人员应该包括在关键管理人员中。他们是监事会的监事和没有包括在上述关键管理人员中的企业党委会的其他成员，如纪委书记等。不容置疑，他们直接参与了企业的领导活动。

薪酬的组成部分

IAS24号对薪酬的组成部分的最重要的定义词是"全部"。无论用什么支付形式，只要是已经支付，或应付，或已计提，而且与关键管理人员向企业提供他们的服务有关，那么这些内容都应被包括在关键管理人员薪酬中。这不仅包括企业自身已付，应付，或计提的金额，而且还包括其他相关联企业为他们支付的金额，如母公司支付的子公司董事薪酬，或子公司支付的母公司董事薪酬等。

薪酬应该包括的内容也很全面，无论是现金的、实物的或等值的服务和享用(如公司提供的车辆)。在覆盖的时间线上，薪酬的内容包括现时领取的工资，企业在会计报表结账后12个月内将支付的工资奖金，在12个月后支付的长期福利，公司在关键管理人员退休后提供的退休福利等。

支付给关键管理人员的薪酬，需要按照《国际会计准则第19号——员工福利》和《国际财务报告准则第2条——以股份为基础的支付》的要求进行确认。在中国的实践中，有几项薪酬的组成内容需要加以注意。

(1) 对退休福利、医疗福利或企业年金计划的供款，毫无疑问，它们全部都应该包括在薪酬总额中。薪酬总额还包括如果受益人是关键管理人员的附有年金性质的商业保险。这些都是企业为获得关键管理人员的服务而支出的成本，虽然尚没有直接支付给关键管理人员，但已是他们的利得。

(2) 有些企业的高级管理人员在子公司担任董事，收到子公司支付的董事酬金。他们可能放弃部分酬金，或在支持其董事工作岗位的部门中专设奖金，与其他员工分享。即使这样做了，关键管理人员的薪酬披露仍然应该包括这部分酬金，但可以在附注中作出专门的披露，说明该关键管理人员放弃的部分薪酬金额。

(3) 公务用车。按照国际会计准则的要求，无论是现金的、实物的或服务的享用，都要按照"市场价值"折算，包括在关键管理人员的薪酬总额中披露。比如，在国外，公司向管理层提供用车，企业一般按照在市场上为管理层租车的费用折算成货币性报酬，包括在关键管理人员的薪酬中披露。这种做法虽然是准则的要求，但在中国可能不一定适用。国外向董事或管理层提供用车一般是不限制私用或公用的，是薪酬合约的一部分。但是，在中国，公司提供的车辆一般被限制为公务用车。而且，公司领导在一定的行政级别后 (如适用)，大家都期望会安排公务用车，否则没有办法有效率地开展工作，履行职责。国内的股东大部分也不认为这是关键管理人员的个人收入。因此，国有企业的关键管理人员薪酬披露中，没有包括公务用车的费用是可以理解的。

(4) 长期福利和以股份为基础支付的酬金，应包括在披露内容中。但这部分薪酬安排内容非常复杂，我们建议公司聘用专门的人力资源和薪酬专家设计和计算归属于关键管理人员的相关薪酬。这种计算往往涉及精算，涉及许多假设，涉及较长的时间。因此，企业的长期福利和以股份为基础支付的酬金需要专家意见。

计提和披露

除了上述定义关键管理人员和薪酬的内容外，在计提和披露关键管理人员的薪酬时，还有几个实际问题经常引起争论。

(1) 奖金计提的会计基础和原则。计提薪酬和奖金必须符合会计准则和公司治理的要求。在实际工作中，我们见到有的企业根据年度预算计提奖金，计提的金额没有具体的发放对象归属。有的企业以全体员工的薪酬水平为基数，但在计提奖金时没有具体的奖金发放方案，仅在应付工资和福利科目里累积。这种做法不符合会计准则关于计提负债要有具体发放对象和可确定金额的要求。具体地说，计提年终奖金一定要有董事会批准的方案，如与企业的利润挂钩，更重要的是，还要有落实到每个员工的计算基础，否则在会计上，这种计提就没有基础。

对于年终奖金，有的企业在奖金计提时向董事会报送一套方案，以提升员工福利为借口，和董事会讨价还价，但在奖金分发时实施另一套方案，为管理层留出专门的奖金余额，可能造成分配不公，甚至涉及舞弊风险。有的企业将年终奖金计提变相成为第二年业绩和奖金计提的缓冲准备金，不符合权责发生制原则。所以，在公司治理层面，董事会薪酬委员会一定要发挥作用，审阅包括关键管理人员在内的薪酬计提的公允性和合规性。

(2) 税后净额或税前毛额。有的企业管理层认为，应该披露关键管理人员的税后收入，而不是他们的税前收入。披露关键管理人员薪酬是对企业在编制会计报表时的要求。会计信息使用者的关注点是关键管理人员薪酬总额对企业财务报表的影响，是企业聘用、挽留和激励关键管理人员需要花费的成本。企业会计信息的使用者不关心关键管理人员的个人收入和财富。因此，披露的数量是企业全部工资费用中的毛额，而不是企业关键管理人员的个人税后收入。

(3) 现金制还是应计制？有的企业在披露关键管理人员薪酬时，采用收付实现制，即用当年现金发放给关键管理人员的薪酬数为披露数。企业的会计基础是权责发生制，只要是关键管理人员应得的薪酬数量，企业应该按照权责发生制予以计提，而且这种计提如前所述必须有归属于企业雇员（包括关键管理人员）的计划，并按照计提和归属的数量披露。如果部分当年支付的金额在过往年度已经计提 (并披露)，那么这部分金额不应该包括在当年的披露金额中。这种会计政策必须得到一致贯彻和执行，不能以哪个基础适合管理层口径，就用哪个基础披露。

(4) 重要性原则。在执行会计准则时，必须考虑重要性原则。如果相关信息错报或漏报会影响会计信息使用者的经济决策，那么这种信息是重要的。只要有关信息不重要，企业可以选择不予披露。这条原则不是针对关联方交易，更加不是针对与个人的业务交易而定的。有些交易对企业来说不重要，但对个人来说是重要的。在保护股东利益的呼声越来越高的资本市场上，我们相信，会计信息的使用者 (包括股东) 越来越重视与关键管理人员交易对企业的成本和对个人的利益激励的影响。因此，在考虑重要性原则时，应该不仅仅考虑薪酬支付和其他交易对企业的重要性，也要考虑到它们对关键管理人员的重要性。比如，某位董事从企业购买了一套房子，尽管这笔交易无论按市场价值或历史成本与否对企业都不重要，但对董事个人来说是重要的，因此这笔交易可能需要披露。

(5) "机密和隐私"。在披露关键管理人员薪酬时，有些企业用"机密和隐私"为理由，不向审计人员提供有关信息。这种理由是可以理解的，毕竟薪酬是个敏感和隐私的领域，但"机密和隐私"不能作为不披露或不让审计师进行审计检查的借口。鉴于薪酬披露的敏感和隐私性质，许多会计师事务所会尊重客户的要求，只安排资历比较深的员工，比如经理或高级经理执行审计程序。向审计师提供全面的审计信息是企业的法定义务。公司的薪酬委员会应该与审计委员会沟通，保证相关信息的质量和合规披露，监督上面提及的薪酬计提的原则是否得到遵守，发挥公司治理的作用。

(6) 定义关键管理人员是公司治理披露的要求。在工作范围上，公司的关键管理人员名单应由公司董事会秘书提出，在公司董事会中确定。在确定关键管理人员名单和统计他们的关联交易时，公司董事会秘书应该统一协调，承担责任。全部将这些工作交给财务部门的老一套做法已经不能完成披露工作的要求了。

结语

IAS24号是一条关于披露的准则。除了薪酬披露外，与关键管理人员（及他们的关联方）的其他业务交易均需披露，比如董事向公司的借款，与董事控制的其他公司的交易。有关这方面交易与余额的披露要求不是本文的讨论范围，但应该强调的是，全面披露与关键管理人员及其关联方的业务交易和余额是股东获得信息的权利，也是公司治理信息披露的义务。

2009年4月2日，在伦敦召开的二十国首脑峰会通过了加强金融体系改革的宣言。其中针对薪酬制度改革，要求企业公开披露清晰、全面和及时的薪酬信息。如实披露企业的关键管理人员薪酬，从企业的角度，有利于股东了解企业的薪酬政策和财务影响，建立问责制；从体系建设上来看，有利于资本市场对这个话题的监督，提升透明度。信息披露是市场纪律。在资本市场的发展和成熟过程中，信息披露，包括关键管理人员薪酬的披露，对市场效率的作用将会变得越来越显著。

> 落实披露风险信息不仅要求金融企业建立有效的风险管理架构，而且更需要完善的信息系统的支持。风险信息的披露应该实事求是，而不是用于粉饰门面的空泛论断。在当今信息过剩的时代，披露信息的质量是关键。

上市金融企业
风险信息的披露

风险信息披露是一种市场纪律，有利于提高投资者对金融企业的各种风险涉险敞口程度及财务影响的认识，更有效地了解金融企业的业务运作情况及利用金融企业的财务信息。

披露风险信息的必要性

金融企业面对不同的风险，稳健的风险管理对金融企业的业务发展和管理十分重要。因此，中国证监会对上市金融企业的监管尤为慎重，它不仅依靠自己的监管能力而且也同中国人民银行、财政部以及金融专业监管部门中国银监会、中国保监会一道多管齐下，要求上市金融企业制定及实施全面有效的营运政策及内部控制程序，以识别、减轻及监控上市金融企业的各类风险。

笔者认为，有效的风险管理机制的建立和实施有赖于企业内部管理人员的持续沟通、判断及最接近各类金融产品和市场的专业人员的知识，再加上企业的风险管理委员会及高级管理人员的定期监察和指

注：本文与周忠惠先生合作完成。周忠惠先生原是普华永道会计师事务所资深合伙人，曾担任中国证券监督管理委员会首席会计师。本文获《中国注册会计师》2001年度优秀论文二等奖。

导。倘若金融企业没有风险管理的内部专业人才，金融企业应该聘请专业顾问协助管理层设计、实施及评估企业的风险控制程序。在金融企业向客户提供新产品及进军新市场时，它们也应该向监管机构(如证监会等)咨询。

对上市金融企业，除了督促其落实上述有关风险管理的内部控制机制外，中国证监会还要求各上市金融企业在年报中披露可能给企业造成重大影响的各种风险因素及管理对策。这样做的好处有两个方面。第一方面，金融企业的健康发展是健全我国金融体系的根基。促进金融企业加强风险管理可以防范金融风险。第二方面，资本市场的发展需要金融企业的加入。公开风险信息更有利于提高资本市场的透明度和运作效率。

风险信息披露的框架及内容

笔者认为针对上市金融企业面对的主要风险，上市金融企业必须进行解释和披露的有财务风险、营运风险和违规风险三类。下面的上市金融企业风险一览表简单地概括了金融企业所面临的主要风险。

上市金融企业风险一览表

财务风险	信贷风险	直接信贷风险 信贷替代等值风险 清算交割风险
	市场风险	股价风险 利率风险 汇率风险 商品价格风险 资产组合集中风险 相关性风险
	流动性(资产负债管理)风险	资产负债流动性配比风险 谨慎变现风险
营运风险	—	交易风险 作业控制风险 系统性风险
违规风险	—	监管风险 法律风险

本文即围绕这些主要风险，提出风险信息披露的框架，供监管机关和上市金融企业参考。

1.信贷风险

信贷风险指因借款方违约欠付或拒付而产生的亏损风险，即借款机构或客户未能履行其合约责任所可能产生的风险。

在资产负债表中，传统的直接信贷风险主要体现在贷款和应收账款中。我们认为，上市金融企业可按照以下信息归类披露此类直接信贷风险：

(1) 信贷资产的客户集中程度。例如，揭示公司的最大十个客户所占的信贷资产比例，可协助投资者和监管机构认识到该企业对大型客户的信贷涉险度。过分集中可能会给企业带来严重的损失。例如，某香港银行对粤海集团的贷款额高达几亿港元。粤海集团的债务重组造成该银行严重损失。

(2) 按借款人的行业划分，披露信贷资产的行业集中程度。这类信息可以协助投资者和监管机构了解该金融企业对某种行业的特别依赖程度。例如，某银行的贷款对象的40%是房地产开发行业。在房地产不景气时的经济周期低谷，要为此类贷款计提约50%的准备金。

(3) 对信贷资产组合进行信贷资产质量分析，披露信贷资产质量分级情况及呆账准备金的计提情况。对信贷资产进行分级管理是监控信贷风险的基本工作。笔者建议各金融企业可遵照中国人民银行印发的《贷款风险分类指导原则》，改进贷款分级方法，提高对信贷资产管理的质量水平。

(4) 除对上述传统的直接信贷风险披露外，金融企业还需对表外项目所涉及的信贷风险进行披露。金融企业所从事的所有业务并不一定全部都记入资产负债表，如开出信用证、担保书、贸易票据承兑等。此类承诺和或有债项也应在会计报表的附注中衡量其信贷替代等值风险，额外披露解释。

(5) 除上述信贷风险的披露外，优秀的金融企业还会考虑对清算风险、信贷轧差、信贷交易的法律可执行性等管理方法的披露。

2. 市场风险

市场风险指因金融产品的价格变动引致的风险，金融产品的价格变动主要取决于三大价格要素：利率、汇率及股价。针对市场风险，笔者认为我国金融企业比较现实的风险信息披露对策是：

(1) 公开金融资产和负债的市值信息或至少对金融资产市值信息进行补充说明

金融资产的价值瞬息万变，隐藏负资产的机会大，唯一客观并且相关的可参照价值是非关联买卖双方愿意接受的价格——公平市值。

市值会计是西方先进国家和国际会计准则发展的趋势。日本金融企业一直被国际金融界要求支付昂贵的"日本佣金"（日本企业在国际资本市场上比其他发达国家企业更多地支付融资成本），主要原因之一是其风险管理信息披露不足，尤其是市值会计的概念几十年来得不到具体落实。我国的会计准则制定者意识到市值会计的重要性，因而在市值会计衡量上采取积极的态度。例如，自1999年1月1日起施行的《企业会计准则——债务重组》要求，以现金、非现金资产和债务转为资本等方式的组合清偿某项债务时，债权人和债务人均需按其公允价值计算，冲减重组债务的账面价值。这一准则，至今都是世界领先并得到国际会计界广为认同的。

因此，笔者认为金融企业应当按市值会计核算原则，衡量其金融资产和负债的价值，或至少呈报金融资产市值等补充信息。

(2) 涉险值披露

会计报表是对历史信息的汇总和分类。市值信息也只是对这种历史信息的补充，它们反映过去已发生的业务及资产负债表日的市值信息。简单地说，站在资产负债表日的时间分水岭上，会计报表上的所有的信息均是向后看的，均是已发生的交易引起的结果。

涉险值的概念是一个向前看的概念。它所要解决的一个问题是在企业今天的这盘账上，在未来一定的时间区域上，可能存在的风险是多少。例如，在资产负债表日（2000年12月31日），某企业拥有某公司10 000股在上海证券交易所上市的股票，该股票在2000年12月31日的价格是42.6元，即该项资产的总值为426 000元。如果我们观察该股票在过去一年中的市值波动区域，在95%的信心度上，为±30%。那么，我们可以在95%的信心度上，相信在未来的一年中，公司因为持有该股票而可能获得的盈利或损失会介于正负127 800元之间，即所持有的股票的价值会介于298 200元和553 800元间。如果上面所述的亏损度是该公司可接受的，那么该公司可继续持有该股票。如果上述的潜在亏损程度已超出公司的风险承受范围，那么该公司应该出售该股票，或购买衍生产品对冲其风险。

因此，涉险值的概念其实是风险管理的工具。许多西方企业运用这一工具，监控其市场风险的涉险敞口及涉险值，并在年度会计报表中的管理者业绩分析项下，讨论公司的风险状况即说明该公司业务所承受的市场风险盈亏涉险值或平均涉险值。率先发布此类信息的是美国摩根大通银行，它们认为这样做不但有利于资本市场了解该公司的涉险值水平，而且更有利于通过高质量的风险信息和风险管理能力的披露，提高企业在市场上的竞争优势。

虽然全面采用涉险值计算体系对我国金融企业是一项挑战，但有许多基础工作，包括金融资产及合同涉险敞口的全面性汇总和资产价值敏感性分析等，可以在上市金融企业的年报中披露。

3. 流动性风险

流动性风险是指无法应付客户按要求或按合约条款提取款项或金融企业偿付其债务的风险。

一般来讲，有三种类型的流动性风险对金融企业具有较大的影响，这三类风险是指金融企业在以下管理方面的失误：①金融企业不能保持足够的现金和易出售证券以满足短期现金的需要；②没有在资本市场筹集所需资金的渠道；③没有轧平或清算市场头寸的能力。

针对流动性风险，笔者建议金融企业必须披露的信息有：

(1) 资产负债到期日分析。将各类金融资产和负债按到期期间如速动 (即再细分为一个星期内到期和一个月内到期) 、1至3个月、3至6个月、6个月至1年、1至3年、3年以上等期间标准划分，将资产和负债项目在该时间在线汇总分类，即可协助分析金融企业的资产负债期限错配情况，了解上市金融企业的资产负债流动性。这也是许多金融企业进行资产负债管理的基础。

(2) 现金管理和筹资战略描述。可在管理者对业务进行分析讨论中披露公司的流动性应急计划，公司投资产品的谨慎变现能力，讨论公司的筹资需要和满足因为失去市场流动性等引发的流动资金需要等替代策略。

4. 营运风险

营运风险是指不能确保各级员工、系统及设施适当运作和政策及程序失控所产生的直接或潜在亏损。金融机构须承受多种营运风险，包括雇员或场外人士的欺诈风险，雇员未经许可从事的交易，以及有关计算机及电信系统失误。

管理及防范上述营运风险主要有赖业务监管和部门经理通过员工支持，业务主管和部门经理制定及维持适合企业业务及各部门的内部控制程序，风险管理委员会及内部审核部门定期检查企业的业务活动，以评估控制环境质量及可能出现的营运问题，并提出应付可能出现的控制问题的措施。

笔者建议上市金融企业应披露的有关营运风险的信息包括以下几点：

(1) 业务应急计划

金融企业的业务运作关系到国计民生。任何金融企业运作失误，系统失灵，营业网点关闭都会影响到人民生活，轻则不便，重则对金融体系失去信心。业务应急计划是针对企业技术设施和网点设施遭受损坏，企业业务不能继续时，企业应准备的各种应对措施，包括备用系统，备用网点和员工日常演练和培训所具备的应对经验。

金融企业应该披露其如何确定危害企业业务正常经营的各种营运风险，制定应急计划措施，实施灾难性业务恢复演练、员工培训及加强对应急措施的熟识程度等。

(2) 计算机系统安全

金融企业的经营活动从某种程度上讲是对"现金/有价票据"的流通过程的运作和管理。随着科技的进步，所有这些过程均可以数据化信息来存储和处理。因而，计算机系统的运用在金融企业中最为广泛。由于金融企业所处理的对象是"现金/有价票据"，这一过程的业务运作风险显而易见。计算机系统的安全防范是保障金融企业运用科技手段提高营运效率和内部控制有效运作的基础。针对系统安全问题，金融企业应该披露的要点有：系统安全性风险评估，对已落实的安全控制的有效性的评估及系统安全破坏 (如黑客入侵) 等防范的做法。

(3) 业务程序标准化进程和集中管理

金融企业的另外一个特点是分支机构众多。我国的大型商业银行有的分支机构超过数千家，有些证券公司的营业网点超过近百家，而且许多分支机构的管理松散。向投资者公开其业务程序标准化的进程和分支机构集中管理的水平，有利于投资者了解上市金融企业的管理水平。这也同"过程控制、预防为主和不断改进"的营运风险管理的理念一致。

5. 法律及监管风险

法律及监管风险是指金融企业不遵守法律及法规或未能遵照有关准则（如会计准则）而引致的违规处罚风险。它也为交易在法律上不可强制执行，或在交易期限内不能强制执行，或未能履行合约责任的风险。

我国各金融机构的监管部门按行业划分，证券公司由中国证监会，保险公司由中国保监会，银行由中国银监会分业监管。例如，中国证监会进行实地造访及非实地收集所监管证券公司业务活动的经营数据，对证券公司实施监管。

遵循法规及监管部门的指令是保障金融体系有效运作的前提。金融企业应委任专职法规遵循检察主任检查及报告怀疑诚信及违规事件。专职法规遵循监控的企业内部委任的"检察主任"也应负责协助业务经理明了及遵守有关法律及规章制度，以及公司政策。

另外，金融企业也应不断通过内部及外部培训，制定和落实规章政策及程序，以及在职监察、更新雇员操守，以确保其遵守国家法律条文及规章制度，以及公司制定的各项政策。

上市金融企业应披露的法规及监管信息有以下几点：

(1) 本年度重大违规事件。检讨当年度企业所发生的重大违法违规及违章事件。

(2) 监事会/审计委员会和内部审计的功能和工作。中国证监会应该要求上市金融企业设置监事会/审计委员会和内部审计部门。这些部门是加强公司法人治理的基础。公司的董事会与监事会/审计委员会和内部审计部门一同制定公司的法规遵从战略及公司专业道德标准，自上而下地对公司的法规遵循文化树立榜样。通过在年度报告中披露监事会/审计委员会和内部审计部门的功能和工作，使管理人员有机会反省和检查公司在法规遵循方面的不足之处。

(3) 法规遵循自我评估。正如上文提出法规遵循必须落实到具体的工作部门和各级员工及其负责的工作程序中。自我评估是在许多企业经实践检验的有效手段。通过法规遵循的自我评估，可提高各级员工对所遵循的法律条例的熟知程度，并且可以让各级员工有机会客观地检查其工作程序的合法合规意义，从而激励及提升企业法规遵循文化。在财务年报中，金融企业应向读者阐述披露其自我评估的程序及质量。

风险信息披露应注意的问题

落实披露风险信息不仅要求金融企业建立有效的风险管理架构，而且更需要完善的信息系统的支持。风险信息的披露应该实事求是，而不是用于粉饰门面的空泛论断。在当今信息过剩的时代，披露信息的质量是关键。

1. 风险信息和财务信息的联系和区别

风险信息与财务信息是不可分割的，因为各种风险的体现最终会量化到财务风险上。我们在上文中将信贷风险、市场风险和流动性风险归类为财务风险，因为它们的风险量化可以比较直接地由财务指标来体现。至于营运风险和违规风险，其直接财务损失要事先用财务指标来衡量比较困难，但是，它们给企业带来的无形损失是非常严重的，有时可能不能用金钱来衡量，如企业的名誉损失。

上市企业向投资者公开信息的传统渠道是公司年报。公司年报传统上是以财务信息为基础的。目前，西方金融界风险信息披露的主要做法有：①直接在会计报表附注中披露 (如国际会计准则要求这样做)；②在公司董事会对企业营业业绩的讨论、回顾和展望中披露 (美国金融企业大部分采用这种做法)；③在专门列出风险信息披露的附录中披露 (如香港金融管理局要求香港银行专门呈报有关风险管理的附录)。

笔者认为，根据我国金融企业发展的实际情况，将有关风险信息集中在上市公司年报的一项附录中进行披露是可行和有效的做法。有关风险信息与财务信息有直接联系的内容可在风险信息披露中与财务信息，特别是会计报表的附注中作索引联系，避免重复。

2. 监管机构的要求与企业管理层的信息披露的主动性

金融企业在市场的前沿竞争，创新开发新产品新服务，同时也带来新的风险。应该认识到，世界各地的监管机构都认识到监管机构的监管能力是普遍滞后的，对市场产品及风险的认识均与金融企业的实际情况有一定的距离。因而，风险管理和信息披露的质量依赖企业管理层的主动性。许多金融企业的管理层视之为提高企业管理形象的平台和机会，而不仅仅停留在满足监管机构对风险信息披露的最低要求水平上。

3. 利用独立审计师的工作经验

独立审计师的职责是对会计报表的公允性出具意见。应该注意到独立审计师的意见书是针对企业整份会计报表即以第一页资产负债表到会计报表附注的最后一页，写得清清楚楚。他们的意见书不包含管理者对业绩的讨论和风险信息披露的附录。但是独立审计师在其审计工作过程中，基于他们对金融企业业务环境、业务运作、内部控制、金融产品及其风险和监管环境等方面的认识，他们可以为金融企业的风险管理机制的改善和风险信息的披露提供有价值的建设性意见。一般来说，独立审计师也会针对公司年报中非会计报表项目中的数据与会计报表的一致性进行审阅，以保证其一致性。因而，风险信息的披露需要独立审计师的参与审阅，而非独立审计。

4. 董事会对所披露的财务信息和风险信息的质量的承诺

上市公司的股东大会是公司的最高权力机关，公司的董事会是公司的最高管理机构。编制会计报表及公司年报是公司董事会的责任。上市公司董事会应该书面承诺这种责任。因此，笔者建议中国证监会要求上市公司董事签署此类责任承诺的声明书，并在公司年报中披露。这有利于提高董事会成员对其公司治理责任的认识。

5. 关于内部控制体系

优秀的风险管理及其成功基于两个基本前提：财务及会计信息的完整性及全面性和健全的内部控制体系。财务及会计信息的完整性及全面性的重要性无须笔者在此重复。应该强调，内部控制体系是风险管理的基础。监管部门可以针对金融企业的内部控制的弱点或特定领域或整个体系实行检查或委派专业人员检查。但因为内部控制体系是动态的，虽然企业领导可就其相符性和遵从性作出承诺，但要就其全面性、可靠性和及时性等由专业人员作全面评价是有困难的。这是由内部控制体系自身固有的缺陷决定的，即再好的内部控制体系也可能会有人越权侵犯。所以，笔者认为风险信息披露的要求并不等同于要求对内部控制体系进行全面审计并由独立审计师出具独立报告。但是，独立审计师在执行审计工作时，可能会发现被审计企业有关内部控制的许多弱点，并对此出具管理建议书。此类管理建议书应该送呈监管机构，有关问题最好是在定期举行的金融企业、监管机构及独立审计师的三方联席会议中讨论。

6. 对监管机构的信息披露与对投资大众的信息披露

笔者认为监管机构在对金融企业的监管过程中需要金融企业披露许多业务信息，有的甚至是具有商业秘密的，但因为这类信息的揭示仅仅是向金融监管机构的汇报及沟通，因而不会令被监管机构失去竞争优势。然而，向投资大众披露的信息必然会有一个度的限制，即金融企业不愿过度地披露其认为商业秘密和竞争优势的信息。公司的董事们应该有权作出为保护公司商业秘密和竞争优势而不披露有关监管信息的选择的权力。

结语

规范我国金融企业运作，提高金融企业，尤其是上市金融企业的风险意识和防范能力，是一项长期而艰巨的任务。笔者认为，除需要我国各级政府和监管部门不断努力建立一个有效的法律环境和监管机制外，金融企业自身风险管理意识和能力的增强是极为重要的。倘若金融企业能主动地披露风险信息，自觉地将自己置身于社会监督之下，则笔者深信我国金融市场将会更为生机勃勃，金融企业更能在我国的市场经济建设中发挥举足轻重的作用，更能自信地面对我国加入世界贸易组织后所带来的挑战。

如何提高上市公司的
公司治理水平

　　成功的资本市场有赖于严格执行公司治理的市场参与者。反过来讲，高效的资本市场不但可以减低筹资成本，吸引更多的资金流入，而且可以使资本配置更趋合理，从而带动国家经济的增长，有利于所有的市场参与者。因此，有远见的上市公司的董事会和管理层必然可以坦然地、彻底地接受并且落实公司治理，以企业家的气魄去履行资本市场参与者的责任。

公司治理与资本市场

　　上市公司是资本市场的主体，资本市场是企业筹集资金和投资者寻求资金出路的载体。一个成功的资本市场基于许多条件，包括要有良好的法律环境、精良的硬件配套设施等，但扮演资本市场主体的上市公司以及作为中介机构的投资银行、证券公司和审计公司等的职业素质也是资本市场成功的根本因素。如果这些公司弄虚作假，侵害股东权益，不遵守市场纪律，资本市场为内幕消息所操控，所产生的后果是显而易见的：投资者因得不到公平的回报而对市场失去信心，资金逐渐撤离市场，公司筹资也将付出更高的代价。

　　注：本文根据林怡仲和笔者于2001年11月15日在中央金融工委举办的高级金融企业领导人才培训班的演讲整理。林怡仲是香港普华永道会计师事务所合伙人。

公司治理是保证并提升上市公司素质的根本措施。我们知道，公司是个法人。法人是"机械人"，是死的。只有赋予"治理"，公司才有灵魂、纪律和动力。公司由不同的利益团体组成，股东与管理层，小股东与控股股东，公司与外部监管者之间往往存在各种利益冲突。公司治理的主要目的就是通过公司内部的监管保证管理层的能力及诚信，以确保公司的运作符合所有股东的利益，而且符合法律及相关专业规定。有了公司治理，一方面，资本市场主体的质量得以保证；另一方面，成功推行公司治理的上市公司也可以通过信息披露满足投资者的期望并影响其对公司股份的定价，让上市公司的价值在市场上充分体现出来，因而使资本市场更为有效。而其他直接或间接监督实施高标准公司治理的中介公司如投资银行、审计公司等也将得到资本市场的奖励，赢取更多的商机。

公司治理缺乏的原因

我国大部分有规模的企业不同程度上都是由计划经济下的国营企业演变而来的。因而，企业的经营目标和管理模式是"大锅饭"体制，缺乏独立运作机制和创新意识，利益冲突不会存在。因而，最好的国营企业也只需提高管理能力而非治理。除此根本历史因素之外，公司缺乏良好的治理机制的成因还有以下几个方面。

(1) 封闭、保密式的社会文化。由于公司内各负责部门、管理层之间，以及公司与外界如股东、监管部门、审计师之间缺乏信息交流，问题往往被"保密"起来，不能得到及时有效的处理。也有的是家族经营企业，由于权力主要由家族成员掌握，他们之间难免互相包庇过错，或因为某些管理人员的政治背景，也常常可因为姓氏原因免于应承担的责任。

(2) 缺乏法律监管导致信息披露强制执行不力和不完善，审判处罚不一致且难以预测，因而丧失法规公信力，造成公司治理被忽略。

（3）缺乏公司治理也由公司各利益方缺乏对公司的职责承担及责任心而引起。股东，包括私人股东及投资基金、董事、管理层及员工只看重自己的眼前利益，或由公司短期业绩表现所带来的股票增值、分红利、发放奖赏等短期利益，而不能落实公司治理，以公司全体股东的长期利益为重，追求公司的长期发展。

如何提高上市公司治理水平

我们认为，建立有效的公司治理机制，应该着眼于以下几方面：

第一，设立完善、高效率的管理层。公司应设立精简有效的管理层，并清楚界定管理层人员的角色及责任。有效的公司管理有两个层面。董事会层面和行政总监层面。上市公司应该定期对这两个层面的管理架构进行检查，以保障企业高层运作的效率。

董事会是公司的最高管理层，应由执行董事（通常包括行政总监、营运总监及财务总监）与非执行董事组成，通过定期董事会议对公司重大事项作出决策，例如，讨论并监督经营策略以及预订计划的进展，营运问题及财务表现等。执行董事应定期视察公司的营运状况，而非执行董事则应对董事及管理层操守行为及薪酬奖金进行监控，并出任审计委员会委员。

董事会辖下为行政总监，负责统筹及主导日常管理事务，处理人事安排调动事宜，并负责编制及推动业务策略及计划。行政总监辖下通常为营运总监及财务总监，分管日常营运程序及财务事项，并协助行政总监推行业务策略及计划。

如果董事会主席与行政总监由一人担任，为了避免董事会其他成员屈服于董事会主席与行政总监的"强权政治"，我们的经验是应让大多数董事会成员保持与业务经营的独立性，这样董事会成员可以以一定的独立性对董事会主席/行政总监的决定进行制衡。

　　第二，重现独立董事的作用。之前我们已经指出，公司治理的主要目的是确保公司运作符合所有股东的利益，因此，公司治理特别强调公司内部监管制度的设立，以制衡大小股东、管理层及其他利益方对公司经营的影响力，寻求达到股东利益共同最大化。

　　独立非执行董事在公司治理的监管制度中扮演着重要的角色，他们以独立的身份参与董事会议的决策议定，以其不同的专业及社会背景对公司的长远策略、业绩表现、资源分配、重要成员任命及员工行为操守作出独立判断。他们还出任审计委员会委员，并在决定董事薪酬方面和涉及关联交易等方面起到审批监控作用。

　　审计委员会是监管制度中另一核心组成，负责监管公司治理的切实执行情况。审计委员会主要由独立非执行董事组成，定期开会，负责审阅财务报告，监督内部控制系统操作的有效性，定期会晤外界审计师，商讨审计程序及重大会计问题，确保公司政策符合法律及专业规则，并审阅董事酬金及审计师酬金的合理性。

　　第三，良好的公司治理应妥善解决董事酬金及董事人选的问题。欧美通过最新研究，建议公司成立以独立非执行董事为主的薪酬委员会，可以较客观地厘定董事酬金，另外，公司应将董事酬金中与公司表现挂钩的项目与不跟表现挂钩的项目分开披露。而董事人选则应由大部分非执行董事担任的提名委员会建议决定。这样，可避免董事任命由董事长或行政总监操纵，董事会成为私人俱乐部，缺乏对企业发展及业务管理的督导。

　　第四，管理层必须具有认同的经营策略及将之实现的承诺及责任心。制定业务范围、经营策略及计划是董事会的首要工作，董事会应负责指挥企业的整体运作方向并将之传达给全体管理层，确保公司上下各级一致为公司的整体及长远利益考虑并各司其职。这里讲的是目标一致，同心同德。

　　只有明确了企业发展战略，企业才能找出那些实现战略目标的关键成功要素，才能确定衡量考核的指标，并将其落实到企业的各个战略业务体，调动全公司员工的积极性，并将之与个人的考核指标挂钩，实现真正的"问责制"文化。

第五，公司需要设置强力有效的管理程序以实现管理层的经营策略。公司应订立管理程序守则，涵盖各项主要经营及运作活动，确定公司业务涉及的各方面的风险，订出各项运作的批准权限及操作程序，根据公司规模就权力下放及风险控制取得平衡，这是企业运作的说明书。同时，这些程序守则也是企业内部控制赖以运作的基础。公司的运作程序守则应随着经营变动而定期更新，与企业的经营目标相符。例如，针对企业的业务风险，管理层分析这些风险与企业经营目标的关系，然后决定采用何种系统程序及内部控制来及时监控企业的这种风险。这个概念很简单，但是企业要实施有效的工作程序，建立良好的风险管理架构并不是一件容易的事。

应该认识到内部控制和风险管理是公司治理的基础工作，其最终的目的是：公司的董事通过强力有效的管理程序，建立识别风险、记录和报告风险及管理风险的现代企业的风险管理架构，从而保障公司财产的安全完整、名誉的保全及总体提升股东价值。

第六，作为资本市场的监管机构，证监会及证券交易所应该通过证券管理条例、交易守则等手段要求上市公司实施公司治理。这种外在的督促机制对提高公司治理水平的作用是非常大的。以审计委员会为例，中国证监会要求所有上市公司必须设置，其中全数或大多数审计委员会成员须为独立董事。香港证监会也建议上市公司成立审计委员会，由三至五人组成，而且须在年报内披露其业已设置与否。另外，监管机构还对上市公司年报和年中报告需要披露的信息提出具体的要求和指引，提升上市公司经营的透明度，使之处于监管机构、投资者及证券分析员的近距离监察之下，无法进行内幕交易或发放虚假信息，误导投资者。

第七，资本市场的主体是上市公司，但资本市场的中介机构，例如证券商、分析师、会计师事务所和律师事务所等在资本市场中也为落实公司治理机制同样扮演着重要的角色。会计师事务所和律师事务所也应该遵循市场监管措施及专业标准，严格执行法规，专业守则，保持高度的专业操守，提高整体公司治理的水平。

这些中介机构应该以投资者的整体利益为重，以资本市场的高标准运作为前提，开展专业工作。以审计工作为例，审计报告书是向各位股东提供的，通过审计事务所对管理层编制的会计报表进行审查，出具专业意见。审计师应该认识到他们对股东（指全体股东）不可推卸的专业责任，因而不能迁就管理层，更不能与管理层合作出具"技术上"正确但实质上误导的意见。通过专业审计师的独立审计，资本市场需要的是为全体股东服务，降低股东投资的交易成本，因为不可能每一名股东都聘请一位自己的审计师来审查管理者的账目。

衡量上市公司治理水平的标准

投资者应该如何衡量上市公司的公司治理水平呢？我们认为，衡量上市公司的公司治理水平应该着眼于审视上市公司信息披露的透明度、经营方式的开明度及管理层的问责制三个方面。

第一，有关信息披露的透明度是指上市公司有关交易信息和会计信息的披露是否全面、及时和主动。例如，上市公司的年报中是否详述其公司治理及公司运作的资料，包括董事会、专责委员会的组成及职责，董事及高级管理人员的薪酬披露（包括认股权及奖金等），公司与关联公司之间的交易，年内发生的重大财务及商业交易等。

第二，衡量经营方式的开明度，可从公司非执行董事的人数、参与工作的范围等着手。另外，公司年报中"管理层讨论及分析"及"董事报告"中对公司各部门经营业绩、行业前景、公司发展计划作出的分析等都反映着公司经营的开明度。

第三，问责制是指企业绩效管理的责任制制度。它是公司治理在企业得以贯彻执行的根本。上市公司的绩效评估应该是综合平衡的，例如，在财务指标上重现创造股东价值，保持盈利持续增长和管理资产质量等；在客户服务上，以提高客户服务满意度及对客户要求的了解深度为衡量标准；在业务程序和过程上以有效地监控并提高业务处理效率为衡量指标，强调内部控制和风险管理，并且全面鼓励人力资源开发、知识管理及创新文化的发展。

问责制具体地说就是每个员工都有自己的目标，以上述主要绩效考核指标为中心，成为企业绩效管理体系的一部分。这是一种截然不同的企业文化，我们注重的不是今后员工完成了几件事，而是员工对"股东价值"作出了什么贡献。虽然目前尚没有许多企业对问责制进行主动的披露，但已有企业开始每年由行政总裁与董事会签订绩效约定书，确定定性和定量的工作指标，层层下达这些指标，使每项工作的负责人理解和接受他们需达到的工作指标，而管理层人员趋向"教练"的工作模式，帮助员工实现他们的目标。

结语

中国现已正式加入世界贸易组织，资本市场完全对外开放指日可待。中国希望吸引大量的外资进入中国资本市场，寻求更快的发展，这是个机遇，但中国也同时担心外资企业竞争对本地企业将带来严峻的挑战。不难看到，建立公司治理对中国资本市场的参与者是迫在眉睫的大事。公司治理与资本市场相辅相成，互相促进，互相完善。成功的公司治理可使公司更加健康，更具竞争力。我们十分乐意见到内地的公司、专业机构及监管机构能认真关注公司治理的建立，引入国际公司治理的先进典范，建立长远的竞争优势，迎接挑战，面向未来。

『 中国未来20年的成功将在绝大程度上依赖中国企业"获取金融资本"的能力，即如何有效地以低成本获取企业再创业、再发展的资本，在中国形成有效的资本市场，让投资者也得到与其投资风险相匹配的回报。至于基础设施，在今天以科技为主要运作手段的股票交易机制前提下，将创业板设在云南的西双版纳和设在香港交易广场是一样的。 』

创业板：打造大中国概念

中国的经济体制改革由浅入深地在逐步推进。过去20多年中国的经济成就已向世人表明，中国的产业结构和生产能力、创新机制和市场营销渠道均已形成。如果将今天作为历史的时间分界线，中国未来20年的成功将在绝大程度上依赖中国企业"获取金融资本"的能力，即如何有效地以低成本获取企业再创业、再发展的资本，在中国形成一个有效的资本市场，让投资者也得到与其投资风险相匹配的回报。

资本市场是一个很具体也很抽象的概念。具体地说，以华尔街为例，美国的华尔街今天是世界资本市场的代表。华尔街 (Wall Street) 的原意是"墙街"。当时在曼哈顿的下城区，有一堵保税仓库的墙，挡住了从海边吹来的风，人们在这道墙下面买卖股票，商谈投资的风险、资金的来源和出路，这就形成了资本市场。顺便提一句，当时记录成交价格和成交故事的记者创立了《华尔街日报》。从抽象意义上来说，资本市场是社会经济资源和资本分配的机制。当代财务理论的最具里程碑的理论突破是其认为资本是有价格的，而资本价格的高低是由被投资者风险的高低所决定的，即风险高，投资者要求的回报也高。所以，从简单意义上讲，资本市场就是资本追逐风险、风险引入资本的风险和资本的"婚嫁"场所。

一个资本市场要成功，必须具备以下几个条件：

(1) 有许多素质高和有潜力的企业，它们在创业和发展中所面对和承受的风险是投资的对象。

(2) 有良好的法律环境和市场运作环境及高质量的中介专业机构；中介机构向投资者解释和说明"风险"和"风险的故事"；通过中介机构的专业工作降低投资大众的集体交易成本。

(3) 有剩余资金，它们需要投资风险并获得回报。

中国的情况是：素质高和有潜力的企业在内地；具有与国际接轨的法律环境和市场运作环境以及比较成熟的中介机构在香港；需要出路的资金在中国内地、香港和世界各地，但中国内地、香港和世界各地的资金流动仍有障碍，即人民币仍是不可自由兑换货币。

面对上述挑战，在香港，由中国证监会和香港证监会联合监管，将现在的香港创业板改制为"大中国创业板"，并可以用多种货币进行股票买卖，允许内地的投资者用人民币买卖和认购这些股票，是充分利用内地和香港的优势的完全现实的设想。

第一，无论在何地点设置创业板，必须要让内地的投资者参与，他们最接近企业的市场，他们最懂得投资他们认为有潜力的企业。而且，他们拥有庞大的资金来源。过去我们中国的企业需要从海外引入资金，现在仍有需要，但是不可忽略中国内地的资金的充裕度，它们需要投资的出路。因此，任何创业板如果是不能让使中国日益成长的中产阶级的退休金参与的创业板，其市场生命力和发展扩张力都会是有限制的。

第二，"十年树木，百年树人"。应该认识到，在中国发展经济有的优势是其他地区不可比拟的。我创导的是"大中国创业板"，也包括台湾。看看两岸三地的优势，中国内地有资源和市场，香港有金融市场的基础设施和环境，台湾有生产技术和企业家精神，如果我们把"大中国创业板"在香港搭建起来，走出来的将是许多两岸三地全面合作的优秀企业。

香港的中介机构的专业水平、会计制度、审计的专业操守、法律环境以及自由金融中心的地位，肯定会对提升中国企业的管理和营运水平和资本市场的运作效率有帮助。这种优势不是内地和台湾在短时间能赶得上的。

第三，中国企业上市是一个挑战，但在上市后接受监管，公平对待大小股东，自觉遵守市场纪律，披露各类财务和会计信息，从董事会的结构到聘用独立的会计师等方面均严格遵循上市公司的有关条例，这才是真正的挑战。中国企业在做好生意的同时，必须意识到其作为资本市场的主体的责任。通过在香港这样严格的市场环境中，要求上市公司管理层有勇气和坦然的企业家胸怀，去履行上市公司的责任，这是培养中国企业家的最好路径。

中国一年有近30万家新公司成立，这些企业中的优秀成员，只要在资本市场上自律、公开和公平地运作，资本市场必然会奖励其高标准的公司治理行为。在先进的市场环境下，我们经常看到许多企业主动披露企业管理和业务发展的前瞻信息，管理者视这种做法有助于企业提高其竞争力和市场地位，我们在期待中国优秀的企业向这方面发展，敢于站到与国际惯例全面接轨的香港创业板上来。

第四，中国加入世界贸易组织，对资本市场的意义是什么？许多人的眼光是内向的，认为中国投资者是被挤压的一群。在香港建立有人民币和外币同时定价发行的股票，真正实现同股同价，同风险同报酬，除了外汇汇率暂受管制外，它们是将A股、B

股和H股等价格差由市场这只无形的手调节的同股同价的股票，这就是走向国际市场的股票。中国的投资者借此有机会真正朝外看。这样的股票市场，对各类投资者一视同仁，并且也给中国投资者参与投资海外市场提供了经验，让中国资金有规有矩地进入香港市场，有益于中国的经济发展，而不是外围股票，外围"六合彩"式的投资。

在中国建立良好运作的资本市场的目的就是要将资金成本降低。降低资金成本的巨大潜力绝对不可低估，这也是本文开头所说的未来二十年中国经济成功的关键要素。为了这个目的，我深信，中国的创业板设计者有智慧利用香港和内地的优势，在香港创设"大中国创业板"。至于基础设施，在今天以科技为主要运作手段的股票交易机制前提下，将创业板设在云南的西双版纳和设在香港的交易广场是一样的。

(写于2001年10月，参与第一轮创业板建设的讨论)

为什么写作

（一）

1989年我加入普华永道，踏上了专业会计师的道路；1994年，我被派往纽约，开始学习金融机构的审计。1999年，我有机会在香港为中国银行（香港）的改革提供咨询服务，并开始参与中国银行业的改革。这些年来，我一直都在思考和探索如何在我熟悉的会计和金融服务领域为国家的进步作出自己的贡献。在1999年后，我开始撰写一些专业文章，表达和传递我的思想。

本书收集了我在1999年至2010年期间的主要论文，贯穿两个专业主题：会计发展和银行改革。这十年间，中国在会计发展和银行改革方面取得了骄人的成绩，主要标志是中国企业会计准则全面与国际财务报告准则接轨，并在上市企业和金融企业中得到有效执行；中国国有商业银行完成剥离不良资产，重新注资，引进战略投资者和上市，初步形成良好的公司治理机制完成了国有商业银行改革的艰巨任务。

我作为第一代在中国成长的四大会计师事务所的合伙人，参与了国家会计准则的制定和发展，并在金融企业改革过程中推动执行新准则，保障透明和高质量的会计信息。在参与银行改革的进程中，我和普华永道的同事设计和提出了银行改革路线图。在确定不良资产金额，设计解决不良资产方案，银行重新资本化，引进战略投资者和协助银行在香港和上海证券交易所上市等领域，提出了可以借鉴的框架，并在实践中推行提升银行的内部控制，风险管理和公司治理能力。

我参与会计发展和银行改革的经验显示，不应低估思想领导力的作用。正确的思路就是生产力，是加快中国改革进程的强劲动力。

(二)

我们是十分幸运的一代，是改革开放的受益者，有机会读大学接受高等教育。这是我们的上一辈人所没有的机会。我深刻地认识到，我们这一代人的成功来自国家发展大时代背景给予的机会。没有国家经济的开放发展，何以有我们的今天？

自1988年毕业于对外经济贸易大学后，我在普华永道纽约、悉尼、香港、上海、北京和伦敦工作了20多年。我们起步比较早，有机会接触到世界比较前沿的金融企业的管理实践、会计准则和审计做法。但是，在我们这一代，有这样机会的人确实不多。如果不能把这种经验传递给他人，让下一代人巩固他们的正确认识，少走弯路，那么我们就对不起国家给予我们的机会。

我写作的目的是想鼓励自己去影响他人。写作是让自己的思维清晰、把观点表达给他人的过程。在这个过程中，能够找到对市场、对客户、对他人有用的观点时，我会感到十分满足。虽然和第一版的编辑戴硕讨论出书计划的时候，他告诉我这本书的销量可能不会很高，但是我想即使能在一个观点上影响一个人，我也感到满足。

(三)

在香港借居的六年，是我一生中最为重要的六年。我描写香港时，常常用"中国人十分幸运地拥有的金融中心"这句话，这是发自内心的。香港在资本的筹集和应用方面是自由港，有世界一流的金融中心基础设施。香港专业人员的素养、廉洁的公共制度和法律应用环境让资本在这里敢进敢出，敢于承担风险。香港人的勤奋和创造力，使我感受到这座城市的无限生机。在香港成长和发展的历程中，下面三位教练对我的影响十分重要。

冯志威先生是我在香港职业生涯的第一位教练。1989年，冯先生担任ACCA香港分会的会长，同时也是香港罗兵咸会计师事务所的合伙人。是他极力说服ACCA与中国政府合作，培养中国本土的国际会计人才，在ACCA与中国政府之间搭建起合作的桥梁。而我有幸成为了ACCA在中国内地的第一批学员，并到他所在的会计师事务所工作。

刚到香港时，他每周都约见我们三位来自内地的学员。我是初入门的学徒，他是会计师事务所的高管。从他那里，我获得了专业入门教育和礼仪熏陶。冯志威先生为中国培养了第一批经历国际会计师事务所全部职业阶梯的专业会计师和合伙人。

我的第二位教练是杨绍信先生。杨先生非常包容，真正看得起中国内地培养的专业人才。他相信，中国人的企业要由中国培养的专业会计师来服务，普华永道要为中国的发展培养人才。1994年，他提议公司派遣我赴纽约学习金融企业的审计。这段学习经历为后来我回国参加中国银行业改革打下了基础。可以说，学习金融审计让我前进了一步，也让中国前进了一步。2002年，杨绍信先生以普华永道香港首席合伙人的身份邀请我加入普华永道香港的合伙企业，担任合伙人。

我的第三位教练不在普华永道，他叫钟永珏，是位香港"土产"的贸易商人，也是一位慈善家。我对钟先生出钱出力帮助我家乡山村建设的善举至今心怀感激。

我的家乡是一个坐落于浙江西部的小山村。村里原本山清水秀，小时候光着膀子的我可以下池塘抓鱼，进小溪捉蟹。但随着村镇工业化发展，村里的池塘被当成垃圾场，透彻秀丽的溪流河底散落着破玻璃瓶，河边树枝上挂着各式各样的塑胶袋，河床的水面上漂浮着塑料饭盒。看到这副景象，我的心情十分沉重。为什么中国最美丽的山区会被污染破坏成贫民窟一般的垃圾堆积场和污水沟？

钟永珏先生捐出资金，由我执行，清挖村中的池塘，建设以池塘为中心的花园；在溪流边种植柳树、桃树，并浇注近600多米的水泥路供村民散步；为保护古树建造了乡村公园，村民在那里可以夏天纳凉、冬天晒太阳。今天，倾倒入山村前面溪流中的垃圾已大为减少。钟永珏先生用他低调的行动教育了我资本的善意和人性的升华。钟先生捐资和主持的卓智基金会是剑桥大学、加州大学伯克利分校、麦克马斯特大学和香港中文大学的重要捐款机构。

我是很幸运的。因为好马很多，但伯乐不多。冯志威、杨绍信和钟永珏这三位是我人生的教练，他们是我的伯乐。

（四）

1985年，我在对外经济贸易大学读研究生。有天下午，我和同学从教学楼三楼朝北的窗户，往外看到了外籍教师走过校园。我和同学都很惊讶地回头问对方，为什么一个外国人能在不属于他自己的土地上迈开如此自信的脚步？

为了能够找到这个答案，为自己获得这份自信，我努力地学习英语，关注着外面发生的事情，并结交了一些外国朋友。我想在此记录对下列外国朋友的感谢。他们给我的帮助都是无私的。

Don Menovich是前普华永道国际会计师事务所副主席。他带领团队，争取国际所的财务支持，对普华永道中国进行了投资。当我还是一位经理的时候，我在上海接待他的到访。他鼓励我要在中国，要为中国成长为合格的会计师。Don非常朴素和友善。是Don告诉我，如果不喜欢喝黑咖啡的话，可以尝尝一种叫"卡布其诺"的咖啡。那是1994年，在纽约，他身为普华永道国际会计师事务所副主席，花时间请我吃午饭，商谈我的职业规划。

Rick Richardson曾经是军人，在美国五角大楼给一名司令员做随从。后来退役到普华永道工作。我1994年在纽约华尔街工作的时候，他在员工餐厅倾听我的谈话。纽约是个让人十分孤单的地方，而华尔街又是一条以自我为中心的小路。在我迷茫的时候，他给了我鼓励和认同。当时，Rick Richardson领导普华永道大通曼哈顿银行的审计团队，我在美国化学银行的审计团队工作。2002年，在为中国银行做审计服务建议书时，他一接到电话，就订了飞往北京的机票。

Rob Ward是我在普华永道悉尼办公室的教练。他在1996年欢迎我到悉尼的做法是他开始聘请了私人中文教师，学习中文。他告诉我绝对不能低估一个人的潜力，特别是领导人的影响力。他曾担任澳大利亚特许会计师公会的会长，普华永道全球审计业务负责合伙人。

Phil Rivett是普华永道全球银行业审计部的领导合伙人，对中国金融企业的改革充满热情，并为之付出努力。他来中国多次，没有一次会多一天时间去旅行或休息。对他领导普华永道银行改革团队的贡献，读者可以从《普华永道献图，暗绘中国银行业改革秘笈》一文中体会更多。

Tom Huertas是英国金融监管局银行体系监管部的总裁。他是我在英国金融监管局工作的领导。在金融危机的敏感时间，他接受我作为一位米自中国的金融从业人员去工作，本身就说明了他开放的思想。他在银行业资本监管领域见解独到。是他让我真正理解银行一级监管资本和二级监管资本的区别。

Bob Sullivan对我的指导和帮助令我永生难忘。Bob 是我在普华永道合伙人领袖培训计划中的导师。2009年4月到6月期间，我在普华永道纽约工作，是他的徒弟。Bob在摩根大通赢得了客户的尊重，是最值得我学习的。他十分自信，也很刻苦和努力。美国人的这种勤奋没有比我们中国人少一分。

我和Tom Pirolo的直接交往前后不超过4个小时。除了在客户服务方面我们深入地沟通外，他介绍了我看《异类》一书。晚饭后，他把我送到酒店门口。我说这是用不着的。他说，中国人说用不着的东西有时的意思是用得着的。他在美国北卡罗莱纳州的夏洛特市领导普华永道团队服务美国银行的审计团队，经常与到访的中国建设银行的领导交流，毫不保留地支持中国金融业的发展。在4个小时内，他就对另外一位普华永道的合伙人产生积极的影响。这是对普华永道文化的最好定义。

David Eldon是前香港汇丰银行的主席。他没有上过大学，从在汇丰银行当信差开始，做到主席的位子。退休时，他拒绝了许多国内银行请他担任董事和顾问的邀请，而担任普华永道的高级顾问，这是因为他想通过一个更广阔的平台去积极影响中国的银行改革。每次他访问北京的时候，我最为有幸的是陪同他访问客户。在从北京中央商务区的财富中心 (普华永道的办公室所在地) 到西城区的金融街 (普华永道客户的所在地)，我们经过天安门。我们在长安街上的对话是最让人受益的。他告诉我，每一个人都不应该忘了他是从哪里来的。要向他人学习，特别是从他人所犯的错误中学习。当对未来感到有信心，但对过程觉得挫败的时候，请耐心地做点家庭作业，作点准备，且不要忘了常见共识。在本书准备印行第二版时，我征求他的意见，请求将他的《汇丰银行的变与不变》作为第二版的主题序言，他写给我的同意函充满了他的热情和对我的鼓励。

Anthea Rose是ACCA前任总裁。1988年，她制定了投资中国，为中国培养国际会计人才的计划。她对中国的经济改革充满信心。虽然历经1989年这个特殊的年份，她没有因此而推迟对中国ACCA教育投资的计划。她每年都到访中国，从选择合作单位，安排师资，提供教材等方面为中国内地学生学习ACCA提供支持。一直到2004年我当选为ACCA理事后，我都不了解为了投资中国她所需要承担的巨大压力和委屈。

Willem Houwink教授1980年作为美国教育界的16名领袖访问中国，帮助中国研究教育制度。他在荷兰出生，在抵抗纳粹势力侵略时，因为美丽的女友告密，而被盖世太保抓入集中营，成为希特勒的囚犯3年。美国国会因为他抵抗纳粹的功勋，专门为他通过私人法律条例，允许他在美国永久居住。1985年，他在对外经济贸易大学的学生食堂把每个漏水的洗碗用的水龙头关上，告诉我水是最宝贵的资源。而当时，我只知道水是天上落下来的，山上流出来的，井里挖出来的，水是用不完的。1986年，他写信给北京市政府，要求加强发展北京的公共交通。他说，只有北京拥有发达的地铁和便利的公共交通系统，北京才不会走洛杉矶等大城市的交通拥堵的老路。在1985年，Houwink教授同意我旁听他讲授的《西方经济学》一课，并因此机缘我们结下了深厚的友谊。2016年10月，Willem Houwink在美国华盛顿州的瓦拉瓦拉市与世长辞。

虽然我没有在国外留过学（不失为一种遗憾），但是因为有了这些朋友和师长的指导，我没有感到与国际先进知识、理念和做法脱节。因为有了与这些朋友和师长的沟通，我获得了年轻时所向往拥有的一份自信。即使在一片不属于自己的土地上，我也鼓励自己向他们学习，走出自信。当然，这份自信更来自日益发展和强大的中国。

2007年10月，我应邀去苏黎世，在普华永道欧洲的金融服务部合伙人和经理的年度工作和培训会议上介绍中国的会计发展和银行改革。我的发言得到了全场近300代表的热烈掌声。回到北京我兴奋地向家人介绍了当时的演讲情景。当时我的儿子17岁，他听完我的介绍后说："爸爸，一个四十多岁的中国男人，会计师（accountant），孤单、忧郁（lonely and depressed），戴着领带，有胆量走上台，还能说一些英语，大家自然就会鼓掌的。"我想他们的掌声，比我儿子说的理由可能会多一点，因为他们在我的身上能看到我的自信，能看到中国在会计发展和银行改革方面的进步。

（五）

关于自信，我还要多写一些，以感谢我的一位台湾朋友刘尚俭先生。

虽然在我的书中，读者可以看到我的乐观和积极的一面，但是，在生活中，遇到挫折和孤独是经常的，有的时候甚至迷失前进的方向。刘尚俭先生是一位能够用简单的语言给我启发和鼓励的成功企业家。他告诉我每一天都是生活的新开始，重要的是每个阶段都要总结自己的进步，并设立下一阶段的目标。

刘先生生于台湾，祖籍在河南省鹿邑县。1998年，在刘先生从美国德州开始创业的25年之后，他对自己说："现在应是作出回报的时候了。" 他对社会的回报包括对大学的捐赠，以促进中美商科学生实现梦想；资助数百个贫困家庭的小学生上学。他还促成并支持上海市和天津市组织部/人事部选拔的中青年官员赴美国进修。

正是这样一位企业家和慈善家，在我们去他在美国德州达拉斯市的家做客时，他每天早上起来为我们做早饭。他告诉我们，对待朋友和对待事业一样要真诚和作出自己的努力。

刘先生对我的影响主要还是在文化上。他和钟永珏先生在香港中文大学赞助"莎士比亚文化节"，让中华青年学子有机会学习和表演莎士比亚的名作，并到莎士比亚的故乡参观访问。他还资助白先勇先生创作了昆曲经典青春版《牡丹亭》。昆曲跟莎士比亚几乎是同时间产生的。刘先生希望昆曲能够像莎士比亚的作品一样，被一部一部地改编整理，保留住古代文人优美的字句，且迈向更多元的媒体。

刘先生说，自信是多方位的，包括文化修养和内涵，对他人的宽容和慷慨给予。每个人都要追求更优雅的境界，自信令人拥有永恒不变的优雅。

（六）

开始编辑出版这本书后，我意识到朋友当初的劝告。写书的过程比想象的要难，比预期要花更多的时间。会计师行业的工作很辛苦，整天加班加点，而写作是业余的事，占用自己的业余时间，需要动力和热情去完成。

因为感恩这个时代给我的机会，我愿意用我的知识和智慧为我们这个曾经多灾多难的国家做点事情。通过近十年的努力和准备，加上对中国金融体系改革和注册会计师行业发展的热情和信心，我没有任何搪塞就放弃了已经在海外建立的家园，而选择在2003年来到北京，投身到中国金融改革的最前沿的奋斗中。写作是我支持金融体系改革和市场建设的热情和信心的表白；写作是向支持我成长和发展的客户、同事和朋友表达谢意的途径。

我感谢我的家人，他们的理解和支持允许我为这本书的写作和整理投入原本属于他们的时间。

没有我的朋友和同事的帮助，也是不可能完成这本书的写作的。他们是单用鑫、吴洋波、朱小英、张磊、黄菁仪和杨灿。我的合伙人朱宇阅读了本书的手稿，并提出了改进建议。

我很感谢本书第一版的编辑戴硕。他严谨的编辑作风为这本书提升了文字的质量。他也是个很好的项目经理，鼓励并敦促我按时完成写作任务。他更是个很好的朋友，谦虚不张扬。本书第二版的编辑李融积极负责，对第二版的整体质量进行了全面把关，在此也要记录我对她的感谢。

（七）

当然，书中的错误和责任由我承担。文章的观点和内容不代表我工作的公司普华永道 (PricewaterhouseCoopers) 和我是其资深会员的行业公会——特许公认会计师公会 (ACCA)。

附录一

会计发展大事记

● 1985年1月21日，第六届全国人民代表大会常务委员会第九次会议通过《中华人民共和国会计法》。

● 1988年11月，英国特许公认会计师公会（ACCA）派遣第一个高级代表团访问了北京、上海和广州，并拜访了刚刚成立两周的中国注册会计师协会。

● 1989年12月，ACCA第一批试点学员三人被派往普华永道香港办事处工作，开始ACCA学习。

● 1992年6月24日，财政部印发《中华人民共和国外商投资企业会计制度》，7月1日起执行。

● 1992年11月30日，财政部发布《企业财务通则》、《企业会计准则》，1993年7月1日起施行。此后，根据这"两则"制定的各行业财务制度、会计制度相继公布执行。

● 1993年10月31日，第八届全国人民代表大会常务委员会第四次会议通过《中华人民共和国注册会计师法》。

● 1993年12月29日，第八届全国人民代表大会常务委员会第五次会议通过修订《中华人民共和国会计法》。

● 1997年2月23日，第八届全国人民代表大会常务委员会第二十四次会议通过《中华人民共和国合伙企业法》。

● 1998年起，以执行证券相关业务会计师事务所为突破口，启动会计师事务所脱钩改制工作。1999年12月31日，会计师事务所脱钩改制工作如期完成。

● 1998年1月27日，财政部发布《股份有限公司会计制度》。

● 1998年7月，北京国家会计学院经国务院批准成立；2000年9月，上海国家会计学院和厦门国家会计学院经国务院批准成立。

● 1998年10月，财政部成立中国会计准则委员会。

● 1999年10月31日，第九届全国人民代表大会常务委员会第十二次会议通过修订《中华人民共和国会计法》，2000年7月1日起施行。

● 2000年6月21日，国务院发布《企业财务会计报告条例》，2001年1月1日起施行。

● 2000年12月，财政部发布《企业会计制度》，于2001年1月1日起实施。

● 2001年4月，朱镕基在视察上海国家会计学院时，亲笔为该校题写了校训："不做假账"。

● 2001年11月，财政部发布《金融企业会计制度》，对金融企业会计制度进行了统一。

● 2004年4月，财政部发布《小企业会计制度》。至此，涵盖一般企业、金融企业、大中型企业和小企业的国家统一的会计制度体系基本建成，并付诸实施。

● 2005年11月8日，国际会计准则理事会与中国会计准则委员会签署了《中国会计准则委员会秘书长——国际会计准则理事会主席联合声明》，确认中国会计准则与国际财务报告准则实现实质性趋同。

● 2006年2月15日，财政部发布《企业会计准则——基本准则》和38项具体准则。

● 2006年8月27日，中华人民共和国第十届全国人民代表大会常务委员会第二十三次会议通过修订《中华人民共和国合伙企业法》，自2007年6月1日起施行。

● 2007年6月，财政部印发《全国会计领军 (后备) 人才培养十年规划》，计划利用10年左右的时间，打造近千名会计行业领军人才。这是财政部自2005年启动高级会计人才培养工程以后，系统规划和指导会计领军人才培养工作的一份重要文件。

● 2008年6月28日，财政部、证监会、审计署、银监会、保监会联合发布了《企业内部控制基本规范》。

● 2008年10月，ACCA全球理事会在北京举行，财政部副部长王军到场祝贺中国会计师行业国际化发展取得的成绩。

● 2008年11月12日，中国会计信息化委员会暨XBRL中国地区组织正式成立。

● 2009年10月3日，财政部发布《关于加快发展我国注册会计师行业若干意见的通知》。

● 2010年4月2日，财政部颁布《中国企业会计准则与国际财务报告准则持续趋同路线图》，应对2008年国际金融危机，深化我国会计改革。

附录二

银行改革大事记

- 1979年3月13日，根据国务院《关于恢复中国农业银行的通知》，中国农业银行重新恢复成立。同月，中国银行和中国人民建设银行从中国人民银行中分设，恢复成立。1996年，中国人民建设银行更名为中国建设银行。

- 1983年9月17日，国务院作出了《关于中国人民银行专门行使中央银行职能的决定》。决定同时规定"成立中国工商银行，承办原来由人民银行办理的工商信贷和储蓄业务"。

- 1984年1月，中国工商银行成立，成为承接原由中国人民银行办理的城镇工商企业存贷款及城镇居民储蓄业务的专业银行。

- 1986年7月24日，国务院批准重新组建交通银行。1987年4月1日，重新组建后的交通银行正式对外营业，成为中国第一家全国性的国有股份制商业银行，总行设在上海。

- 1990年9月8日，国务院批准上海成为中国除经济特区以外率先引进营业性外资金融机构的沿海开放城市。

- 1991年4月3日，深圳发展银行股份有限公司在深圳证券交易所上市。

- 1993年7月5日，全国金融工作会议在北京召开。对金融机构违章拆借、违规提高存贷利率等现象进行规范和整顿。

- 1994年，根据《国务院关于金融体制改革的决定》等文件，国家开发银行 (1994年3月17日)、中国农业发展银行 (1994年11月8日)、中国进出口银行 (1994年7月1日) 三家政策性银行相继建立。

● 1995年3月18日《中华人民共和国中国人民银行法》生效，以法律形式明确规定了中国人民银行作为我国中央银行的性质、地位、职能、组织机构、业务、权利、义务等重要内容。

● 1995年5月10日，第八届全国人民代表大会常务委员会第十三次会议通过《商业银行法》，规定了商业银行的经营原则和应承担的责任。

● 1995年9月，国务院发布《关于组建城市合作银行的通知》，决定在撤并城市信用社的基础上，在35个大中城市分期分批组建地方股份制性质的城市合作银行。

● 1996年1月12日，中国民生银行正式成立，是我国首家主要由非公有制企业入股的全国性股份制商业银行。

● 1996年8月22日国务院作出《关于农村金融体制改革的决定》。1996年9月开始，全国5万多个农村信用社和2 400多个县联社逐步与中国农业银行顺利脱钩。

● 1997年，亚洲金融危机爆发。1999年11月17日，中共中央、国务院召开全国金融工作会议，并陆续出台措施：1998年8月18日，由财政部面向四大国有商业银行定向发行2 700亿元特别国债，所筹资金全部用于补充四家银行的资本金。

● 1998年3月21日经国务院批准，中国人民银行改革金融机构存款准备金制度。

● 1999年4月20日，中国第一家经营商业银行不良资产的公司——中国信达资产管理公司在北京正式挂牌成立。1999年10月，长城资产管理公司、华融资产管理公司以及东方资产管理公司也随之成立。金融资产管理公司对口集中管理和处置从四大国有商业银行剥离的共计1.4万亿元不良资产。

● 2001年12月19日，中国人民银行发出《关于全面推行贷款质量五级分类管理的通知》。

● 2002年，全国金融工作会议明确了国有独资商业银行按现代金融企业的属性进行股份制改造的政策方针。2003年12月30日，国家通过汇金公司向中国银行、中国建设银行注资450亿美元，中国银行、中国建设银行开始进行股份制试点改革。

● 2003年3月10日，第十届全国人民代表大会第一次会议批准国务院机构改革方案，提出健全金融监管体制的方针，设立中国银行业监督管理委员会。4月28日，中国银监会正式挂牌成立。

● 2004年2月23日，银监会发布《商业银行资本充足率管理办法》；2007年2月，银监会发布《中国银行业实施新资本协议指导意见》。

● 2004年8月26日，经国务院批准，中国银行股份有限公司挂牌成立。

● 2005年7月21日中国人民银行发布公告，即日起我国开始实行以市场供求为基础、参考一篮子货币进行调节、有管理的浮动汇率制度。

● 2005年10月27日，中国建设银行H股成功在香港发行。2006年6月1日和7月5日，中国银行在香港联合交易所和上海证券交易所先后公开发行上市。2006年10月27日，中国工商银行实现A+H股同步上市。

● 2006年12月11日，《中华人民共和国外资银行管理条例》和《中华人民共和国外资银行管理条例实施细则》正式实施，中国银行业全面履行"入世"承诺。同日，银监会受理8家外资银行分行转制申请。

● 2007年2月28日，银监会印发《中国银行业实施新资本协议指导意见》，提出分阶段与资本监管国际标准接轨，明确了我国实施新资本协议的目标、原则、范围、方法、时间表及主要措施。

● 2007年3月6日，中国邮政储蓄银行有限责任公司成立。

● 2008年10月21日，国务院常务会议审议并原则通过《农业银行股份制改革实施总体方案》，2009年1月9日中国农业银行股份有限公司宣告成立。

● 2008年12月16日，国家开发银行股份有限公司成立，成为中国第一家由政策性银行转型而来的商业银行，标志着我国政策性银行商业化改革取得重大进展。

● 2009年3月，银监会正式成为巴塞尔银行监管委员会（BCBS）和金融稳定理事会（FSB）成员。

● 2010年7月15日和16日，中国农业银行先后在上海证券交易所和香港联合交易所挂牌上市。至此，中国四大国有商业银行全部实现A+H股上市。

● 2011年11月5日，金融稳定理事会宣布全球首批29家系统重要性金融机构名单，中国银行成为中国唯一入选银行。

● 2012年1月21日，经国务院同意，中国邮政储蓄银行有限责任公司依法整体变更为股份有限公司，完成股份制改造。股份公司注册资本450亿元人民币。

● 2012年6月7日，银监会发布《商业银行资本管理办法（试行）》，是综合反映第Ⅱ版和第Ⅲ版巴塞尔资本协议核心内容，并结合中国银行业具体实际的重要监管要求。

● 2015年12月9日，中国邮政储蓄银行成功引入10家战略投资者，实现从中国邮政集团单一股东向股权多元化的迈进。2016年9月28日，中国邮政储蓄银行在香港联合交易所正式公开发行上市。

• 2016年9月30日，国际货币基金组织（IMF）宣布将人民币纳入特别提款权（SDR）新货币篮子。人民币正式成为唯一"入篮"的新兴经济体货币，该事件是人民币国际化的重要里程碑。

附录三

吴卫军发表文章索引

1. 《香港会计师公会第24号会计准则简介》，载《财会月刊》，2001 (02)。
2. 《上市金融企业风险信息的披露》，载《中国注册会计师》，2001 (06)。
3. 《提升上市公司治理水平的设想》，载《中国证券业通讯》，2001 (11)。
4. 《金融企业审计委员会的职能与运作》，载《中国注册会计师》，2001 (12)。
5. 《看透明天——金融企业的风险管理》，载《中国证券期货》，2001 (12)。
6. 《战略风险——中国金融企业生存第一关》，载《中国证券期货》，2002 (03)。
7. 《在"世贸中心"倒下时——关于金融业操作风险的管理》，载《中国证券期货》，2002 (05)。
8. 《给银行改革打60分》，载《财经》，2006 (07)。
9. 《会计的明天会怎样》，载《财经·金融实务》，2006 (12)。
10. 《反思金融监管》，载《财经·金融实务》，2008 (11)。
11. 《金融工具核算的重要准则》，载《财经·金融实务》，2009 (02)。
12. 《关键管理人薪酬从何而知？》，载《财经·金融实务》，2009 (05)。
13. 《银行业资本监管建议》，载《财经·金融实务》，2009 (07)。
14. 《算算农行的改革大账》，载《新世纪》，2010 (07)。